BAEDEKER
SMART

LISSABON

Perfekte Tage
in der weißen Stadt

Verlag Karl Baedeker – www.baedeker.com

Inhalt

Kapiteleinteilung: siehe vordere Umschlaginnenseite

TOP 10

Was muss ich gesehen haben? Unsere TOP 10 helfen Ihnen, von der absoluten Nummer eins bis zur Nummer zehn, die wichtigsten Sehenswürdigkeiten einzuplanen.

1 MOSTEIRO DOS JERÓNIMOS ➤ 126

Symbol für das Goldene Zeitalter Portugals, als mit dem Gold aus den Kolonien grandiose Bauwerke finanziert wurden. Der wohl größte Touristenmagnet des Landes.

2 ALFAMA ➤ 78

Die ehemalige maurische Medina blieb vom Erdbeben weitgehend verschont; verlieren Sie sich in den malerischen Gassen, bis abends die Fadoklänge ertönen.

3 MUSEU NACIONAL DO AZULEJO ➤ 81

Die Geschichte dieser portugiesischsten aller dekorativen Künste in einem wunderschönen Kloster – dank fehlender Metroanbindung nie überfüllt.

4 BAIXA ➤ 50

Schachbrettartig angelegte Unterstadt und Zentrum Lissabons. Erklimmen Sie den Triumphbogen an der Praça do Comércio für einen Überblick.

5 ROSSIO ➤ 54

Das Herz der Stadt auf einem betörenden Wellenmuster aus Pflastersteinen: Trinken Sie eine *bica* im Art Deco-Café Nicola und lassen Sie sich Zeit zum Genießen.

6 PARQUE DAS NAÇÕES ➤ 156

Auf dem ehemaligen Expo-Gelände schaut die Stadt in die Zukunft – weite Blicke und das zweitgrößte Ozeanarium Europas.

7 MUSEU NACIONAL DE ARTE ANTIGA ➤ 106

Erholen Sie sich von den versammelten Kunstschätzen – und den apokalyptischen Visionen des Hieronymus Bosch – im hübschen Gartencafé.

8 TORRE DE BELÉM ➤ 133

Das Lissabonner Wahrzeichen (Abb. links) verzaubert mit seinen verschnörkelten Verzierungen. Sein Leuchtfeuer markierte einst die Einfahrt in den Hafen.

9 CASTELO DE SÃO JORGE ➤ 83

Die ehemalige Maurenburg wurde zwar unter Salazar bis zur Unkenntlichkeit restauriert, aber die Blicke von den Zinnen sind unschlagbar.

10 MUSEU CALOUSTE GULBENKIAN ➤ 57

Gloriose Schatztruhe der Kunstgeschichte, zusammengestellt von einem armenischen Ölmulti, der 1942 in Lissabon Aufnahme fand.

DAS LISSABON

Erleben, was die Stadt ausmacht, und das einzigartige Flair spüren. So, wie die Lissabonner selbst.

WASSERSPIELE

Lissabon ist nah ans Wasser gebaut, und das ist gut so, denn so erschließt sich die Seele der großen Seefahrernation am besten. Ob man den Torre de Belém (➤ 133) besucht, auf dem ehemaligen Expo-Gelände (➤ 156) übers Strohmeer schaut, die Zauberwelten im Oceanário (➤ 159) studiert oder ganz einfach sinnierend vom Castelo de São Jorge (➤ 83) über die Tejo-Mündung blickt – in Lissabon ist das Wasser nie weit.

FILMKULISSE

Dass Lissabon einen ausgeprägten cinematischen Charakter hat, ist nicht erst seit Bille Augusts »Nachtzug nach Lissabon«-Film bekannt. Filmtouren (auch in englischer Sprache) enthüllen die Schauplätze der wichtigen vor Ort gedrehten Produktionen. Zum Beispiel von »Erklärt Pereira«, ein Film über den stillen Widerstand eines stillen Redakteurs unter Diktator Salazar mit Marcello Mastroianni in der Titelrolle (www.lisbonmovietour.com, ca. 20 Euro).

EINSTÜRZENDE ALTBAUTEN

Lissabon ist einfach so: Eben schwelgt man noch im Anblick der mit Prachtkacheln verzierten Wände, dann streift der Blick eine Bauruine, gestützt von massiven Gerüsten. Denn in der historischen Altstadt darf nichts so einfach abgerissen werden. So existieren hier die Gegensätze dicht nebeneinander, und so führen etwa unordentliche Gässchen in der Alfama (➤ 78) geradewegs hinauf zum Palácio Belmonte, wo der Übernachtungspreis mehrere Hundert Euro beträgt. Das Nobelhotel war übrigens Schauplatz von »Lisbon Story«, Wim Wenders' Film über die »Weiße Stadt«, wie Lissabon gerne genannt wird. Und unterhalb der Kathedrale bergen die öffentlichen Toiletten eine Überraschung: die Reste eines Wohnhauses, das beim Erdbeben von 1755 mit Schutt angefüllt wurde.

PLATZHIRSCH

Einen trendigeren Platz als den Largo do Intendente muss man zur Zeit lange suchen. Hier finden Sie die fotogene, voll verkachelte Fas-

GEFÜHL

Elevador da Bica: leichtes Spiel mit den Hügeln der Altstadt dank Standseilbahn

sade der Viuva-Lamego-Keramikfabrik, in der Mitte des Platzes steht eine ironische Skulptur von Joana Vasconcelos, gleich anbei eine Radlerwerkstadt sowie hinter der Hausnummer 45 eine namenlose Club-Bar, wo sich die ganzen alternativen Lissabonner Hipster treffen. Und nachdem auch noch das Vintage-Empire *A Vida Portuguesa* (➤ 100) seinen Flagship-Store hier eingerichtet hat, ist das Ensemble perfekt.

LAUF, LISBOA, LAUF!

Lissabon hat ja eigentlich mehr als nur sieben Hügel... Leidenschaftliche Jogger finden sich donnerstags kurz vor 20 Uhr vor dem Nike Store in der Rua Garrett 23 im Chiado ein und laufen mit Lissabonnern den Nike Run. Vier Distanzen zwischen sechs und zehn Kilometer stehen zur Verfügung, und rasch kommt man auch mit anderen Joggern ins Gespräch.

MARKTWIRTSCHAFT

Der Mercado da Ribeira am Cais do Sodré bietet neben dem Markt auch einen in Schwarz-Weiß gehaltenen Food-Court mit 35 Ständen, der nicht ganz preiswert, aber sehr hip ist. Noch ein Geheimtipp: Jedes erste Wochenende im Monat öffnet der angesagte Alternativmarkt Feira das Almas (Seelen-Markt, Taberna das Almas, Regueirão dos Anjos 70, http://feiradasalmas.org) seine Türen. Das Konzept: Mode, Kunst und Kunsthandwerk, Schmuck und Vintage, plus eine Menge Ideen, die Zukunft haben.

LUSITANISCHE LUKULLEIEN

Sushi oder Gourmethamburger mögen kommen und gehen, die klassischen Lissabonner Gastro-Erlebnisse behaupten sich. Im Winter ertönt der Ruf der Esskastanienverkäufer auf dem Rossio hinter ihrem Karren *»quentiiiiinhas e boas!«* – heiß und lecker! Handgeschriebene Zettel in Restaurantfenstern verkünden die Ankunft der Aale (*lampreias*) aus den Flüssen Nordportugals im Winter oder winziger Schnecken (*caracois*) im Sommer.

Genuss in einem der Straßenrestaurants

Das Magazin

Stadt am Fluss

Der Tejo, der westlich von Lissabon gut 3 km breit in den Atlantik strömt, ist für die Stadt seit je Lebensader und Fenster zur Welt. Und heutigen Kreuzfahrt-Touristen entfaltet sich noch fast dasselbe Hafenpanorama wie einst Einwanderern aus fernen Kolonien, die neue Stimmen und Aromen ins portugiesische Mutterland brachten.

Wichtige historische Ereignisse fanden an und auf dem Tejo statt: Hier stachen Karavellen in See, um beladen mit Gold aus Brasilien und orientalischen Gewürzen zurückzukehren, hier brandete die verheerende Flutwelle nach dem Erdbeben von 1755, hier trat wenige Jahrzehnte später per Schiff der gesamte Königshof die Flucht vor Napoleon an. Und 1998 entstand, im Zuge der damaligen Weltausstellung, mit dem Parque das Nações am Ufer des Tejo ein ganz neuer Stadtteil (➤ 151).
Dem Fluss zugewandt zeigt sich Lissabon nicht nur am Parque das Nações, sondern auch bei der Entwicklung des Cais do Sodré-Hafenviertels zur heißesten Restaurant- und Nightlife-Szene der Stadt sowie im neuen Museumsdistrikt in Belém (➤ 139). Zwischen der schmucken Praça do Comércio, Lissabons Open-Air-Salon, und dem Cais do Sodré laden inzwischen Treppenstufen und eine schöne Grünanlage zum Flanieren am Tejo ein.

Das beeindruckende Ensemble der teils ältesten, teils modernsten Highlights von Lissabon am Tejo-Ufer ist natürlich höchst reizvoll für Touristen, denen der Fluss auf Erkundungszügen zudem immer wieder als Orientierung dienen kann: Von fast allen Aussichtspunkten *(miradouros)* auf den Hügeln der Stadt ist der Fluss schnell auszumachen und weist Interessierten wie Verirrten den Weg.

»Der Tejo ist für Lissabon Eingangstor, Esszimmer und Spielplatz«

Für Lissabon ist der Tejo zugleich Eingangstor, Vestibül, Esszimmer und Spielplatz: In den Parks und auf den Promenaden, die ihn säumen, ergehen sich Einheimische – Lisboetas – und Besucher aus aller Herren Länder, zu Fuß, per Rad oder beim Picknick. Terrassencafés liegen teils direkt am Wasser, wo Angler ihr Glück versuchen und Kinder herumtoben, Ball spielen und Tauben über die Plätze jagen. Am Wochenende bieten hier auch Bands, Tänzer, Kunsthandwerker, Trödler und Imbisshändler ein buntes Bild, als sei alle Welt von den Hügeln herabgestiegen, um sich zu amüsieren: Für jeden einfach unwiderstehlich, das Ufer dieses Flusses! Selbstverständlich beschränken sich die Aktivitäten nicht auf das Ufer – geht die geringste Brise, leuchten Segel auf dem blauen Wasser, und Fähren kreuzen zwischen dem Cais do Sodré und Cacilhas mit der monumentalen Statue des Cristo Rei (einer Reminiszenz an die gewaltige Christus-Erlöser-Statue über Rio de Janeiro). Fähren pendeln von Belém, dem Terreiro do Paço (an der Praca do Comércio) und dem Cais do Sodré. Sie sind preiswerter als Ausflugsboote, denn sie gehören zum Metronetz.

Blick vom Tejo auf Belém und den Padrão dos Descobrimentos

Heinrich der Seefahrer

DAS ZEITALTER DER ENTDECKUNGEN

Nur 140 Jahre liegen zwischen Portugals erstem maritimen Eroberungszug und dem Triumph der Zuerkennung exklusiver Handelsrechte mit China und Japan. Schon seit dem ersten zaghaften Angriff auf Ceuta in Nordafrika war dem jungen Portugal Erfolg beschieden. Infant Dom Henrique, bekannt als Prinz Heinrich der Seefahrer, brachte den Siegeszug ins Rollen.

Heinrich wurde 1394 als Sohn des Königs João I. und seiner englischen Frau Philippa of Lancaster geboren. Als vierter Sohn musste er sich selbst um eine angemessene Aufgabe kümmern. Seine Chance kam 1415, als ihn sein Vater mit der Planung des Angriffs auf den nordafrikanischen Hafen Ceuta betraute. Der Zeitpunkt war günstig: Das Land war expansionsreif, abenteuerlustig, von Habgier durchdrungen und erfüllt von leidenschaftlicher Islamverachtung. Heinrichs Mühen zahlten sich aus. Ceuta fiel, und Heinrich profilierte sich als Ausbilder und Neuerer. Er gründete eine Nautikschule in Sagres in der Algarve, entwarf die Hochseekaravelle neu und machte Fernerkundungen technisch möglich.

Seeweg in den fernen Osten

Von hier aus stachen seine Schiffe gen Westen in die atlantische See, erreichten 1416 die Kanarischen Inseln, entdeckten Madeira um 1419 und die Azoren in den 1430ern. Portugal war erpicht auf den Handel mit dem Fernen Osten, wurde auf den Landwegen aber durch Venedig und Genua gehindert. So dachte man an einen Seeweg, der um die Südspitze Afrikas herum gen Osten führen sollte.

Das westafrikanische Kap Bojador war der seinerzeit südlichste bekannte Punkt und bildete das Ende der bislang erkundeten Welt. Jenseits davon lag das »Meer der Dunkelheit«. Mit seinen versteckten Strömungen, hohem Seegang und Winternebeln wirkte es düster und bedrohlich, Wüstensand färbte es rot, eine schaurige Kulisse für allerhand Aberglauben. Zwischen 1421 und 1433 hatten ganze 14 Expeditionen bei der Kapumrundung versagt und Heinrich verlor die Geduld mit seinen erfolglosen Kapi-

Heinrichs Seefahrerschule war Keimzelle für Portugals Herrschaft auf den Weltmeeren

tänen. 1434 versprach er Gil Eanes Ruhm und Reichtum. Eanes segelte gen Süden, umschiffte erfolgreich die Kanaren – und Kap Bojador: Der starre Aberglaube war damit gebrochen, der Weg gen Süden stand offen.

Ein reiches Erbe

1460 starb Heinrich, doch seine Impulse wirkten fort. Mitte der 1470er-Jahre überquerten portugiesische Schiffe den Äquator, 1488 umsegelte Bartolomeu Dias das Kap der Guten Hoffnung. Der Weg nach Osten stand offen. Neun Jahre später hisste Vasco da Gama die Segel dreier Karavellen in Restelo (Belém) und erreichte 1498 das indische Kalikut (Kozhikode). Mit seinen Seeleuten kamen Chaos und Gewalt. Zahllose Muslime bezahlten die Ausdehnung des portugiesischen Weltreichs mit dem Leben, während die afrikanische Küste Tausende Sklaven für die Zuckerplantagen der Atlantischen Inseln lieferte – die Schattenseite des Goldenen Zeitalters.

Der Geschmack Lissabons

Armes Portugal! Noch immer wird es von Kritikern als gastronomische Wüste bezeichnet. Die Portionen seien groß, die Kochkunst dagegen ließe zu wünschen übrig. Das hat Lissabon nicht verdient, bietet es doch eine enorme kulinarische Vielfalt, ohne dabei seiner Tradition guten, einfachen Essens, reichhaltiger Fischgerichte, wunderbarer Kaffeekultur, unschlagbar süßen Backwerks untreu zu werden. Worauf warten Sie? Schnappen Sie sich einen Tisch, durchforsten Sie die Speisekarte und greifen Sie zu Messer und Gabel!

Was also gibt es? Da wären die portugiesiche Küche, die Küche der früheren Kolonien wie Brasilien, Angola, Macao und Goa, die Kochkunst Italiens und Frankreichs und mediterrane Gerichte. Es gibt bohnen- und gemüsereiche Suppen und Eintöpfe, kleine schmackhafte Pasteten, sahnegetränkte zartmürbe Torten, auch Sushi, Gourmet-Hamburger und Vegetarisches haben ihren Weg auf die Speisekarten gefunden, und es gibt vor allen Dingen Fisch. Was den Genuss von Fisch und Meerestieren angeht, ist Lissabon nach wie vor einer der besten Plätze Europas, ganz gleich, ob die allgegenwärtige Grillsardine angeboten wird, in Salz gebackene *salmonetes* (Meerbarben), eine dampfende Schüssel *caldeirada rica* (reichhaltige Fischsuppe), oder – in portugiesischen Augen – der Star: *bacalhau* (Stockfisch).

> »Beste Zutaten garantieren schmackhafte Gerichte.«

Von links nach rechts: Fischteller in einer typischen *Marisqueira* (Fischrestaurant); portugiesischer Wein; *caldo de peixe* (Fischsuppe) und *pastéis de nata* (Cremetörtchen) für Süßschnäbel

Mehr als nur ein Fisch

Es ist verwunderlich, dass die Portugiesen – ein Seevolk mit einer engen Beziehung zum Meer – auf den knochentrockenen, geschmacksintensiven *bacalhau* schwören. Ihre Vorliebe geht auf jene Zeit zurück, als man diesen Königsfisch in neufundländischen Dorschbänken fing und gesalzen und getrocknet nach Hause brachte. So schlich er sich in Köpfe und Herzen, wurde Grundnahrungsmittel und Festschmaus zugleich. Es gäbe mehr als 365 Rezepte, sagt man, für jeden Tag des Jahres eins. Probieren Sie *bacalhau à Brás*: Stockfischflocken mit Kartoffelstiften und Rührei, garniert mit Oliven und Petersilie.

Ein Hauch von Süße

Wenn Ihre Energie einmal nachlässt: die Vielfalt an Naschwerk einer guten *pastelaria* (Konditorei) macht Fehlendes wett. Lissabons Favoriten sind zweifellos die *pastéis de nata,* knusprige, mit Eierrahm gefüllte Törtchen. Aber es gibt unzählige Gaumenfreuden mehr, allen voran die *doces conventuais*, köstliche Küchlein mit viel Eidotter und Zucker, die man ursprünglich in Klöstern herstellte. Am besten spült man sie mit einem Glas *chá* hinunter – mit Tee, den die Portugiesen angeblich in England einführten, als Karl II. Katharina von Braganza heiratete.

BAEDEKER TIPP

Wem nach Alkoholischem ist, dem werden die hier angebauten Weine eine Offenbarung sein. Die roten aus dem Daõ oder dem Alentejo sind besonders interessant, am berühmtesten aber sind die Portweine, die im Douro-Tal in Nordportugal hergestellt werden. Der *porto branco* (weißer Portwein) ist ein Muss und exzellenter Aperitif! Oder mögen Sie lieber einen stärkeren Wein, zum Beispiel ein Glas Madeira? Einen Kelch des moussierenden, leichten *vinho verde*? Sie haben die Wahl!

DER TAG DES **SCHRECKENS**

Der 1. November 1755 war ein Feiertag, Allerheiligen. Der Großteil der 250 000 Einwohner Lissabons betete in den prächtigen Kirchen und Kathedralen der Stadt, als das schwerste Erdbeben in der Geschichte Europas die Metropole erschütterte. Es zerstörte die große Hafenstadt, Stätte der Gelehrsamkeit und Hauptstadt Portugals und des portugiesischen Weltreichs. Tausende Menschen kamen durch die Erdstöße um, Tausende durch die darauf folgende Flutwelle. Eine Feuersbrunst wütete weitere fünf Tage und vernichtete fast alles, was bislang verschont geblieben war.

Um 9.30 Uhr berichtete ein Augenzeuge von einem »seltsamen, beängstigenden Geräusch, das einem hohlen, fernen Donnergrollen glich«. Kirchen und Gebäude gerieten ins Schwanken. Die Bevölkerung rannte in Panik hinaus auf die Straßen, um dann unter Tausenden von Gebäuden, die ein zweiter, stärkerer Erdstoß einstürzen ließ, begraben zu werden. Bis

Lissabon, 1. November 1755, Kupferstich von Johann Conrad Krüger (1733–1791)

zu 3,5 m breite Risse bildeten sich im Boden. Viele Menschen flohen zum Fluss, zu den Freiflächen des Terreiro do Paço und den Promenaden. Andere flüchteten aus der Stadt auf die umliegenden Felder.

Das Beben löste auch einen Tsunami aus: 40 Minuten später rollten gewaltige Flutwellen den Tejo hinauf, brachen sich und verwüsteten die Kais, überschwemmten die Unterstadt und zerstörten jedes im Hafen vertäute Boot. Schätzungsweise 20 000 Menschen, die hier Sicherheit gesucht hatten, ertranken. Was die Erdstöße und die Wellen verschont hatten, verschlang das vom Nordostwind angefachte infernalische Feuer in den darauffolgenden fünf Tagen. Es vernichtete maurische und mittelalterliche Gebäude, Renaissancepaläste, Bibliotheken, deren Bestände die Geschichte des Landes dokumentierten, den Königspalast und Tausende Kunstwerke. Einzig die Alfama und Belém, wo zum Zeitpunkt der Katastrophe der König weilte, überstanden das Beben relativ unbeschadet.

Vater der Seismologie

Diesem Chaos trat der Premierminister des Königs Josef I., Sebastião José de Carvalho e Melo entgegen. Der Staub hatte sich kaum gelegt, als er ausrief: »Beerdigt die Toten und ernährt die Lebenden«, ein Vorgehen, das der Stadt Hunger und Epidemien ersparte. Rastlos fuhr und ritt er die nun folgenden zwei Wochen in der Stadt umher, Tag und Nacht. Er sandte Feuerwehrleute aus, organisierte das Sammeln und Verbrennen der Leichen und stellte Soldatenwachen gegen Plünderer und Brandschatzer auf, zum Schutze des wenigen Verbliebenen. Während der nächsten Monate entwarf er Pläne für ein komplett neues Stadtzentrum, die heutige Baixa. 1769 wurde er mit dem Titel Marquês de Pombal geehrt. Er sandte Umfragen durch ganz Portugal, deren Antworten Licht ins Dunkel der Katastrophe bringen oder vor einer nächsten warnen sollten. Wie lange dauerte das Beben? Wieviele Nachbeben gab es? Was wurde zerstört? Verhielten sich Tiere auffällig vor dem Beben? Fragen, die ihm schließlich die Anerkennung als »Vater der Seismologie« einbrachten.

DAS EDBEBEN IN ZAHLEN

- Epizentrum: 200 km west-südwestlich von Kap St. Vincent, dem südwestlichsten Zipfel Europas, etwa bei 36°N 10°57'W
- Stärke auf der Richterskala: 8,2 (möglicherweise höher)
- Zeit bis zum Eintreffen der Flutwelle: 40 Minuten
- Höhe der Flutwelle: ca. 15 m
- Todesopfer in Lissabon: 60 000 (Schätzung)
- Zerstörte Gebäude: 18 000 (85 % der Stadt)
- Schadenshöhe: ca. 50 % des portugiesischen Bruttoinlandsprodukts
- Andere betroffene Gebiete: schwerste Erdstöße und Zerstörungen in Portugal und Westspanien; schwere Beben in Südfrankreich, Algerien und Marokko; leichte Beben, spürbar in der Schweiz und Deutschland; Flutwellen in England und Frankreich, Wogen bis nach Norwegen und Schweden

Musik für die Seele

Fado bedeutet »Schicksal«. Diese elegant-melancholische Musik – eine Singstimme, eine spanische Gitarre und die 12-saitige portugiesische Gitarre – erzählt von den Rätseln und Leidenschaften des Lebens, von Liebe, Eifersucht, Verrat und Tod. Die stilistische Bandbreite reicht von kokett und sentimental bis düster und tiefgründig.

Die Herkunft des Fado ist unklar. Manche meinen, er habe arabische Wurzeln, andere brasilianische, wieder andere schreiben ihm Einflüsse der provenzalischen Troubadoure zu. Sicher ist, dass er in den 1850ern aufkam, sich verbreitete, seine Blüte in den 1940ern hatte, in den 1970ern aus der Mode kam und in den 1990ern wiederentdeckt wurde.

Die Portugiesen sind keine Mittelmeer-Südländer, ebenso wenig sind ihr Temperament und ihre Emotionen »südländisch«. Im Wesen phlegmatisch, gehen sie ohne Aufhebens ihren Weg und umgeben sich mit diesem rätselhaften, spezifisch portugiesischen Gefühl: *Saudade*. Das Wort lässt sich nicht übersetzen. Es umfasst Weltschmerz und Wehmut nach etwas Verlorenem, Unerreichbarem. *Saudade* empfinden Seeleute, die lange unterwegs sind, Auswanderer, die sich zur Rückkehr entschließen, Zuhausegebliebene, die um die Fortgegangenen trauern. Eine stetige, rückwärts gerichtete Sehnsucht nach der goldenen Zeit des portugiesischen Erfolgs. Saudade hält die eng verknüpften portugiesischen Gemeinschaften in den Großstädten der Welt zusammen und bringt Wanderarbeiter nach langem Überseeaufenthalt zurück. *Saudade* liegt in der leidenschaftlichen Liebe der Portugiesen zu ihrer Heimat und vor allem in ihrer Musik, dem Fado.

Authentische Erfahrung

Heimstatt des Fado ist neben Lissabon die nordportugiesische Universitätsstadt Coimbra, wo er etwas heiterer klingt. Will man in Lissabon authentischen Fado hören, hält man am besten in der Alfama oder im Bairro Alto Ausschau nach kleinen Lokalen – größere mit Bühne sind meist touristisch. Eine der beliebtesten Adressen ist der **Clube de Fado** bei der Kathedrale (Rua de São João da Praça 86–94, Tel. 218 85 27 04, www.clube-de-fado.com). Aufnahmen der Fado-Berühmtheiten erklingen im exzellenten kleinen Museum **Casa do Fado e da Guitarra Portuguesa** (Largo do Chafariz de Dentro 1, Tel. 218 82 34 70, www.museudofado.pt; eine gesungene Führung wird Samstag und Sonntag um 16 Uhr geboten).

DIE KÖNIGINNEN DER SZENE

Bedeutendste Fado-Sängerin war Amália Rodrigues. 1920 in Armut geboren, begegnete sie dem Fado in den düsteren, rauchigen Tavernen Lissabons. Ihre ausdrucksvolle Stimme erregte international Aufmerksamkeit. Als sie 1999 starb, trauerte die ganze Nation. Man setzte sie im Panteão Nacional (► 95) bei und machte das Haus der beliebtesten Fadista Portugals zum Museum: Casa-Museu Amália Rodrigues (Rua de São Bento 193, Tel. 213 97 18 96; www.amaliarodrigues.pt; Di–So 10–13, 14–18 Uhr, Eintritt 5 Euro). In ihre Fußstapfen trat Mariza, eine stilvolle, zeitgenössische Sängerin mit außergewöhnlicher Stimme. Sie zeigt, dass Fado kein verstaubter Musikstil ist, sondern sich – wie Blues oder Flamenco – größter Lebendigkeit erfreut. Fado ergeht sich nicht nur in *Saudade* und Melancholie, sondern lebt auch aus anderen Launen. Bei spektakulären Live-Auftritten singen Mariza und andere Fadistas der neuen Generation Lieder neuen und altbekannten Texten, deren Klang sie oft mit zusätzlichen Instrumenten anreichern.

Azulejos
Überall Fliesen

Viele Kulturen schmücken ihre Wände mit Schnitzarbeiten, Fresken, Tapeten oder schlichtweg mit Farbe. In Portugal nimmt man dazu Azulejos (Keramikfliesen), die Sie besonders in Lissabon bestaunen können – in Kirchen, Palästen, an Ladenfassaden oder Wohnhäusern.

Das Wort *azulejo* selbst stammt vermutlich vom arabischen Wort *azzulaij* (polierter Stein) oder ist von arabisch *lazuward* (blauer Stein, Lapislazuli) abgeleitet. Ein Hinweis auf die maurische Vergangenheit des Landes, denn Mauren waren es, die im 14. Jahrhundert diese Fliesen auf der Iberischen Halbinsel einführten. *Mudéjar*-Künstler (christliche Mauren), die in Sevilla arbeiteten, verkauften ihre Ware ans benachbarte Portugal. Einige dieser Arbeiten können Sie im Palácio Nacional de Sintra bewundern. 200 Jahre später brachte italienische Kunstfertigkeit die Majolika-Technik hervor, die es Künstlern erlaubte, ohne Verlaufen der Farben beim Brennen direkt auf die Fliesen zu malen – ein willkommener Impuls für das portugiesische Kunsthandwerk. Zuerst wurden die Fliesen hauptsächlich für Kirchen und Klöster verwendet, um auf ihnen Bibelszenen und Heilige darzustellen, sehr schön zu sehen in São Roque. Im 17. Jahrhundert ging man dazu über, aus unzähligen Einzelfliesen riesige

BAEDEKER TIPP

Einkaufen: Hier gibt es die schönsten Azulejos: Ratton (Rua Academia das Ciências 2c, São Bento; Tel. 213 46 09 48, http://galeriaratton.blogspot.de/). Moderne Fliesen von portugiesischen und internationalen Künstlern. Sant'Anna (Rua do Alecrim 95; Tel. 213 42 25 37; www.santanna.com.pt). Handgefertigte Kopien von Fliesen aus dem 17. und 18. Jahrhundert: Solar (Rua Dom Pedro V 68–70, Bairro Alto; Tel. 210 45 89 93, http://solar.com.pt). Spezialgeschäft für Antikfliesen.
Anschauen: Kunstvolle Fliesenarbeiten finden Sie hier: Igreja de São Roque (➤ 115), Metrolinie Linha Vermelha, Museu da Cidade (➤ 69), Museu Nacional do Azulejo (➤ 81), Palácio dos Marquêses de Fronteira (➤ 117), Palácio Nacional de Queluz (➤ 178), Palácio Nacional de Sintra (➤ 174), Igreja de São Vicente de Fora (➤ 91).

Bilder zu entwerfen, wie man sie heute noch in São Vicente de Fora oder dem Palácio dos Marquêses de Fronteira besichtigen kann.

Nach dem Erdbeben von 1755 (➤ 16) erlebte Lissabon einen Bauboom. Fliesen wurden in der 1767 vom Marquês de Pombal gegründeten Real Fábrica do Rato in Massen produziert und auf den Markt gebracht. Diese Fliesen – jetzt neoklassischer im Stil – fanden Verwendung, um Fassaden wie Innenwände zu dekorieren und gegen die Witterung zu schützen. In Lissabon gibt es noch eine Menge davon zu sehen. Schon im 19. Jahrhundert sah man die allgegenwärtigen Azulejos an Fabriken, Wohnblocks, Geschäften und Bahnhofsgebäuden. Und diese Tradition hält an. Einige der eindrucksvollsten modernen Arbeiten führender zeitgenössischer Künstler sind heute in den Metrostationen zu bewundern.

Rechts: Kunstvoll werden mit Fliesen ganze Szenerien dargestellt
Links: Detail einer mit Fliesen verkleideten Wand in Belém

Die Steine Lissabons

Der Charme Lissabons liegt zum großen Teil in seinem Erscheinungsbild – seiner Lage an einem großen Fluss, seinen Hügeln und dem Kontrast zwischen engen Gassen und großzügigen Freiflächen. Wenn Sie von einem der zahlreichen *miradouros* (Aussichtspunkte) auf die Stadt hinunterschauen, erstreckt sich vor Ihnen ein Gewirr aus Kirchen, Palästen, öffentlichen Gebäuden und Wohnhäusern. Die portugiesische Hauptstadt erobert jedes Herz, und das liegt vor allem an ihrer Authentizität: Es fehlt jene Einheitlichkeit, die so vielen Metropolen heute eigen ist.

Lissabon beeindruckt durch seine Architektur. Nur wenige europäische Großstädte hatten die Gelegenheit, sich im 18. Jahrhundert gleichsam komplett neu zu erfinden. Das Erdbeben von 1755 war zwar eine große Katastrophe, sein Ergebnis jedoch – in städtebaulicher Hinsicht – ein vollkommen neues, rationell gebautes Stadtzentrum, die Baixa (► 50). Um dieses schachbrettartige Straßennetz herum und in den Außenbezirken stehen, gleich einer Handvoll kostbarer Edelsteine, ältere Gebäude, die das Beben überstanden haben. Mit ihnen sind Baustile früherer Jahrhunderte erhalten: römische und maurische Spuren, die sparsame und harmonische romanische Architektur, aufstrebende gotische Bögen und Gewölbe und – vor allem – der wunderbare und speziell portugiesische Stil der Manuelinik.

> »Europäische Städte hatten kaum Gelegenheit, sich komplett neu zu erfinden«

Manuelinik

Dieser einzigartige Baustil entstand zu Portugals Glanzzeiten, als man durch die Eroberung Indiens, Afrikas, Asiens und Südamerikas zu Wohl-

Der futuristische Gare do Oriente, geplant von Stararchitekt Santiago Calatrava für die Expo '98

ZUSAMMENGEPFLASTERT
Wie man nach langen Touren an schmerzenden Füßen merkt: Lissabons Straßen aus *Calçada portuguesa* (portugiesischem Pflaster) sind steinig. In den 1850ern hatten die Machthaber angeordnet, Straßen und Plätze – Kunstwerken gleich – in komplizierten Mustern zu pflastern. Dargestellt sind Ornamente und Strukturen wie Ladennamen, Straßennummern und der achtzackige Stern, ein Glückssymbol, das vor Erdbeben schützen sollte. Jeder Stein wurde von städtischen *Calceteiros* (Pflasterern) von Hand geschnitten und verlegt. Auch wenn manch altes Handwerk ausstirbt, das Lissabonner Pflaster bleibt ein wesentlicher Teil der hauptstädtischen Identität.

stand gelangt war. Das Nationalbewusstsein war entsprechend, man scheffelte Geld, und einheimische Architekten verbanden gotische mit anderen Stilelementen zu einem neuen, prunkvollen Stil, genannt »Manuelinischer Stil« nach König Manuel I. (1495–1521). Verwendung fanden dekorative Elemente der christianisierten Mauren *(Mudéjares)*, der reich verzierte filigrane Stil der Spanier und Einflüsse italienischer Baukunst. Glatte Wände mit reich verzierten Fenstern und Türen zeichnen diesen Stil aus, dazu eine Fülle maritimer Ornamente zu Ehren des Meeres und seiner Bezwinger: Immer wieder begegnen einem Takelwerk und Anker, Fische und Seegras, Meereswesen und Schiffe. In Stein gehauene, gewundene Schiffstaue umspielen die Fenster, und überall findet sich das königliche Siegel: die Armillarsphäre, ein nautisches Instrument, deren Reifen Äquator und Wendekreise darstellen, und *Vera Cruz*, das Wahre Kreuz – Symbole der starken Seemacht und des Christentums, in dessen Namen man in See stach.

Wie durch ein Wunder wurde 1755 nicht alles zerstört. So findet man heute noch manuelinische Bauten, z. B. im Viertel Belém, und dort vor allem den Torre de Belém (➤ 133).

Internationale Einflüsse

Im Laufe der Jahrhunderte fügte man nach Vorbild der in Europa populären Stile neue Gebäude hinzu, ohne dabei jedoch die eigenen Traditionen zu vergessen. Und so blieben Paläste sowie einfache Wohnhäuser immer einzigartig: Erstere anmutig, oft bunt gestrichen mit reichem Fliesenschmuck, Letztere klar und glatt, mit eleganten Fenstern und einfachen Balkonen.

Seit der Nelkenrevolution von 1974 (➤ 28) zeigen sich verstärkt fremde Einflüsse im Stadtbild. Als eines der besten Beispiele florierender Postmoderne gilt Tomás Taveiras Einkaufszentrum Amoreiras. Die endgültige Rückkehr zur Architektur Europas markiert die Bebauung eines brachliegenden Flussufers im Osten für die Expo '98. Architekten aus dem In- und Ausland waren am Entwurf der schnittigen Bauten des Parque das Nações (➤ 152) beteiligt, erreichbar über Lissabons wohl eindrucksvollstes öffentliches Gebäude: den Bahnhof Gare do Oriente von Santiago Calatrava (Abb. ➤ 22).

Feinste Manuelinik: der Kreuzgang des Mosteiro dos Jerónimos in Belém

KLEINE BAUSTILKUNDE

Maurisch (8.–12. Jh.): gut erhaltenes Straßen- und Gassengewirr des Alfama-Viertels und schlichter traditioneller Hausbau.

Romanisch (12. Jh.): Rundbögen und wuchtige Steinmassen, wie beispielsweise die Kathedrale.

Manuelinisch (15./16. Jh.): Portugals eigene Form der Spätgotik. Schauen Sie nach schmucklosen Wänden und reich mit maritimen Ornamenten verzierten Türen und Fenstern. Beispiel: das Hieronymuskloster (Mosteiro dos Jerónimos) in Belém.

Spanisch (16. Jh.): eingeführt von Philip I., sehr gut erhalten, charakterisiert durch schlichte Außen- und reich verzierte Innenbereiche. Estilo Chão (ebener Stil; 17. Jh.): glatte Fassaden mit schlichten Balkonen, zu finden an zahlreichen Häusern und Palästen.

Barock (18. Jh.): reich verzierte, mächtige Gebäude mit opulent geschmücktem Interieur, wie der Klosterpalast von Mafra.

Pombalino (18. Jh.): nach dem Beben entstandener pragmatischer Stil, schlichte, klassische Elemente und wenig Außendekor.

Neoklassizistisch (18.–19. Jh.): Klassizismusrevival, oft mit Säulengängen versehene Fassaden. Beispiel: Teatro Nacional de São Carlos (➤ 72, 185).

Neomanuelinisch (19. Jh.): Wiederbelebung der Manuelinik unter Verwendung von Jugendstilelementen, realisiert im Rossio-Bahnhof.

Modernistisch (20. Jh.): Gebäude triumphaler, monumentaler Bauart.

Zeitgenössisch (spätes 20. und 21. Jh.): modernes Design international angesehener Architekten. Beispiele: Gare do Oriente (➤ 22/23) und Oceanário (➤ 159).

AUF UND AB UND RINGSUMHER

Straßenbahnen und Standseilbahnen sowie ein prachtvoller alter Eisenaufzug ersparen nicht nur manch mühsamen Weg, sondern tragen auch zum unverwechselbaren Charme von Lissabon bei.

Durch ein gut ausgebautes, nahezu flächendeckendes System von U-Bahn und Bussen erweist sich Lissabons öffentlicher Nahverkehr zwar als absolut zeitgemäß, wahrhaft vergnüglich und charmant indes sind seine alten Straßenbahnen und Standseilbahnen, mit denen man als Tourist bequem zu allen wichtigen Sehenswürdigkeiten gelangt, etwa zu den *miradouros* in der Alfama (➤ 78) und Graça, ins Herz des Chiado sowie hinaus nach Belém. *Elevadores* heißen hier sowohl die drei quietschenden Standseilbahnen von der Baixa aufwärts als auch der Santa-Justa-Aufzug (➤ 62, 64) von der Baixa zum Chiado und der 2013 eröffnete Aufzug Elevador do Castelo zwischen Rua dos Fanqueiros und Kastel.

Wahrzeichen der Stadt

Straßenbahnen teilen sich mit Autos, Lastwagen und Passanten die Straße. Um 1900 ein gängiges Verkehrsmittel, kamen sie in den 1950ern vielerorts aus der Mode – Lissabon aber blieb ihnen treu, und die ehrwürdigen, hügelan ächzenden Triebwagen avancierten in ähnlicher Weise zu einem Wahrzeichen der Stadt wie etwa die berühmte Cable Car in San Francisco.

BAEDEKER TIPP

- Mehr zur Geschichte von Bussen und Straßenbahnen erfahren Sie im **Museu da Carris**, Rua 1° de Maio, 101–103, Tel. 213 61 30 87; http://museu.carris.pt, Mo–Sa 10–18 Uhr
- Die Verkehrsgesellschaft **Carris** (Companhia de Carris de Ferro de Lisboa) bietet Stadtrundfahrten mit einer Bus- und Straßenbahn-Kombikarte an. Alle weiteren Infos zur Straßen- und Standseilbahnbenutzung ➤ 35.

Eine Straßenbahnfahrt zählt zu den Schlüsselerlebnissen in Lissabon

Als erste Prototypen aus New York verkehrten hier ab 1873 schwerfällige, jedoch bald beliebte Pferdebahnen, schon damals unterhalten von der staatlichen Verkehrsgesellschaft Carris, die binnen zweier Jahre auf einem stetig wachsenden Schienennetz über eine Million Passagiere beförderte. 1902 erfolgte die Elektrifizierung, und ab 1924 wurden die Eléctricos in betriebseigenen Werkstätten gebaut. Der heutige Fuhrpark besteht aus *Remodelados* (renovierten Wagen) und modernen Gelenkzügen von Siemens (auf der Linie 15 nach Belém).

Nostalgisch und beliebt sind die kastenförmigen Wagen mit historischem Inventar und Holzverkleidung im Stil des 19. Jahrhunderts, die im Stadtzentrum verkehren. Sie kommen nur langsam voran, bewältigen steile Straßen und enge Kurven jedoch mit Leichtigkeit, wenn auch nicht ohne Rütteln und oft angehalten von Autos, die die Fahrbahn blockieren – genau das aber macht den wesentlichen Reiz einer solchen Fahrt aus.

Steiler Aufstieg

Der Anstieg von der Baixa unten am Fluss zum Bairro Alto ist aber selbst für diese Gefährte noch zu steil, weshalb hier Standseilbahnen die Aufgabe übernehmen, wie der Elevador da Glória vom Restauradores-Platz hinauf zum Miradouro de São Pedro de Alcântara. Dort genießt man einen herrlichen Blick über die Stadt und hat gleich die besten Restaurants der Oberstadt in der Nähe. Beim Ribeira-Markt befindet sich der Elevador da Bica. Senkrecht hinauf geht es mit dem Elevador de Santa Justa (► 62, 64), einem sehenswerten Aufzug in Eisenfiligran, zum Largo do Carmo im Chiado. Die Aussichtsplattform bietet einen einmaligen Rundblick.

Die Nelken-revolution

Von 1928 bis 1970 regierte Diktator António de Oliveira Salazar Portugal mit harter Hand. Die für ihre Brutalität berüchtigte Geheimpolizei PIDE verfolgte Oppositionelle und Kritiker, das Volk sollte sich statt um Politik um Fátima (Marien-Wallfahrtsort), Fußball und Fado kümmern. In den späten 1960ern verlor Salazar an Einfluss, es gab Studentenrevolten und Probleme in den Kolonien. Die Zeit für den Umbruch war reif.

Salazar starb 1970. Sein Nachfolger Marcelo Caetano war zwar Reformist, doch unfähig, die zunehmende Krise Portugals und vor allem der Kolonien zu bewältigen. Im Frühjahr 1974 schloss sich eine Gruppe linker Offiziere zur »Bewegung der Streitkräfte« (*Movimento das Forças Armadas:* MFA) zusammen, um die Regierung durch einen Militärputsch zu stürzen und General António Spínola als Oberhaupt einer neuen Reformregierung einzusetzen. Kopf der Bewegung war Major Otelo Saraiva de Carvalho, der die Besetzung strategisch wichtiger Punkte in Lissabon und im ganzen Land leiten sollte. Da er nicht mit der Unterstützung der gesamten Armee rechnen konnte, mussten seine Pläne geheim bleiben und seine Anhänger unbemerkt instruiert werden. Am 25. April um 0.30 Uhr sendete der Rundfunk »Grândola, Vila Morena«, ein Lied des Sängers Zeca Afonso, das unter Salazars Regime verboten war. Für die MFA das Signal zum Staatsstreich, der die Diktatur beenden und Portugal eine liberale Demokratie bescheren sollte. 18 Stunden später war alles vorbei. Caetano gab auf, Spínola übernahm das Amt, und das älteste Militärregime Europas

> »Man erzählt sich, ein Blumenverkäufer habe am Rossio einem Soldaten eine rote Nelke in die Hand gedrückt.«

fand ein Ende. Trotz der im Radio wiederholten Verbote gingen die Massen auf die Straßen, mischten sich unter die Putschisten und unter die staatlichen Truppen, die nicht wussten, auf welche Seite sie sich schlagen sollten und aus den PIDE-Zentralen stürmten, aus denen geschossen wurde. Vier Mann wurden getötet, weitere Opfer gab es nicht an diesem Tag.

SYMBOL DER REVOLUTION

Das Stadtzentrum wogte. Man erzählt sich, ein Blumenverkäufer habe am Rossio einem Soldaten eine rote Nelke in die Hand gedrückt. Hiervon gab es reichlich, und so wurden Heerscharen von Soldaten damit bestückt, die sich die Blumen in ihre Gewehrläufe steckten. In Windeseile wurde dieser Anblick von den Nachrichtensendern in die Welt verbreitet und Portugals Revolution danach benannt: *Revolução dos Cravos*, Nelkenrevolution.

Spínolas Junta war der Beginn einer Rückbesinnung auf das etablierte Europa, die 1986 im Beitritt zur Europäischen Union gipfelte. Heute begeht man den Tag der Revolution als nationalen Feiertag, an dem alte Mütterchen Nelken verkaufen, um die neue Generation an den für Portugal wichtigsten Tag des 20. Jahrhunderts zu erinnern.

Soldaten steckten sich Nelken in die Gewehrläufe, 1. Mai 1974

Café-Kultur

Cafés gehören zu Lissabon wie Straßenbahnen oder Azulejos, und manche waren Anfang des vorigen Jahrhunderts Treffpunkt der Literaten. Auch diese schätzten schon Espresso *(bica)* und heiße Schokolade, dazu die wundervollen *Pastéis*.

Ist das eine Café stolz auf seinen handgerösteten Kaffee, glänzen andere mit frischem Gebäck nach Rezept des Hauses. Was man überall bekommt, sind Croissants und vor allem *Pastéis de nata*, ein Blätterteiggebäck mit einer Creme aus Eigelb, Zucker und Sahne (gern mit ein wenig Zimt bestäubt).

Himmlischer Geschmack

Solches Gebäck wurde einst auch im Hieronymitenkloster von Belém hergestellt – nach dessen Auflösung 1834 gab jedoch ein Mönch gegen gutes Geld das Rezept für *Pastéis de Belém* an einen Laden weiter, aus dem dann die Antiga Confeitaria de Belém in der Rua de Belém entstand (➤ 149). Angeblich kennen heute nur drei Personen die genaue Zubereitung, die sich stets morgens hinter verschlossenen Türen vollzieht. Die in der gleichen Straße gelegene Konditorei Pastéis de Cerveja backt ihre *Pastéis* mit Bier!

Historische Cafés

Die alteingesessenen Cafés der Stadt erstrahlen zumeist im Glanz früherer Epochen, wie dem Jugendstil. Das älteste, **Café Martinho da Arcada** (➤ 70), residiert schon seit 1782 unter den Bogengängen an der Praça

Oben: Entspannte Kaffeepause im Freien am Rossio; links: Nostalgische Jahrhundertwende-Pracht im 1905 eröffneten Café A Brasileira

do Comércio und zählte in den 1920er- und 1930er-Jahren den Dichter Fernando Pessoa zu den Stammgästen.

Ein Juwel unter den Kaffeehäusern der Baixa ist die 1829 gegründete **Confeitaria Nacional** (► 70) an der Praça da Figueira, mit wuchtigem Marmortresen und verspiegelten Wänden sowie einem eleganten Tea Room im ersten Stock. Eine ihrer Spezialitäten ist *Bolo rei* (Königskuchen), ein Kuchen aus Hefeteig mit kandierten Früchten) nach altem französischen Rezept. Teekultur spielt in Lissabon generell eine große Rolle, wobei das **Cultura do Chá** in der Rua das Salgadeiras 38 im Bairro Alto zu den besten Adressen zählt. Ganz in der Nähe befindet sich mit dem **Tease** das erste Cupcake-Café (Rua do Norte 31–33).

Obligatorisch für Touristen ist ein Besuch im Jugendstil-Schmuckkästchen des 1905 gegründeten **Café A Brasileira**, gleichfalls ein Stammlokal Pessoas, an den auf der Terrasse eine Bronzefigur erinnert (► 67). Sieben Jahre später öffnete das Café Benard in derselben Straße (Rua Garrett 104), berühmt für seine Croissants, Éclairs und *Pastéis de nata*.

Unten am Rossio sitzt man vor der opulenten Jugendstil-Fassade des **Café Nicola** (► 70) inmitten von Touristen und einheimischen Stammgästen. Angeblich wagte sich einst in diesem Literaten-Café erstmals eine Frau in die Männerwelt der Lissabonner Kaffeehäuser.

DER TEEHANDEL

Die Briten mögen den Tee in Europa salonfähig gemacht haben, eingeführt haben ihn aber die Portugiesen. Als erster europäischer Teegenießer ist 1560 der Jesuitenpater Jasper de Cruz dokumentiert, und portugiesische Frachter brachten die kostbaren Blätter nach London. Angesichts dieses Erbes überrascht es kaum, dass das hiesige Wort für Tee, *chá*, gleichlautend ist wie in Mandarin, Kantonesisch und Japanisch.

Lissabon im Blick

Die *miradouros* – auf den Stadthügeln gelegene, malerische Aussichtspunkte – sind bei Einheimischen ebenso beliebt wie bei kamerabewehrten Touristen. Hier trifft der Lissabonner auch Freunde, blättert in der Zeitung, tippt auf dem Tablet oder genießt den Panoramablick.

Besucher lassen ihre Kameras klicken und die Füße baumeln, gönnen sich ein Eis oder Picknick, und alle Welt genießt den Sonnenuntergang am Castelo de São Jorge oder an der Igreja da Graça – alte Aussichtsterrassen, bestens in Schuss gehalten für Staunende und Müßiggänger.

Castelo de São Jorge: Panoramablick auf das Stadtzentrum vor den mächtigen Mauern der alten Burg (➤ 83).
São Pedro de Alcântara: Mit dem Elevador da Glória gelangt man auf der anderen Seite der Stadt zu diesem lauschigen Plätzchen mit Blick auf die Burg (➤ 184).
Santa Luzia: Mit der Straßenbahn 12 oder 28 geht es zu der mit Azulejos geschmückten Terrasse über der Sé mit Blick auf die Alfama (➤ 188).
Esplanada da Igreja da Graça: Am Wochenende findet man hier bei schönem Wetter kaum einen freien Platz (erreichbar mit Straßenbahn 28 von der Praça Martim Moniz, ➤ 190).
Nossa Senhora do Monte: Ein weiterer kurzer Aufstieg auf den Nachbarhügel belohnt mit herrlicher Sicht.
Esplanada de Santa Catarina: Schöner Blick auf den Tejo in Gesellschaft von Schülern und Studenten an einem der besten Miradouros (➤ 115).

Blick auf Monsanto-Park und Stadt vom Miradouro de Moinhos do Mocho

Erster Überblick

Ankunft

Die Ankunft in Lissabon ist angenehm: Ein überschaubarer Flughafen, alle Bahnhöfe liegen günstig an den Metro- und Buslinien. Und bei Anfahrt mit dem Auto sowie dem Anflug entfaltet sich das attraktive Stadtbild.

Anreise mit dem Flugzeug

Aeroporto de Lisboa

- Der **Flughafen Lissabon (Aeroporto da Portela de Sacavém)** wird von nationalen und internationalen Fluggesellschaften angeflogen (Flugauskunft Tel. 218 41 37 00, Flughafen Tel. 218 41 35 00, www.ana.pt).
- **Direktflüge** nach Lissabon gibt es mehrmals wöchentlich aus diversen Städten in Deutschland, Österreich und der Schweiz. Mehrere Billig-Airlines haben Lissabon im Programm.

Transfer

- Lissabons Flughafen **Portela** liegt 7 km vom Zentrum entfernt im Nordosten der Stadt und ist durch die Metro, Flughafenbusse (Aerobus), normale Buslinien und Taxis mit der Stadt verbunden, die alle vor den Ankunftshallen abfahren. Nehmen Sie sich eine Ausgabe von *Follow Me Lisboa* (eine Infobroschüre über Lissabon, die überall am Flughafen ausliegt) mit, bevor Sie das Terminal verlassen.
- Eine Fahrt mit dem **Taxi** ist die schnellste und teuerste Art, in die Stadt zu gelangen. Eine Fahrt kostet zwischen 15 und 20 Euro für bis zu vier Fahrgäste, für Gepäck wird ein Zuschlag berechnet. Die Fahrt dauert je nach Verkehr und Ziel 20 bis 30 Minuten.
- Die **Metro** der städtischen Verkehrsgesellschaft Carris fährt zwischen 6.30 und 1 Uhr alle 10 Minuten ins Stadtzentrum. In 20 Minuten ist die Haltestelle Saldanha erreicht und von hier kann man in alle Richtungen, z. B. Rossio, umsteigen. Yellowbus bietet täglich von 7–23 Uhr zwei Aerobus-Linen an (3,50 €).
- **Busse des Linienverkehrs** (Nr. 705, 722, 744, 783) fahren in verschiedene Stadtteile Lissabons. Das Ticket kostet 1,40 € für eine Strecke mit dem Metroticket 7 Colinas oder Viva Viajem; bei Zapping nur 1,25 € (➤ 37). Wenn Sie das Ticket beim Fahrer kaufen, kostet es 1,80 €. Alle Tarifinformationen unter www.carris.pt.

Anreise mit dem Zug

- Reisende aus Nordportugal, Spanien oder Frankreich kommen am **Bahnhof Santa Apolónia** (Tel. 707 21 02 20, www.cp.pt/) im Osten des Stadtzentrums an. Vor dem Bahnhof befindet sich ein Taxistand sowie Haltestellen der Carris-Linienbusse.
- Sie können auch am **Gare do Oriente** (Bahnhof Oriente) am Parque das Naçọes aussteigen und die Metro benutzen.
- Züge aus dem Süden Portugals halten am **Gare do Oriente**.
- Sie können auch an den zentraler gelegenen Bahnhöfen **Rossio** oder **Entrecampos** aussteigen, um von dort mit der **Metro** weiterzureisen.

Anreise mit dem Auto

- Mit dem Auto **führen alle Wege durch Spanien**. Die beste und sicherste Wahl ist die **E 90**, die von Madrid über Bajadoz führt. In Portugal wird sie zur A6/A2 und verläuft durch den Alentejo nach Palmela. Sie können dann entweder auf der A2 bleiben, über die Sie Lissabon im Westen über die Ponte 25 de Abril erreichen. Oder Sie fahren weiter auf der A12, überqueren den Tejo über die Ponte Vasco da Gama und erreichen die Stadt im Osten.

- Alternativ können Sie ab Salamanca auch die **E 80** fahren, die bei Vilar Formosa zur A25 und dann bei Guarda zur A23 wird. Lissabon erreichen Sie dann über Castelo Branco und die Autobahn A1 Porto–Lissabon.
- **Parken** ist in Lissabon Glücksache, wenige Hotels verfügen über Parkplätze.
- Empfehlenswert – wenn auch nicht ganz billig – sind die städtischen **Parkhäuser** (mit einem weißen P gekennzeichnet), wie Restauradores, M. Moniz und Chão de Loureiro.
- **Parkregeln** sind kompliziert, Parkplätze schwer zu finden. *Estacionamento proibido* bedeutet Parkverbot, wobei die Schilder in Farbe und Format variieren. Blaue Bordkanten oder Linien weisen darauf hin, dass man einen Parkschein am Automaten lösen muss, meist Mo–Fr 8–20 und Sa 8–18 Uhr. In manchen Vierteln sind Parklizenzen Pflicht, ganztägig oder zu bestimmten Tageszeiten, mit oft variablen Regeln, je nach Wochentag, Tages- oder Jahreszeit. Beim Parken in der Innenstadt tauchen mitunter *arrumadores* auf, die einen auf einen Parkplatz einweisen, dort das Auto beaufsichtigen und dafür Trinkgeld erwarten (das man zahlen sollte – 50 Cent sind ausreichend).

Touristeninformationen

Die besten Büros von Ask me Lisboa sind am Praça do Comércio und im Palácio Foz, wo Sie auch Informationen über ganz Portugal erhalten.

✉ Lisboa Welcome Center, Praça do Comércio, Loja 1 ☎ 210 31 28 10 🕒 9–20 Uhr
✉ Palácio Foz, Restauradores ☎ 213 46 33 14 🕒 9–20 Uhr
✉ Aeroporto (Ankunft) ☎ 218 45 06 60 🕒 7–24 Uhr
✉ Rossio, Praça D. Pedro IV ☎ 910 51 79 14 🕒 10–13, 14–18 Uhr
✉ Santa Apolónia ☎ 218 82 16 06 🕒 Mo–Sa 7.30–10 Uhr
✉ Belém, gegenüber Mosteiro dos Jerónimos ☎ 213 65 84 35 🕒 Mo–Sa 10–13, 14–18 Uhr

Unterwegs in Lissabon

Lissabons Nahverkehr bietet U-Bahnen, Busse, Straßenbahnen, Standseilbahnen und Aufzüge. Carris betreibt den überirdischen Stadtverkehr, ein kombiniertes Netzwerk aus Bussen, Straßenbahnen und Aufzügen, die alle relativ häufig verkehren und preiswert und zuverlässig sind. Sie erreichen alle Sehenswürdigkeiten bequem mit einigen wenigen Linien.

Carris

Die Verkehrsgesellschaft Carris (Companhia de Carris de Ferro de Lisboa) betreibt in Lissabon Busse, Straßenbahnen und Standseilbahnen. Auskünfte erhalten Sie in der Casa da Sorte an der Praça da Figueira, am Restauradores, Cais do Sodré und in den Touristenbüros (Tel. 213 50 01 15, Mo–Fr 8.30–19 Uhr, www.carris.pt). Dort erhalten Sie Verkehrs- und Ticketinformationen und kostenlose Fahrpläne.

Erster Überblick

Busse

- **Autobusse** (*Autocarros*) verkehren überall in der Stadt und sind oft überfüllt. Achten Sie auf Ihre Wertsachen, auch wenn in Lissabon sehr wenig Kriminalität verzeichnet wird.
- **Bushaltestellen** geben die Liniennummer und die Haltestellen der Linie an. Die Haltestelle, an der Sie sich befinden, ist markiert.
- **Steigen** Sie vorne ein und entwerten Sie das Ticket. Ausstieg ist hinten.
- Carris betreibt auf den Hauptlinien zwischen 23.45 und 5.30 Uhr (je nach Linie) auch **Nachtfahrten** (Madrugada).

Straßenbahnen und Standseilbahnen

- Lissabons wundervolle **Trams** (Straßenbahnen, *Eléctricos*) lohnen sich schon wegen des Fahrvergnügens. Sie fahren in fünf Linien und überwinden einige der weltweit steilsten Anstiege innerhalb einer Stadt. Die nostalgischen Traditionslinien Nr. 28, 12 und 25 bedienen das Herz der Altstadt, während die 18 westwärts nach Belém und eine neue »Supertram«, die Linie 15, am Fluss entlang von Cais do Sodré über Belém nach Algés fährt.
- Es gibt drei **Standseilbahnen** *(Elevadores)*, Bica, Glória und Lavra, die die Wege von derBaixa hinauf angenehm verkürzen. Der Personenaufzug Santa Justa verbindet die Baixa mit dem Largo do Carmo, der neue Elevador do Castelo die Rua dos Fanqueiros mit dem Castelo de São Jorge (➤ 26).

Metro

Mit der U-Bahn (*Metropolitano*) erreichen Sie viele Ziele am einfachsten. Es gibt vier Linien mit Umsteigemöglichkeiten an den Haltestellen Baixa-Chiado, Marquês de Pombal, Alameda Saldanha, S. Sebastião und Campo Grande (www.metrolisboa.pt).

- **U-Bahnen** verkehren von 6.30–1 Uhr. Pläne gibt es an zentralen Bahnhöfen.
- **Eingänge** sind mit einem weißen »M« auf rotem Grund gekennzeichnet.
- Im gesamten Metro-System gelten elektronische **Tickets** (➤ 37). Zentrale Information Metro: Tel. 213 50 01 15.
- **Entwerten** Sie das Ticket an der Box neben der Eingangsschranke.
- Übersichtliche **Informationstafeln** in den Farben der jeweils benutzten Linie geben die Fahrtrichtung und den Namen der Endstation an.

Taxis

- Die **Taxis** sind cremefarben oder schwarz-grün. Ein grünes Licht heißt »Taxi frei«, die rote Zahl gibt den Tarif an. Die Taxis haben einen Zähler, der auch normalerweise angestellt ist. Am Flughafen aufpassen und den Preis vor der Fahrt verhandeln! Trinkgeld ist Ermessenssache.
- Im Stadtzentrum gibt es mehrere **Taxistände**: Rossio, Fluvial, Praça da Figueira, Chiado, Largo da Misericórdia und Avenida da Liberdade.
- Taxis sind **preiswert**, ab 21 Uhr und an Wochenenden und Feiertagen wird allerdings ein Zuschlag erhoben. Taxis rufen Sie über Autocoope (Tel. 217 93 27 56, www.autocoope.pai.pt), Rádio Taxis (Tel. 219 36 21 13, www.taxislisboa.com) oder Teletaxis (Tel. 218 11 11 00, www.teletaxis.pt).

Fähren

Fähren über den Tejo verkehren ganztägig, vom Anleger **Terreiro do Paço (Praça do Comércio)** nach Montijo, Seixal und Alcochete, vom Anleger

Cais do Sodré nach Cacilhas. Es gibt auch eine Verbindung von Belém nach Trafaria. Tickets sind am Fähranleger erhältlich.

Tickets und Abokarten

Karten: in den Metrostationen oder in Läden und Kiosken mit Carris-Logo, etwa die Casa da Sorte (Restauradores). Die Automaten in den Metrostationen bieten ein englischsprachiges Menu.

Kartenarten

- **Cartão 7 Colinas/Viva vagem** mit Option *Zapping* gelten in der Metro und für Busse, Straßenbahnen, Aufzüge sowie einige Regionalzüge. Sie kosten einmalig 0,50 Euro und können dank Speicherchips in unterschiedlicher Höhe aufgeladen werden (Minimum 2 Euro, maximal 15 Euro, beliebig oft neu aufladen möglich, ab 5 Euro werden die Fahrten billiger). Beim Aufladen »Zapping« drücken. Jede Fahrt wird mit 1,25 Euro berechnet.
- **Bilhete Simples Rede:** Die Tageskarte ist erhältlich für 6 Euro, gültig ab dem Kauf- bzw. Entwertungszeitpunkt 24 Stunden lang für Busse, Straßenbahnen, Aufzüge und Metro.
- **Bilhete Metro/Carris:** einfache Fahrt 1,40 Euro, gültig eine Stunde ab Entwertung in Metro und Bussen, Straßenbahnen, Aufzügen.
- **Bilhete de Bordo:** Der im Bus bzw. in der Tram direkt beim Fahrer gekaufte Einzelfahrschein kostet im Bus 1,85 Euro, in der Tram 2,85 Euro, gültig nur für eine Zone.
- Wenn Sie ein **Kombiticket** haben, müssen Sie es bei der ersten Fahrt entwerten, der **Cartão 7 Colinas** wird beim ersten Entwerten gültig.
- In den Touristenbüros erhalten Sie die **Lissabon-Karte** *(Lisboa Card)*. Damit haben Sie freie Fahrt in allen Bussen, Straßenbahnen, Aufzügen und der Metro sowie freien oder ermäßigten Eintritt zu vielen Sehenswürdigkeiten. Rechnen Sie jedoch genau nach, ob sich die Karte für Sie überhaupt lohnt (24-Stunden-Karte: 18,50 Euro, 48 Std: 31,50 Euro, 72 Std. 39 Euro, www.lisboacard.org).

Mit dem Auto

Da der öffentliche Nahverkehr in Lissabon komfortabel ist, Parkplatzsuche hingegen ein Glücksspiel (► 35), lässt man am besten das Auto stehen. Wer die oft engen, steilen und zudem mit Bussen und Straßenbahnen verstopften Wege in der Innenstadt nicht scheut, beachte Folgendes:

- Es herrscht Anschnallpflicht für Fahrer und Beifahrer. Verstöße werden mit Bußgeld geahndet.
- Kinder unter 12 Jahren müssen hinten sitzen.
- Alkohol am Steuer zwischen 0,5 und 0,8 Promille wird mit Bußgeld und Führerscheinentzug zwischen einem Monat und einem Jahr bestraft, bei über 0,8 Promille mit bis zu zwei Jahren.
- Die Benutzung von Kopfhörern oder Mobilfunktelefonen ohne Freisprecheinrichtung beim Fahren ist verboten.

Autovermietung

In der Stadt und auf dem Flughafen sind die gängigen Anbieter mit Filialen vertreten. Billiger ist es, das Mietauto von zu Hause aus zu buchen.
Avis: Tel. 800 20 10 02, www.avis.com
Budget: Tel. 808 25 26 27, www.budget.com
Europcar: Tel. 213 35 11 15, www.europcar.com
Hertz: Tel. 219 42 63 00, www.hertz.com

Fahrgäste mit Behinderungen

Portugal hat enorme Probleme mit der Bereitstellung von Transportmitteln für behinderte Fahrgäste. Das gilt auch für Lissabon. Insgesamt ist die Situation nicht mit nordeuropäischen Ländern vergleichbar. Für weitere Informationen ➤ 198.

- **Taxis** können Rollstühle zusammengeklappt im Kofferraum befördern, das Ein- und Aussteigen kann für die Fahrgäste beschwerlich sein.
- Es gibt einen **Busfahrservice für Behinderte** (Tel. 213 613 141, http://carris.transporteslisboa.pt). Er ist Mo–Fr von 6.30–21.30, Sa–So von 8–12, 14–18 Uhr in Betrieb. Jede Fahrt kostet den Normalpreis. Die Fahrt muss zwei Tage im Voraus bestellt werden. Zuvor ist der Carris-Zentrale in Santo Amaro ein ärztliches Attest, ein Ausweis und ein Foto zur Ausstellung einer Benutzerkarte vorzulegen.
- Manche **Metrostationen** haben Aufzüge zu den Bahnsteigen.

Regionalzüge

Ziele in der Umgebung wie Cascais, Estoril, Queluz oder Sintra können Sie mit **Regionalzügen** erreichen. Von Cais do Sodré fahren Züge nach Estoril und Cascais mit Halt in Belém. Die Züge nach Queluz und Sintra fahren vom zentralen Rossio-Bahnhof und von Sete Rios. Die Züge können mit der Cartão 7 Colinas/Viva Viagem und der Lissabon-Karte benutzt werden.

Übernachten

Lissabon entwickelt sich zunehmend zum Ganzjahresziel. Es empfiehlt sich im Voraus zu buchen, zumal in den Monaten der Hauptsaison die Preise explodieren dürften. Für jeden Geschmack gibt es die passende Unterkunft, von historischen und Luxushotels bis zu modernen Einrichtungen für den Geschäftsreisenden, sowie eine breite Palette an bescheidenen *Pensões*, von denen sich viele im historischen Stadtkern befinden.

Wohin zum Übernachten

- In der **Baixa**, im **Chiado** oder in der **Alfama** wohnen Sie inmitten des Geschehens, in den Zimmern zur Straße hin kann es recht laut werden. Ruhigere Plätzchen in zentraler Lage finden Sie in den Straßen unterhalb des **Castelo**.
- Ruhiger sind die Hotels an der **Avenida de Liberdade** bzw. in deren Nähe, oder Sie übernachten im wohlhabenden Vorort **Lapa**. Dort liegen einige der besten Hotels Lissabons in oftmals eleganten, historischen Gebäuden.

Tipps

- **Vorausbuchung** ist in den Monaten Juli und August unerlässlich.
- Die **Hotelkategorien** in Portugal reichen von einem bis zu fünf Sternen. Komfort, Einrichtung und Service richten sich nach Preis und Einstufung.
- ***Pensões*** und ***Residenciais*** sind eine gute und günstige Wahl, wobei der Hauptunterschied darin besteht, dass die *Residenciais* außer einem Frühstück kaum Essen anbieten. Die Klassifizierung geht von einem bis zu drei Sternen, wobei eine Dreisterne-*Pensão* etwa so viel kostet wie ein Einsternehotel.

- Die **Zimmerpreise** variieren saisonabhängig teils um bis zu 40 %. Vereinbaren Sie einen Preis vor der Reservierung und fordern Sie eine schriftliche Bestätigung an, wenn Sie im Voraus buchen. Hotels geben oft die teuersten Zimmerpreise an, fragen Sie nach billigeren Zimmern.
- Lassen Sie sich das Zimmer vor dem Bezug zeigen.
- Beachten Sie, dass eine *Pensão* im Stadtzentrum oft nur über mehrere Treppen erreichbar ist. Fahrstühle sind selten.
- An der Rezeption wird man Ihren **Reisepass** oder eine Kopie zum Verbleib verlangen. Vergessen Sie nicht, ihn später wieder abzuholen.
- Sind Sie an einem **Apartment** in der Innenstadt interessiert, finden Sie auf www.friendlyrentals.com und www.airbnb.com eine große Auswahl, **Hostels** stehen unter www.hostelworld.com.

Information

Die Lissabonner **Touristenbüros buchen keine Unterkunft** für Sie, sie verfügen aber über Verzeichnisse der Hotels, die Sie selbst anrufen können (Touristeninformationen ➤35).

Hotels

Übernachtungspreise
Die Preise gelten für ein Doppelzimmer pro Übernachtung:
€ unter 100 Euro **€€** 100–150 Euro **€€€** 150–200 Euro **€€€€** über 200 Euro

Albergaria Senhora do Monte €/€€

Im stimmungsvollen Graça-Viertel, auf einem Hügel nahe dem Stadtzentrum, befindet sich dieses gemütliche kleine Hotel mit Zimmern in Südlage, z. T. mit eigener Terrasse. Der herrliche Blick über die Stadt und den Tejo ist den gehobenen Preis durchaus wert. Die Zimmer sind alle bequem und sauber und die Besitzer freundlich. Den Kaffee können Sie in der Frühstücksbar auf dem Dach genießen.

208 C3
Calçada do Monte 39, Graça
218 86 60 02, www.albergariasenhoradomonte.com Tram 28, 12

As Janelas Verdes €€€

Dieses bezaubernde Hotel ist in einem mit Antiquitäten bestückten Herrenhaus untergebracht. Die allgemeinen Räume wirken wie die eines Privathauses. Die Zimmer sind gut ausgestattet und ansprechend, das Personal verbindet Professionalität mit Freundlichkeit. In der Selbstbedienungsbar, auf der Frühstücksveranda, der schönen Terrasse im Obergeschoss und in der Bibliothek werden Sie sich wie zu Hause fühlen.

206 B1
Rua das Janelas Verdes 47, Lapa
213 96 81 43, www.heritage.pt Santos

Duas Nações €

Buchen Sie im Voraus, um sich ein Zimmer mit eigenem Bad in diesem Hotel mitten in der Fußgängerzone der Baixa zu sichern. Es befindet sich in einem Stadthaus aus dem 19. Jh. und hat nach der Instandsetzung bescheidene, tadellos saubere Zimmer, einige von ihnen mit Gemeinschaftsbad. Meiden Sie die lauten Zimmer mit Blick zur Rua Augusta. Im Preis enthalten ist ein reichhaltiges Frühstücksbuffet.

208 B2
Rua da Vitória 41, Baixa
213 46 07 10, www.duasnacoes.com
Baixa-Chiado

Hotel do Chiado €€€
In diesem modernen Boutique-Hotel befinden Sie sich mitten in der angesagtesten Einkaufsgegend von Lissabon mit fabelhaftem Ausblick auf das alte Alfama-Viertel und das Castelo. Die komfortablen Zimmer vereinen portugiesisches und orientalisches Design und kombinieren reiche Farben, dunkles Holz und geradlinige Formen. Genießen Sie das angeblich beste Frühstücksbuffet der Stadt und lassen Sie Ihren Blick dabei über die Dächer schweifen.

207 F3
Rua Nova do Almada 114, Chiado
213 25 61 00, www.lisboaregencychiado.com
Baixa-Chiado

Hotel Mundial €€/€€€
Ganz zentral gelegen nahe dem quirligen Rossio mit seinen Cafés und an zwei Straßenbahnlinien, bietet dieses große, 2011 renovierte Hotel geräumige, helle Zimmer, teils mit Balkon und Blick auf das Castelo. Zur komfortablen Ausstattung gehören Bademäntel, Internet auf dem Zimmer und zwei Restaurants sowie eine herrliche Panoramaterrasse. Sonderangebote auf der Website.

208 B3
Praça Martim Moniz 2
218 84 20 00, www.hotel-mundial.pt
Rossio Trams 28, 12

Lisbonaire Apartments €€
Coole Design-Apartments zeichnen dieses zentral neben der Gloria-Standseilbahn gelegene Hotel aus. Freies Wlan, Fitnessraum, Klimaanlage gehören zum Angebot. Reisende mit Kindern können das sogenannte Baby-Bundle zubuchen mit Bettchen, Kinderwagen, Hochstuhl, Badewännchen, Windelwechselmatte und einer Spielzeugkiste.

209 D4
Rua da Glória 16
912 769 797, www.lisbonaire.com
Restauradores

Olissippo Lapa Palace €€€€
Der Graf von Valenças baute diesen Palast im 19. Jh. im mondänen Stadtviertel Lapa mit Blick auf den breiten Tejo. Die Gäste können in den Gärten entspannen oder im Pool baden, bevor sie die wunderschön restaurierte Luxusausstattung im Inneren genießen. Die Zimmer und Suiten sind von orientalisch bis Art déco gestaltet. Alle jedoch werden dem Anspruch des Hotels als eine der luxuriösesten und teuersten Herbergen Lissabons gerecht.

210 C nördl. 5
Rua do Pau da Bandeira 4, Lapa
213 94 94 94, www.olissippohotels.com
Santos

Palácio de Belmonte €€€€
Dieser schöne Palast aus dem 15. Jh. gehörte einst den Grafen von Belmonte und zählt heute zu den großartigen Luxushotels der Welt. In jeder der Suiten verbindet sich modernster Komfort mit unaufdringlichem Luxus und Eleganz. Schöne Azulejos aus dem 18. Jh. und reiche Farben spiegeln die Farbschattierungen Lissabons wider. Der Garten ist ruhig und elegant, mit einem Pool aus schwarzem Marmor.

208 C2
Páteo Dom Fradique 14, Alfama
218 81 66 00, www.palaciobelmonte.com
Tram 28

Pensão Alegria €
Buchen Sie rechtzeitig in dieser einladenden Pension, um ein nach vorne gelegenes Zimmer mit Blick auf den Platz vor dem Haus mit seinen Palmenreihen zu ergattern. Die Zimmer sind einfach mit Holzböden, freundlichen Textilien und eigenem Bad ausgestattet. Außer dem Frühstück gibt es keine Mahlzeiten.

207 E4
Praça de Alegria 12
213 22 06 70, www.algerianet.com
Avenida

Pensão Residencial Royal €
Als eines der günstigsten Schnäppchen der Stadt erstreckt sich das Royal über drei Etagen im Herzen der Baixa, umgeben von Restaurants und Cafés. Zum Frühstück werden portugiesische Spezialitäten angeboten. Alle Zimmer sind hell und sauber und verfügen über eigene Bäder – viele davon sind mit antiken Fliesen dekoriert.
208 A2
Rua do Crucifixo 50, 3. Etage, Baixa
213 47 90 06, www.royal-guesthouse.com
Baixa-Chiado

York House €€€
Diese ehemalige Karmeliterinnenkloster gehört zu den besten Hotels von Lissabon. Die Zimmer bewegen sich zwischen traditionellem und minimalistischem Schick. Tiefe Sofas, Kunstwerke und Antiquitäten bestimmen die Atmosphäre. Im Sommer wird das Frühstück im Freien serviert, das Hotelrestaurant bietet traditionelle portugiesische Küche.
206 B1 **Rua das Janelas Verdes 32, Lapa**
213 96 24 35, www.yorkhouselisboa.com
Santos

Essen und Trinken

Die regionalen Gerichte zu kosten gehört zu den schönsten Vergnügen auf einer Reise. In Lissabon, das als Hauptstadt Menschen aus dem ganzen Land anzieht, findet sich die ganze Fülle von Portugals regionalen Spezialitäten. Der Schwerpunkt liegt auf frischen saisonalen Produkten der Region. Und wo die Einheimischen hingehen, ist Qualität garantiert.

Globale Food-Trends wie Sushi und Gourmet-Hamburger sowie Fastfood in allen Varianten sind auch in Lissabon zu haben. Die Portugiesen sind keine Kostverächter und viele lieben zwei warme Mahlzeiten am Tag.

Die Mahlzeiten in Lissabon

- **Frühstück** (*Pequeno-almoço*) wird meist zwischen 8 und 9 Uhr eingenommen, oft in einem Café. Meist besteht das Frühstück nur aus einem schwarzen Kaffee oder einem Milchkaffee mit Toast.
- **Mittagessen** (*Almoço*) gibt es von 12 bis 15 Uhr. Es besteht meist aus zwei bis drei Gängen.
- **Abendessen** (*jantar*) beginnt gegen 19.30 Uhr, Lissabonner starten gegen 20.30 Uhr. Es unterscheidet sich in seiner Zusammensetzung nicht wesentlich vom Mittagessen.
- Auf der Speisekarte findet man manchmal eine *Ementa Turística*. Das ist kein Touristenmenü, sondern das **Tagesmenü**. Im oft sehr moderaten Preis enthalten sind zwei Gänge sowie Bier oder Wein.
- Hat man Platz genommen, werden Brot und eine Auswahl kleiner Vorspeisen auf den Tisch gestellt. Sie reichen von Butter, Fischpastete und Oliven bis hin zu Käse, Chouriço und raffinierteren Speisen. Die angebotenen Kleinigkeiten sind allerdings **nicht kostenlos** – was man davon gegessen hat, erscheint auf der Rechnung. Deshalb am besten gleich zurückgehen lassen, was nicht gewünscht wird.
- Die teuren Restaurants nehmen **Tischreservierungen** entgegen, in der Hauptsaison und an den Wochenenden sollten Sie davon unbedingt Gebrauch machen.
- **Dresscode:** Außer in den Spitzenrestaurants müssen Sie sich nicht in Schale werfen.

Kulinarische Begriffe

- Auf portugiesischen Speisekarten finden Sie meist die Rubriken *Entradas* (Vorspeisen), *Saladas* (Salate), *Peixes* (Fisch und Meeresfrüchte), *Carnes* (Fleisch) und *Sobremesas* (Desserts)
- *Sugestões do Dia* sind Tagesgerichte oder Spezialitäten des Hauses. Meeresfrüchte werden, vor allem in Fischrestaurants, mitunter separat als *Mariscos* aufgelistet. Ebenfalls in einer eigenen Rubrik sind manchmal *Sopas* (Suppen) und *Queijos* (Käse) aufgeführt.

Restauranttypen

- **Restaurantes** sind Gaststätten, geöffnet von 12–15 und von 19–22 Uhr. Kreditkarten werden eher akzeptiert als in einfacheren Lokalen.
- Eine **Casa de pasto** oder **Tasca** ist ein preiswertes Lokal, oft in Familienbesitz, das günstige Drei-Gänge-Menüs serviert, meist nur zur Mittagszeit.
- Eine **Marisqueira** ist ein Fischrestaurant (auch Meeresfrüchte). Auf der Karte sind Preise pro Kilo angegeben, die sich schnell summieren.
- **Churrasqueiras** sind auf *Frango no Churrasco* (auf Holzkohle gegrilltes Hähnchen) spezialisierte Familienbetriebe. Dazu wird *Piri-Piri* (scharfe Chilisauce) gereicht. Es gibt aber auch andere Grillgerichte.
- **Cervejarias** servieren Bier, einfache Gerichte und Snacks. Sie sind ganztägig bis spät in die Nacht geöffnet.

Getränke und kleine Speisen

- **Cafés** und Bars haben vom frühen Morgen an bis spät in die Nacht geöffnet und servieren ausgezeichneten Kaffee: *Bica* oder *Café*, ein kleiner schwarzer Espresso, *Meia de Leite* oder *Galão*, ein großer Milchkaffee, und *Garoto*, ein Espresso mit einem Schuss Milch. Setzen Sie sich an einen Tisch, steigt gewöhnlich der Preis. In Cafés werden auch kleine Snacks angeboten, vom Frühstücksgebäck über warme Speisen bis hin zum Sandwich (*Sandes*). Sandwiches gibt es eigentlich überall, auch ohne offizielle Speisekarte.
- **Casas de Chá** (Teesalons) sind beliebt in Lissabon und bieten für gewöhnlich Kuchen, Gebäck und kleine Speisen an. Daneben erhält man meist auch Kräutertees oder Kaffee.
- **Pastelarias** sind Konditoreien. Achten Sie auf den Hinweis *Fábrico próprio* (aus eigener Herstellung) an der Fassade oder im Fenster. Kuchen und Gebäck, beide unentbehrlicher Bestandteil der portugiesischen Küche, sind oft recht süß. Viele traditionelle Rezepte, wie die *Pastéis de nata* (➤ 30), stammen ursprünglich aus Klöstern.
- **Bier** (*Cerveja):* die Marken *Sagres* und *Super Bock* dominieren.
- **Wein** (*Vinho*) kommt aus über 50 Weinregionen des Landes. Das Land ist in acht offizielle Regionen unterteilt, Genaueres erfahren Sie durch die DOC-Bezeichnungen, die die Herkunft garantieren. Probieren Sie auch die preiswerten *Vinhos de Mesa* (Tafelweine). Der Hauswein eines Lokals kommt in Flaschen und Karaffen (½ l oder 1 l) auf den Tisch.
- **Spirituosen:** Schnaps aus Portugal heißt *Aguardente* und wird aus verschiedenen Früchten oder auch aus Weintraubenschalen oder -kernen

Preise

Die Preise gelten für ein Drei-Gänge-Menü ohne Getränke:

€ unter 20 Euro **€€** 20–40 Euro **€€€** über 40 Euro

hergestellt. Er ist sehr hochprozentig (50 %). Lissabons eigener *Aguardente* ist der *Ginjinha* – ein Kirschbranntwein.

- **Portwein** (*Vinho do Porto*) trinkt sich hervorragend nach dem Abendessen. Nutzen Sie aber auch die Gelegenheit, einen weißen Portwein *(Porto Branco)* als Aperitif zu probieren. Weitere Portweinsorten sind zum Beispiel Vintage, Late Bottled Vintage (LBV), Tawny und Ruby.
- **Madeira** (*Vinho da Madeira*) wird hergestellt, indem man den Traubensaft vor dem Erhitzen fermentiert und mit Alkohol anreichert.

Einkaufen

Lissabon bietet alles: von den größten Einkaufszonen des Landes bis zu einer Riesenauswahl an Spezialitätenläden und Boutiquen. Kunsthandwerks- und Keramikliebhaber kommen hier auf ihre Kosten. Mitbringsel wie Esswaren, Feinkost, Port- und andere Weine aus Portugal bekommen Sie hier.

Portugiesische Spezialitäten

- **Keramik und Töpferwaren:** Steingut (Gebrauchswaren und Dekoartikel) aus ganz Portugal, Vista-Alegre-Porzellan, handbemalte *Azulejos.*
- **Textilien**: Hervorragendes Tafelleinen, Vorhänge, Tagesdecken mit Seidenstickerei (*Colchas*) aus Castelo Branco, Teppiche aus Arraiolos.
- **Lederwaren**: Preisgünstige Schuhe und Lederwaren, auch Handschuhe.
- **Schmuck**: Hervorragend gearbeitete, traditionell gestaltete Schmuckstücke und skurrile moderne Stücke
- **Holzarbeiten und Korbwaren**: Diese portugiesische Spezialität gibt es überall in der Stadt in den Kunsthandwerksläden.
- **Lebensmittel und Weine**: Als Souvenir eignen sich Käse, *Presunto* (Schinken), Honig, Olivenöl, Piri-Piri-Sauce, *Doces conventuais* (Süßwaren ursprünglich aus dem Kloster), Portwein und Madeira.

Einkaufsviertel

Chiado und Baixa: Trendshops, Designerartikel und traditionelle Läden.
Bairro Alto: Boutiquen und skurrile Läden aller Art.
Avenida da Liberade: internationale Markenartikel, Designerkleidung
Campo de Ourique: schicke Boutiquen, Möbel und Haushaltsartikel.
São Bento: Antiquitäten, Keramik, Glas und hochwertige Haushaltwaren.
Rua de Escola Politécnica: traditionelles Kunsthandwerk.

Einkaufszentren

Armazéns do Chiado Ⓜ Baixa-Chiado
Centro Comercial Amoreiras Ⓜ Marquês de Pombal/Rato
Centro Comercial Colombo Ⓜ Colégio Militar
Centro Comercial Vasco da Gama (➤ 164) Ⓜ Oriente
Galerias Saldanha Ⓜ Saldanha
El Corte Inglés Ⓜ São Sebastião

Märkte

Feira da Ladra (➤ 95) Tram 28
Praça de Espanha: preisreduzierte gängige Artikel Ⓜ Praça de Espanha
Mercado do Campo de Ourique: Lebensmittelmarkt Tram 25/28
Mercado da Ribeira (➤ 66) Ⓜ Cais do Sodré

Ausgehen

Lissabon hat das vielfältigste Unterhaltungsangebot des Landes. Ob Theater oder Kino, Konzerte, Nachtclubs oder traditioneller Fado, jeder Geschmack und jedes Budget werden bedient.

Auskünfte und Eintrittskarten

- Das beste **Veranstaltungsmagazin** heißt *Agenda Cultural Lisboa*. Es erscheint gratis einmal monatlich (Portugiesisch, www.agendalx.pt). Viele der Ankündigungen finden Sie auch in der Broschüre *Follow me Lisboa* (Englisch), die vom Fremdenverkehrsamt herausgegeben wird und in den Touristenbüros erhältlich ist.
- Das **Gulbenkian** und das **Centro Cultural de Belém (CCB)** publizieren monatliche Programme.
- Die Zeitungen *Diário de Notícias* und *Público* haben eine Freitagsbeilage mit dem kompletten Veranstaltungsplan.
- In den folgenden Büros können Sie **Karten** vorbestellen:
  ABEP (Agência de Bilhetes para Espectáculos Públicos):
  ✉ Praça dos Restauradores ☎ 213 42 53 60 oder 213 47 58 24
  🕐 Mo–Sa 9–20 Uhr 🚇 Restauradores
  Fnac Chiado: ✉ Armazéns do Chiado, Rua do Carmo 2, Chiado
  ☎ 213 22 18 00 oder 760 30 93 3011 oder -67, www.fnac.pt
  🕐 tägl. 10–22 Uhr 🚇 Baixa-Chiado

Unterhaltung

- **Kino**: Viele Filme laufen im Original mit portugiesischem Untertitel. Es gibt Nachmittags- und Abendvorstellungen. Alle großen Einkaufszentren verfügen über Multiscreen-Kinos.
- **Klassische Musik, Ballett, Tanz**: Lissabon hat drei Orchester, ein Ballett- und ein modernes Tanzensemble. Die Spielzeit geht von Oktober bis Mai.
- **Zeitgenössische Musik**: Internationale Stars und Künstler aus Brasilien, Afrika und von den Kapverden.
- **Fado**: Genießen Sie Fado in den Clubs im Bairro Alto.
- **Theater**: Gelegentlich gibt es internationale Musicals, meist jedoch auf Portugiesisch.

Nachtleben

- **Bars und Nachtclubs**: Die meisten Bars öffnen gegen 20 Uhr, die Nachtclubs um Mitternacht. Richtig ab geht es dann gegen 2 Uhr, Schluss ist um 5 Uhr oder später. In vielen Bars wird regelmäßig Livemusik gespielt.
- Viele Clubs haben ein ***»consumo mínimo«***-System (Mindestumsatz), welches festlegt, wie viel Geld Sie im jeweiligen Club ausgeben müssen, das als eine Art Eintrittsgeld fungiert. Getränke können darin enthalten sein.
- An den **Docks des Tejoufers** sammeln sich einige Clubs, wobei die Docas de Santos sehr touristisch sind. Der neue Star ist der Cais do Sodré, vor allem, wenn die Bars des Bairro Alto schließen (2 Uhr).
- **Schwule und Lesben**: Die meisten schwul-lesbischen Bars befinden sich im Bairro Alto und im Príncipe Real. Infos bekommt man auch auf den Webseiten www.opusgay.org/ (unter Noticias de Portugal) und www.portugalgay.pt.

Das Zentrum und der Norden

Kleine Erlebnisse

Immer im Trend: Handarbeit

Die altmodischen **Kurzwarenläden** in der Rua da Conceição (➤ 72) verkaufen Knöpfe, Stickgarn und Bordüren aller Art.

Stilvoller Durstlöscher: gratis!

Weiß kaum jemand: Am hübschen schmiedeeisernen **Brunnen** auf dem Rossio (➤ 54) lässt sich die Trinkwasserflasche füllen.

Camaradas, Essen fassen!

In der **Kantine der Kommunistischen Partei**, (Art-déco-Gebäude in der Avenida da Liberdade 70), darf werktags jeder mittagessen.

Erste Orientierung

Die Baixa – das beim Erdbeben von 1755 zerstörte und anschließend neu errichtete Viertel – erstreckt sich vom Flussufer bis zu den drei Hauptplätzen des Zentrums: Praça Dom Pedro IV, bekannt als Rossio, Figueira und Restauradores.

Die Baixa bedeckt die flache Uferzone zwischen zwei Hügeln und wird durch die riesige, am Fluss gelegene Praça do Comércio und den Triumphbogen begrenzt. Östlich davon liegt die Altstadt, im Westen der Chiado, ein Viertel (*bairro*), das viele historische Gebäude, Museen, Theater, Cafés und einige der elegantesten Läden beherbergt. Seine westlichen Ausläufer steigen sehr steil an, weshalb im 19. Jahrhundert Ingenieure den höchstgelegenen Punkt des Chiado mit der Baixa durch den Elevador de Santa Justa verbanden. Dessen obere Plattform bietet eine herrliche Sicht auf Stadt und Fluss.

Der Restauradores ist der äußerste der drei Plätze. Er bildet den Anfang der Avenida da Liberdade, eines im ausgehenden 19. Jahrhundert erbauten, baumgesäumten Boulevards, der die Baixa mit den jüngeren Stadtteilen verbindet. Hier sind Hotels und Läden der gehobenen Klasse ansässig. Die Straße endet sehr prunkvoll in der Praça Marquês de Pombal. Dahinter erstreckt sich der Parque Eduardo VII, der zu Ehren des Besuches des britischen Königs Eduards VII. in Portugal 1903 so benannt wurde. Von hier aus sind es nur noch wenige Straßen bis zum Calouste Gulbenkian Museum, eines der großartigsten Kunstmuseen der Welt.

Geradlinige Straßenzüge prägen die Baixa

TOP 10

- 4 Baixa ➤ 50
- 5 Rossio, Figueira & Restauradores ➤ 54
- 10 Museu Calouste Gulbenkian ➤ 57

Nicht verpassen!

- 11 Chiado & Santa Justa ➤ 62

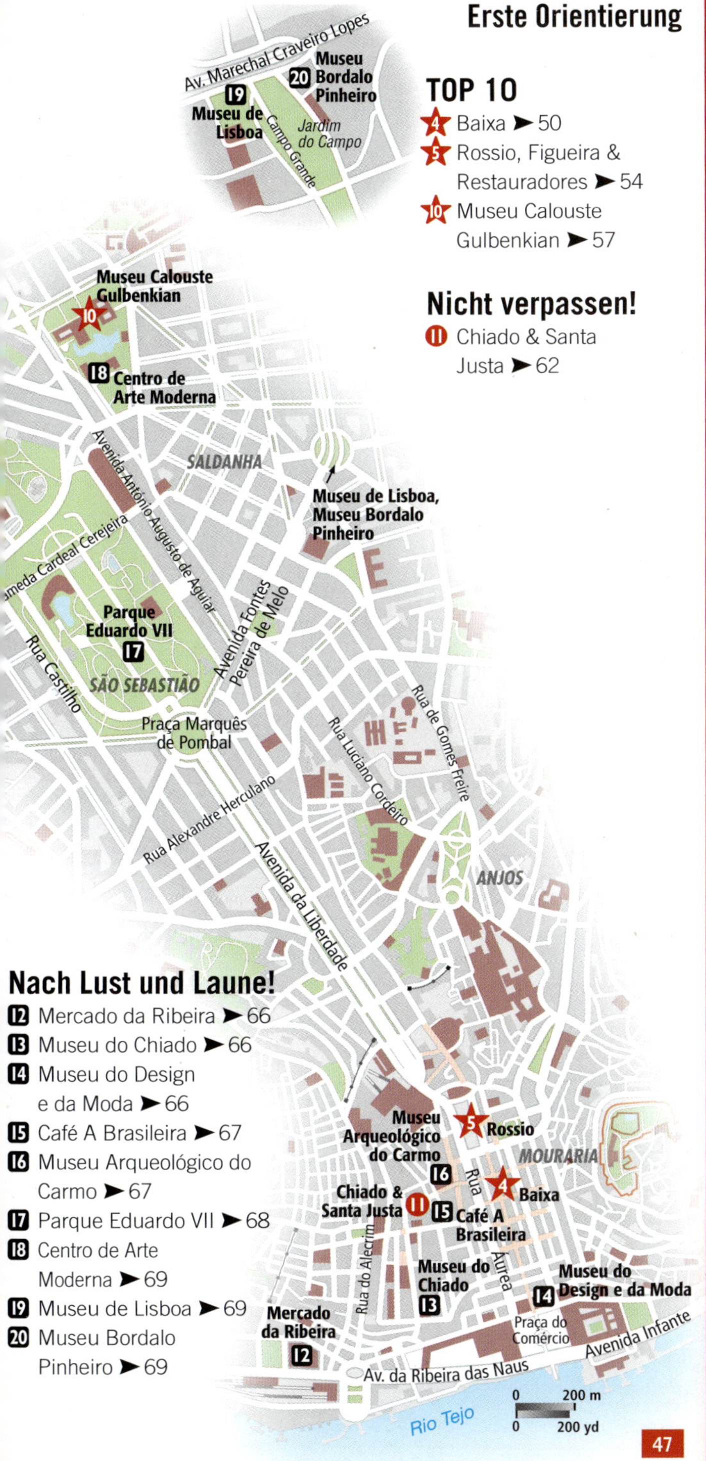

Nach Lust und Laune!

- 12 Mercado da Ribeira ➤ 66
- 13 Museu do Chiado ➤ 66
- 14 Museu do Design e da Moda ➤ 66
- 15 Café A Brasileira ➤ 67
- 16 Museu Arqueológico do Carmo ➤ 67
- 17 Parque Eduardo VII ➤ 68
- 18 Centro de Arte Moderna ➤ 69
- 19 Museu de Lisboa ➤ 69
- 20 Museu Bordalo Pinheiro ➤ 69

An einem Tag

Die folgende Route ermöglicht es Ihnen, einige der interessantesten Sehenswürdigkeiten im Zentrum und im Norden Lissabons an einem Tag zu besichtigen. Die einzelnen Highlights werden auf den folgenden Seiten (➤ 50ff) näher beschrieben.

9:00

Zur Erkundung des »Schachbrettviertels« 4 **Baixa** (➤ 50) geht es von der Praça do Comércio mit dem Lisboa Story Centre durch Arkaden (Abb. oben) und Triumphbogen in die Rua Augusta, mit dem 14 **Museu do Design e da Moda** (➤ 66). Über die Rua do Ouro nehmen Sie Kurs auf den 11 **Elevador de Santa Justa** (➤ 64, 186), um sich, oben angekommen, an der wundervollen Aussicht zu erfreuen und zum Largo do Carmo zu spazieren.

10:00

Spazieren Sie Richtung Rua Garrett, eine der schönsten Straßen aus dem Lissabon des 19. Jhs., zu einer Kaffeepause im historischen 15 **Café A Brasileira** (➤ 66f), vor einem Besuch des 13 **Museu do Chiado** (➤ 66) oder 16 **Museu Arqueológico do Carmo** (➤ 67) oder einem entspannten Einkaufsbummel. Im Einkaufszentrum Armazéns do Chiado (➤ 72) findet man viele einladende Geschäfte, die skurrilsten und individuellsten allerdings in den Nebenstraßen der Rua Garrett.

12:00

Biegen Sie in die Rua do Carmo ein und bummeln Sie Richtung 5 **Rossio** (➤ 54), vorbei an den vielen Querstraßen mit ihren Cafés und dem geschäftigen Treiben. Nun ist es nicht mehr weit bis zu den anderen beiden Plätzen 5 **Praça da Figueira** und 5 **Restauradores** (➤ 55).

13:00

In der Rua das Portas de Santo Antão und den umliegenden Gassen nördlich des Rossio gibt es viele Gelegenheiten, gut zu essen. Ein ausgezeichneter Tipp ist das Bonjardim (➤ 70). Schnappen Sie sich einen der Terrassentische und lassen Sie sich von der Sonne durchwärmen, während Sie Ihr saftiges Hühnchen und köstliche Pommes verzehren.

14:30

Nehmen Sie sich eine gute halbe Stunde Zeit, um mit einem Taxi oder mit der Metro (von Baixa-Chiado nach S. Sebastão) zum 10 **Museu Calouste Gulbenkian** (➤ 57) zu gelangen. Hier lassen sich gut zwei Stunden die Schätze dieser sehr persönlichen und erstklassigen Sammlung bestaunen, die der Ölmagnat dem Land Portugal schenkte.

16:30

Nach dem Museumsbesuch können Sie sich in den reizvollen Museumsgärten mit Teichen und kühlendem Schatten entspannen, oder über die gepflegten Grünflächen des 17 **Parque Eduardo VII** wandeln (Abb. unten; ➤ 68). Für Gartenliebhaber: die Estufa-fria-Gewächshäuser.

18:00

Gönnen Sie sich am 5 **Rossio** ein köstliches Törtchen oder einen Drink im Café Nicola (➤ 70), das seit 1929 besteht oder nebenan in der Confeitaria Nacional, Praça da Figueira.

20:00

Genießen Sie das Tejoflair und die vielfältige Gastronomie der **Praça do Comércio** für einen Aperitif in der Blue Hour, ein Bier von den Azoren, Madeira oder aus den ehemaligen Kolonien im Biermuseum (Museu da Cerveja, www.museudacerveja.pt) oder ein Abendessen. Oder lassen Sie sich auf den Treppenstufen nieder, die noch gar nicht so lange den Tejo bis zum Cais do Sodré säumen.

4 Baixa

Die Baixa – ein exzellentes Beispiel für den Städtebau des 18. Jahrhunderts – liegt im Herzen Lissabons. Ihre schnurgeraden Straßen, der riesige Hauptplatz, die klaren Linien der Wohnhäuser, die mit bunten Fliesen verkleideten Fassaden der urigen kleinen Läden und die lebendigen Straßen sind ein Markenzeichen der Stadt. Die besondere Architektur der Unterstadt veränderte das Aussehen Lissabons und schuf ein Stadtzentrum, das tagsüber sowohl *Lisboetas* als auch Besucher anzieht.

Die Baixa liegt eingebettet zwischen dem Chiado-Viertel im Westen und der Alfama im Osten. Im Norden grenzt sie an den als **Rossio** bekannten Platz, der eigentlich Praça Dom Pedro IV. heißt, und im Süden an die am Ufer gelegene **Praça do Comércio,** auch Terreiro do Paço genannt. Sie verdankt ihr Bestehen einer der schlimmsten Naturkatastrophen Europas. 1755 erlebte Lissabon eines der verheerendsten Erdbeben (► 16) der Geschichte, dem nicht nur Zehntausende Menschen, sondern auch ein Großteil der historischen Gebäude des Stadtzentrums zum Opfer fielen. Drastische Ereignisse forderten drastische Maßnahmen, und so wurde der Premierminister des Landes, Marquês de Pombal, vom König beauftragt, das Gebiet nach modernsten Grundsätzen neu zu erbauen. Dieser dachte an gitternetzartig angelegte, 12 m breite Straßen, die mit eleganten, klassischen – und vor allem erdbebensicheren – Gebäuden bebaut werden sollten, und rief Eugénio dos Santos zu sich, der ihm bei der Verwirklichung seiner Vision behilflich sein sollte. Die Struktur des neuen Viertels glich der eines Militärcamps, mit Straßen, die jeweils bestimmten Handwerken vorbehalten waren. Die Straßennamen zeugen davon: Noch heute finden Sie Juweliere in der **Rua do Ouro** (Goldstraße) und der **Rua da Prata** (Silberstraße), Schuhgeschäfte in der **Rua dos Sapateiros** und Textilien- und Stoffhändler in der **Rua dos Fanqueiros**.

Am besten überschauen Sie Pombals raffinierten Entwurf vom Fluss aus. Eine Fährfahrt von der Estação Fluvial aus, an der Ostseite der Praça do Comércio, eröffnet auf der Rückfahrt eine wunderbare Sicht auf den Platz.

Blick vom Elevador de Santa Justa auf die Baixa und das Castelo de São Jorge

Praça do Comércio

Anstelle dieses herrlichen, mit Säulengängen gesäumten Platzes befand sich vor dem Erdbeben der Terreiro do Paço, das Palastgelände mit dem königlichen Uferschloss. Nach der Zerstörung ließ Pombal einen großzügigen Platz anlegen, der als großartiger Schauplatz für eintreffende Könige, Präsidenten und Botschafter fungieren sollte. Nachdem er lange Parkplatz und später in der Hand von Ministerien war, wartet der frisch restaurierte Monumentalplatz heute mit (Außen-) Gastronomie, einem großen Welcome Center und dem neuen interaktiven **Lisboa Story Center** auf. Auch die **Câmara Municipal**, das Rathaus Lissabons, befindet sich noch immer im eigens dafür errichteten klassizistischen Gebäude auf der eleganten **Praça do Município** (Rathausplatz), der sich im Westen an den Praça do Comércio anschließt. Vom Balkon dieses Rathauses wurde 1910 die Republik Portugal ausgerufen, und so feiert man noch heute den Tag der Republik am 5. Oktober auf diesem Platz.

Ein 14 Meter hohes, 2013 restauriertes **Reiterstandbild König Josefs I.** steht im Zentrum des Platzes. Josef I. beauftragte Pombal mit der Neugestaltung des Platzes, Bildhauer Joaquim Machado de Castro schuf diese Statue, deren Fuß Figuren des »Sieges« der neuen Gebäude über die »Zerstörung« des Bebens zieren. Die Säulengänge beheimaten das 1782 gegründete historische Café Martinho da Arcada, zu dessen Stammgästen der 1920er- und 1930er-Jahre auch der berühmte Dichter Fernando Pessoa zählte. Pessoa (1888–1935) kam allabendlich hierher, um an seinem Versepos *Mensagem* zu schreiben. Ein

Praça do Comércio: Am Arco Triunfal an der Nordseite beginnt die betriebsame Rua Augusta

anderer häufig gesehener Gast war der portugiesische Romancier José Saramago, dem 1998 der Nobelpreis für Literatur verliehen wurde und der 2010 verstarb.

Arco Triunfal

Im Norden des Platzes ist der **Arco Triunfal** zu besichtigen, ein neoklassischer Triumphbogen mit Panorama von der Aussichtsplattform (9–19 Uhr). Oben auf dem Bogen steht Gloria und krönt mit Lorbeerkränzen Genius und Tapferkeit, die neben ihr sitzen. Darunter finden sich zu beiden Seiten des königlichen Wappens Statuen von Viriatus, Nuno Álvares Pereira, Vasco da Gama und dem Marquês de Pombal sowie Allegorien der Flüsse Tejo und Douro.

Rua Augusta

Unter dem Arco Triunfal beginnt die **Rua Augusta**, die stattliche Hauptachse der Baixa. Wie viele Straßen des Stadtteils ist auch sie eine Fußgängerzone. Die Fassaden der al-

BAEDEKER TIPP

- Wenn Sie Lissabon im Winter besuchen, probieren Sie die auf der Rua Augusta und vor dem Rossio-Bahnhof feilgebotenen **gerösteten Esskastanien.**
- Es lohnt sich, Ihren Besuch mit einem Abstecher in die **Touristeninformation** am **Praça do Comércio** zu beginnen und sich Gratisstadtpläne und Informationsprospekte mitzunehmen.
- Der **späte Nachmittag** ist die beste Zeit, um die Gegend zu erkunden und das Flair der Stadt zu genießen.

ten Läden sind reich mit Fliesen geschmückt, das Pflaster ist mit Mosaiken versehen. Hier wimmelt es von Café-*esplanadas*, von deren Terrassen aus sich das Schauspiel der Straßenmusiker, Kastanienverkäuferinnen und Schuhputzer gut beobachten lässt. Die Stände unter dem Bogen werden von den Einheimischen *»Mercado dos Hippies«* genannt.

Rua da Conceição

Bummeln Sie die **Rua da Conceição** hinunter, vorbei an den prächtigen Jugendstilfassaden und interessanten Kurzwarenläden. Halten Sie Ausschau nach einem rechteckigen Schachtdeckel zwischen den Straßenbahngleisen nahe der Kreuzung zur Rua da Prata. Darunter befinden sich Überbleibsel aus der Römerzeit, die wie alte Wasserbecken aussehen und lange für die Ruinen eines Bades gehalten wurden. Wollen Sie mehr von der Römerstadt erfahren, dann nehmen Sie Kurs auf die **Millenium-Bank** in der Rua dos Correeiros. In ihrem Keller, im **Núcleo Arqueológico,** können Sie die 1991 ausgegrabenen Überreste einer römischen Fabrik bestaunen, in der Fisch mit Salz und Kräutern zum überall im Römischen Reich beliebten *Garum* (Fischsauce) vergoren wurde.

Rua do Ouro

Drei Straßenecken weiter östlich befindet sich ein weiterer Anziehungspunkt, die Rua do Ouro, einst »Rua Aurea«, mit dem Elevador de Santa Justa (➤ 64). Dieser 1902 erbaute Personenaufzug verbindet die Baixa mit dem viel höher gelegenen Chiado. Gen Süden gelangen Sie wieder zum Flussufer. Setzen Sie sich in eines der vielen Cafés und lassen sich vom Alltagsleben der Baixa umfluten.

n der Rua Augusta genießt man die unvergleichliche Atmosphäre der Blauen Stunde n der Baixa

KLEINE PAUSE

Kosten Sie im **Café Martinho da Arcada** (➤ 70) die besten *Pastéis de Nata* (Eierrahmtörtchen) der Stadt.

---

208 A2

Núcleo Arqueológico Millenium
208 B2 Rua dos Correeiros 9
211 13 10 04
Mo–Sa 10–12, 14–17 Uhr
frei Rossio, Baixa-Chiado

Lisboa Story Center
208 B1
Terreiro do Paço 78–81
211 94 10 99, www.lisboastorycentre.pt
tägl. 10–20 Uhr € 7
Terreiro do Paço

5 Rossio, Figueira & Restauradores

An das von Pombal erbaute Schachbrettviertel schließen sich im Norden drei Plätze an, Rossio, Figueira und Restauradores. Viel Verkehr braust hier vorüber, die Plätze sind voller Menschen und bilden einen beliebten Treffpunkt. Auf Ihrem Besuch in Lissabon werden Sie hier unweigerlich mehrmals vorbeikommen. Nur keine Hast! Verweilen Sie und lassen Sie die Gebäude, das Straßenleben, die Geräusche und Gerüche auf sich wirken.

Der Rossio

Der **Rossio**, der eigentlich **Praça Dom Pedro IV** heißt, ist der größte der drei Plätze, dessen Fläche sich seit dem Mittelalter nicht verändert hat. Seinerzeit war er Handels- und Sammelplatz der Stadt, auf dem Militärparaden und Stierkämpfe abgehalten wurden. Bei Hochwasser wurde er überschwemmt. 1755 wurden viele der Gebäude zerstört oder schwer beschädigt.

Eugénio dos Santos, der Architekt der Baixa, und seine Kollegen verlegten das Hauptaugenmerk der Stadt vom Rossio weg – hin zum neuen Zentrum am Flussufer, zur Praça do Comércio. Nun konnte der Rossio erhöht, gegen Überschwemmungen geschützt und neu angelegt werden. Im 19. Jahrhundert erhielt der Platz seine Rolle als Dreh- und Angelpunkt der Stadt zurück, die er nach wie vor innehat. Als die Panzer am 25. April 1974 in die Innenstadt rollten, war es angeblich ein Blumenverkäufer vom Rossio, der einem Soldaten eine Nelke in die Hand drückte und dem die Revolução dos Cravos, die Nelkenrevolution (➤ 28), schließlich ihren Namen verdankt.

Heute ist der Rossio ein belebter weiträumiger Platz, gesäumt von historischen Cafés und eleganten Gebäuden. Die **Statue** in der Mitte des Platzes zeigt Pedro IV., der 1826 zum König von Portugal ausgerufen wurde.

Das große neoklassische Gebäude auf der Nordseite ist das **Teatro Nacional de Dona Maria II**, das 1846 anstelle des alten Inquisitorenpalastes – Ketzer wurden auf dem Rossio verbrannt – eröffnet wurde. Beim Bau wurden Überbleibsel der beim Erdbeben 1755 zerstörten Franziskuskirche verwertet, wie zum Beispiel die sechs ionischen Säulen des Portikus. Westlich davon, auf dem an den Rossio angrenzenden **Largo de São Domingo**, steht die einstige Klosterkirche der Dominikaner. Seit ihrer Errichtung im Jahre 1242 wurde sie oft umgebaut und war lange Zeit das Zentrum der

GINJINHA – DAS SAHNEHÄUBCHEN DES TAGES

Am Nordostende des Platzes gibt es zwei winzige Bars, die nur ein einziges Getränk ausschenken: Ginjinha. Dieses klebrige, kräftige Gebräu wird aus Kirschen hergestellt und zählt zu den Leibgetränken der Lisboetas. Es wird in Plastikbechern serviert und von früh bis spät getrunken, egal ob mit oder ohne ganze Kirschen.

von Dominikanern geleiteten Inquisition, die am Rossio ihren Hauptsitz hatte. Zwei zeitgenössische Monumente erinnert an jene Zeit. Der Largo wird gern von Afrikanern der früheren portugiesischen Kolonien bevölkert, die sich hier treffen und Neuigkeiten austauschen. Werfen Sie unbedingt einen Blick in die Kirche, die bewusst noch die Narben eines großen Feuers im Jahr 1959 trägt.

Praça da Figueira

Vom São Domingo gen Süden gelangen Sie zur angrenzenden Praça da Figueira, die nach dem Beben erbaut wurde, um das andere Ende der Baixa zu begrenzen. Sie ist nach dem Straßenmarkt benannt, der bis 1949 diesen Platz beherrschte. Sie ist weniger elegant als der Rossio, hat aber die gleiche Funktion. In der Mitte steht eine Statue König Joãos I., der 1385 den Thron bestieg und mit England den Vertrag von Windsor unterzeichnete, einen der ältesten erhaltenen Verträge der Welt.

Geschäftige Straßen (oben) rund um den Rossio, der abends wieder so ganz anders wirkt (unten)

Praça dos Restauradores

Verlassen Sie den Rossio in nördlicher Richtung und gehen vorbei am Teatro Nacional, so gelangen Sie zu Lissabons drittem zentralen Platz, dem **Restauradores**. Dabei passieren Sie die neomanuelinische Fassade des Rossio-

Bahnhofs, der 1891 als Endstation der Sintra-Linie fertiggestellt wurde. Das Denkmal in der Mitte erinnert an die Wiedererlangung der Unabhängigkeit von Spanien 1640. Es bildet den Anfang der Avenida da Liberdade, die sich von hier gen Norden erstreckt. Sie sollte die im 18. Jh. erbaute Innenstadt mit dem im 19. Jh. wachsenden Teil verbinden und wurde nach den Pariser Champs-Elysées entworfen.

Der Rossio-Bahnhof mit seiner markanten Fassade von José Luís Monteiro

Auf der Westseite sehen Sie die Fassade eines im Art-Nouveau-Stil erbauten ehemaligen Kinos, heute das Apartmenthotel Eden Vip Executive. Nebenan im **Palácio Foz** logiert eine Touristeninformation.

KLEINE PAUSE

Im prächtig restaurierten **Café Nicola** (➤ 70) lässt es sich wunderbar verweilen.

---

208 A3

Rossio, Restauradores

BAEDEKER TIPP

- Nahverkehrstickets erhalten Sie am **Carris-Kiosk** auf der Praça da Figueira, sonntags auch im **Postamt** *(Correios)* am Restauradores. Dieses Postamt hat mit die längsten Öffnungszeiten: werktags bis 22, Sa, So bis 18 Uhr Uhr.
- Sehen Sie, ob Sie eines der gepflegten **Gratis-Konzerte** im Spiegelsaal des pinkfarbenen **Palácio Foz** (www.gmcs.pt/palaciofoz/) neben der Touristeninformation und Polizei einplanen können (meist Do. 18 Uhr).

10 Museu Calouste Gulbenkian

Das Museu Calouste Gulbenkian steht auf der Wunschliste vieler Kunstfreunde ganz oben. Das Gebäude inmitten einer 7 Hektar großen reizvollen Gartenanlage beherbergt eine außergewöhnlich umfangreiche Auswahl der weltweit besten Künstler verschiedener Epochen.

Das Museum selbst gehört zur **Fundação Calouste Gulbenkian**. Die Stiftung unterstützt sowohl die Kunstsammlung als auch das benachbarte Centro de Arte Moderna. Sie fördert ein Orchester und einen Chor und sie betreibt allein in Lissabon drei Konzerthallen und zwei Galerien. Die Stiftung ist in ganz Portugal aktiv, unterstützt Museen und Bibliotheken und sponsert zudem eine Menge anderer Projekte.

Das alles ist dem armenischen Ölbaron **Calouste Gulbenkian** (1869–1955) zu verdanken, der mit seinen Geschäften im Mittleren Osten einst Millionen verdiente. Einen Teil davon investierte er in diese herausragende Sammlung, um sie schließlich seiner Wahlheimat Portugal zu vermachen. Gulbenkian hatte drei Leidenschaften: venezianische Malerei, französische Möbel und Silber, hatte aber auch einen Blick für andere herausragende Künstler. Die Ausstellungsstücke sind mehr oder weniger chronologisch geordnet und geben einen eindrucksvollen Einblick in viertausend Jahre Kunst und Handwerk. Untergebracht ist die Sammlung in einem 25 000 m² großen, 1964–1969 errichteten Gebäude. Zur Praça de Espanha hin steht ein 3 m hohes Bronzebildnis, das den Mäzen vor einem steinernen Horusfalken zeigt.

Der moderne Haupteingang des berühmten Museums

Das Zentrum und der Norden

Die Antike, Räume 1–3

Eine kleine Kollektion von bestechender Qualität. Zu sehen sind ein durchscheinendes **ägyptisches Alabasterbecken**, datiert um 2500 v. Chr., eine Reliefstele, in die eine Szene der Opferbringung an den Pharao geschnitzt ist (1580 v. Chr.) und eine schwarze und eine weiße Schale. Die meisten Besucher sind jedoch von der atemberaubend natürlich wirkenden **Bronzekatze** mit ihren Jungen beeindruckt (664–525 v. Chr.), die vermutlich für ein Katzengrab angefertigt wurde. Aus der griechischen Sammlung sticht eine aus Terrakotta gefertigte Attische Vase (ca. 440 v. Chr.) heraus, deren schwarzer Grund mit roten Satyrfiguren, fliehenden Jungfrauen, Pferden und Wagen verziert sind – mit der Geschichte von Kastor und Polydeukes. Im nächsten Raum sehen Sie ein assyrisches Basrelief aus dem Palast des Assurbanipal (9. Jh. v. Chr.), das einen bärtigen Krieger mit federbesetztem Umhang zeigt.

Schätze aus dem Morgenland, Räume 4–6

In zwei miteinander verbundenen Galerien sind die Islamische und die Armenische Sammlung untergebracht. Wunderschöne Stücke aus diesen Regionen sind hier zu sehen, wobei ein besonderer Schwerpunkt auf den Arbeiten aus dem 15.–17. Jahrhundert liegt. **Kelims** aus Seide oder Wolle, die an den Wänden hingen oder auf dem Boden lagen, verdienen ebenso viel Aufmerksamkeit wie die unzähligen **Wandfliesen** aus dem Osmanischen Reich – darunter eine großartige **Fayence-Fliesenkonsole** aus dem 15. Jahrhundert mit türkis-blau-weißer Fondglasur, ein herausragendes Werk, das nahezu Art-Déco-haft daherkommt. Sehen Sie sich die persischen und türkischen Keramiken an, insbesonders die meist blauweißen türkischen **Fliesenarbeiten**. Ein Einfluss der chinesischen Ming-Kunst lässt sich nicht leugnen, wurden sie doch zu einer Zeit hergestellt, als Waren über die Seidenstraße von Asien nach Europa kamen. Zu bestaunen gibt es auch eine Vitrine gläserner ägyptischer **Moscheelampen** aus dem 14. Jahrhundert. Ein Jahrhundert jünger ist der **weiße Jadekrug** aus Samarkand, der Jahrhunderte lang im Besitz des Urenkels des großen Eroberers Timur Lenk (Tamerlan) und Angehö-

DIE TOP 10 IM GULBENKIAN

- Griechisch-attische Vase – Raum 2
- Ägyptische Moscheelampe – Raum 4
- Isnik-Schale mit Füßen – Raum 4
- Famille-Rose-Porzellan – Raum 6
- Portrait einer jungen Dame von Domenico Ghirlandaio – Raum 8
- Schreibtisch von Martin Carlin – Raum 10
- Silberne Senfgefäße von Antoine-Saebastien Durant – Raum 12
- Piazza San Marco geschmückt für das Himmelfahrtsfest von Francesco Guardi – Raum 14
- Kelch mit Weinreben und Figuren von René Lalique – Raum 17

Prächtige ägyptische Moscheelampe aus der hochkarätigen Sammlung

riger der Mughal-Dynastie war. Exponate aus dem fernen Osten schließen sich an, darunter **Mingschalen** mit durchscheinender grüner Seladonglasur und vor allem die **chinesischen Porzellanvasen** und Deckelkannen, die hauptsächlich aus dem 17. und 18. Jahrhundert stammen. Zwei der beeindruckendsten Sets sind aus emailliertem Porzellan gefertigt, eines mit mehrfarbigen Chrysanthemen auf weißem Grund, das andere mit Blumen und Naturmotiven auf schwarzem Grund. Sehen Sie sich auch die komplexe chinesische **Koromandel-Lackarbeit** aus dem 14. Jahrhundert an.

Europäische Kunst, Räume 7–15

Die Sammlung europäischer Kunst zeigt vor allem Malerei, Skulpturen, Keramikarbeiten, Möbel und Gold- und Silberwaren. Die Kunstobjekte sind entweder thematisch gehängt oder werden zusammen mit zeitgenössischem Mobiliar gezeigt. Eine beeindruckende Auswahl aus fast 1000 Jahren Kunstgeschichte. Interessant sind nicht nur die wunderschönen Elfenbeinarbeiten und die illuminierten Manuskripte, sondern vor allem die Gemälde, allen voran die Landschaften und Portraits – Gulbenkians Lieblingsgenres.

Zu Glanzlichtern der Renaissance zählen die typisch farbenfrohe und detailliert ausgearbeitete venezianische *Heilige Familie* von **Vittore Carpaccio** und **Ghirlandaios** *Portrait einer jungen Dame.* Bei letzterem Werk wird der Blick des Betrachters durch die Korallenkette auf die feinen Haarsträhnen gelenkt, die ihr Gesicht umrahmen. Noch mehr schöne Frauen sind auf den Portraits der drei englischen Künstler **Gainsborough, Romney und Lawrence** zu sehen. **Rembrandts** *Pallas Athena* hingegen bringt eine eher düstere Note hinein. Drei Portraits von Rembrandt, Rubens und Van Dyck, die sich alle durch überaus plastisch dargestellte Kleidung auszeichnen, runden die Schau ab. Auch die nebelschwangere Luft in **Turners** *Quillebeuf, Mündung der Seine* lässt sich spüren, die Wasserwogen und himmlischen Töne.

Liebhaber der Venezianischen Malerei sollten sich unbedingt den **Guardi** gewidmeten Nebenraum ansehen, in dem es nicht weniger als 19 naturgetreue oder imaginierte Venezianische Szenen zu bestaunen gibt, darunter *Der Entwurf des Palladios für die Rialtobrücke.*

Mit **Corot, Manet, Renoir und Degas** sind die französischen Impressionisten vertreten. Herausragend sind hier zwei Winterszenen: die schneebedeckten Heuschober des Winter von Millet und das sehr schön kontrastierende Treibeis von Monet.

Ebenfalls sehenswert: der Park des Museums

BAEDEKER TIPP

- Nehmen Sie sich 2–3 Stunden Zeit für eine Besichtigung
- Planen Sie Zeit für einen Besuch der umgebenden **Gärten** ein. Tafeln informieren über die heimische Vogelwelt, moderne Künstler stellen Skulpturen aus.
- Kombinieren Sie gegebenenfalls den Museumsbesuch mit dem zur Stiftung gehörigen **Centro de Arte Moderna** (► 69) für einen Einblick in die moderne und zeitgenössische portugiesische Kunst, die andernorts schwer zu sehen ist.
- Der gut sortierte Museumsladen bietet hübsche Souvenirs mit Bezug zur Sammlung und zu den Wechselausstellungen.

Schlendern Sie nun von den Gemälden zu den ausgesuchten französischen **Möbeln** Louis XV. und Louis XVI., die in separaten Räumen zu sehen sind. Gezeigt werden Stühle, Schränke, Sideboards und Intarsientische zusammen mit Wandteppichen und Tapeten. Highlights sind eine Kommode von Deforges mit japanischer Lackkunsttäfelung aus dem Jahr 1750, ein edler Boulle-Schrank mit Intarsien und ein mit Sèvresporzellan verzierter Schreibtisch von Carlin (1772).

Mehr vorrevolutionären französischen Überfluss finden Sie in Form des Silber- und Goldgeschirrs und einer stattlichen Menge an **Sèvresporzellan**. Ebenso beeindruckend ist die **Silbersammlung** des Museums mit ihren unübertroffenen Arbeiten von französischen Meistern wie Durant und Germain aus dem 18. Jahrhundert. Gulbenkian erwarb sie zwischen 1928 und 1930; heute erachtet man sie als die bedeutendsten ihrer Art auf der Welt. Diese mit naturgetreu dargestellten Muscheln, Fischen, Früchten und Gemüse verzierten, vergoldeten und mit feinen Exotenhölzern ausgestalteten Stücke zeigen einen überbordenden Prunk, der seinesgleichen sucht.

Der letzte Raum ist der Kunst des Art-Nouveau-Juweliers und Designers **René Lalique** gewidmet. Ausgestellt sind über 150 seiner Goldschmiedearbeiten, verziert mit Emaille, Gold, Diamanten, Perlen und anderen Edelsteinen. Schauen Sie sich das Orchideen-Diadem an – ein wunderschöner Haarschmuck, in dem Horn, Elfenbein, Gold und Topas verarbeitet wurden – und das Pfauen-Brustkreuz, in welches Gold, Emaille, Opale und Diamanten gleichermaßen verwoben sind.

KLEINE PAUSE

Im Museum gibt es ein hervorragendes **Café**, das Ihnen sowohl Kaffee und Kuchen als auch ein komplettes Mittagessen serviert. Die Außentische sind sehr begehrt (10–18 Uhr, Mo. geschlossen).

205 D4 Avenida de Berna 45A 217 82 30 00, museu.gulbenkian.pt
Di–So 10–18 Uhr 5 €, So. gratis, Audioguides 4 €
Café/Restaurant im Museum, s.o.
São Sebastião, Praça de Espanha 746 aus dem Zentrum

11 Chiado & Santa Justa

Der Chiado ist einer der beliebtesten und teuersten Stadtteile Lissabons. Westlich der Baixa schmiegt er sich an den Hügel und ist mit der Unterstadt durch den Aufzug Santa Justa verbunden. Im 19. und frühen 20. Jahrhundert trafen sich hier Literaten, Künstler und Intellektuelle. Heute künden Museen und Theater, historische Läden, Cafés und prächtige, reich verzierte Kirchen vom regen Kulturleben. Kommen Sie, streifen Sie durch die Straßen, genießen Sie die Aussicht von der oberen Plattform des Aufzugs und gönnen Sie sich einen Einkaufsbummel.

Elevador de Santa Justa

Zu den Hauptattraktionen Lissabons zählt in jedem Fall eine Fahrt mit dem Elevador de Santa Justa (► 64) hinauf zum Largo do Carmo. Der Aufzug wird auch **Elevador do Carmo** genannt. Das eindrucksvolle Eisengerüst mit seinem gotischen Maßwerk wurde 1902 eröffnet und sollte den steilen Aufstieg von der Baixa zu den höher gelegenen Stadtteilen erleichtern. Entworfen hat es Raul Mesnier de Ponsard, ein in Porto geborener Ingenieur französischer Abstammung und Bewunderer des großen Meisters Eiffel. Alle neun städtischen Aufzüge stammten aus seiner Feder, heute sind noch vier davon in Betrieb. Santa Justa ist allerdings der einzige senkrechte und hat ganze 45 Höhenmeter zu überwinden. Oben bietet sich eine überwältigende Sicht über die Baixa bis zum Castelo de São Jorge, nördlich zu den zentralen Plätzen und hinunter auf den Fluss.

Café A Brasileira, eines der Lieblingscafés von Fernando Pessoa

Largo do Carmo

Über eine Plattform gelangen Sie zum Largo do Carmo, der zu den schönsten Plätzen des Chiado zählt und vom zerfallenen Convento do Carmo geprägt wird, der seinerzeit dem Beben von 1755 zum Opfer fiel und dessen Ruinen heute das **Museu Arqueológico do Carmo (►** 67) beherbergen. Von hier aus können Sie zur Rua Garrett hinunterlaufen,

FERNANDO PESSOA
Portugals größter moderner Dichter – wurde 1888 im Chiado in der Rua Serpa Pinto geboren. In Lissabon verbrachte er sein ganzes Leben. Von seinen Gedichten, die unter verschiedenen »Heteronymen« erschienen und voller Melancholie und Mysterien stecken, wurde zu seinen Lebzeiten nur eines veröffentlicht, das Mensagem. Tagsüber arbeitete Pessoa als Handelskorrespondent und Übersetzer, seine Abende aber verbrachte er schreibend in seinen beiden Lieblingscafés, im A Brasileira (➤ 67) oder im Café Martinho da Arcada (➤ 70). Der Absinth, den er hier trank, mag seinen frühen Tod 1935 beschleunigt haben.

einst die modernste Straße Lissabons, die auch heute noch mit Läden gesäumt ist und von Menschen wimmelt. An ihrem Ende steht die Igreja dos Mártires (Kirche der Märtyrer), erbaut in den 1770ern an der Stelle einer Vorgängerkirche. Sie können im Café A Brasileira (➤ 67) einkehren oder weiter hinab zum Museu do Chiado (➤ 66) und den beiden Theatern schlendern, dem Teatro Nacional de São Carlos (➤ 185) und dem Teatro Municipal de São Luíz, beide aus dem 19. Jahrhundert.

Modernes im Chiado

Rund um die Rua Garrett brach 1988 ein Feuer aus, das 20 Stunden wütete und 18 Gebäude vernichtete, darunter zwei historische Kaufhäuser, das Grandella und das Chiado. Mit dem Wiederaufbau wurde Álvaro Siza Vieira betraut, nach dessen Plänen die alten Bebauung rekonstruiert und die Neubauten harmonisch in das Stadtbild eingebunden wurden. Die Kaufhäuser wurden durch moderne Einkaufszentren ersetzt, die Armazéns do Chiado. Von deren Eingang folgen Sie rechter Hand der Rua do Carmo bis hinunter zum Rossio.

KLEINE PAUSE

Espressopause im schönen Ambiente des Café **Maria em Lisboa** (1. Stock Rua Garrett 47) oder im **Café no Chiado** (Largo do Picadeiro 10, Tel. 213 46 05 01, 10–24 Uhr).

---

207 F3

Elevador de Santa Justa (Elevador do Carmo)
208 A2 Rua do Ouro–Rua do Carmo 214 13 86 79, carris.transporteslisboa.pt tägl. 7–21.45 (22.45 Uhr im Sommer) 5 €, nur Aussichtsplattform 1,50 € Baixa-Chiado

BAEDEKER TIPP

- Viele der **Geschäfte im Chiado** sind im späten 19. und frühen 20. Jahrhundert wunderschön restauriert worden. Für einen typischen Snack zwischendurch: **Feito no Céu** (Rua da Prata 195) und **Sabores da Madeira** (Rua do Ouro 279).
- Besichtigen Sie die beiden Kirchen am oberen Ende des Largo do Chiado. Rechts befindet sich die **Igreja da Encarnação** (Inkarnationskirche), die 1708 eingeweiht und nach dem Beben 1784 wieder aufgebaut wurde. Sie finden wunderschöne Fliesenarbeiten in der Sakristei. Linker Hand steht die im 16. Jahrhundert durch die italienische Gemeinde der Stadt erbaute Kirche **Nossa Senhora do Loreto**. Auch sie wurde nach 1755 rekonstruiert. Der mit Marmorstatuen versehene Hauptalter stammt aus Italien.

Ungewöhnliches Verkehrsmittel

Auch wenn er nicht – wie so oft behauptet wird – von Gustave Eiffel konstruiert wurde, sondern von einem Schüler des berühmten Ingenieurs: Der Elevador de Santa Justa (Elevador do Carmo) ist eines der herausragenden Bauwerke Lissabons. Der Aufzug verbindet die Unterstadt mit der Oberstadt und ist sicher der aufwendigste, zumindest aber auffälligste aller Aufzüge, die in der hügeligen Stadt geeignete Verkehrsmittel darstellen. Oben gibt es einen Übergang zur Oberstadt, aber auch eine Aussichtsplattform, somit hat der Aufzug nicht nur eine Funktion als Verkehrsmittel.

1 Eingang: Der Eingang zum Aufzug befindet sich am Treppensockel ganz unten auf der Ebene der Rua do Ouro.

2 Fahrstuhlkabinen: Zwei Kabinen fahren in dem Turmschacht auf und ab. Jeweils etwa 25 Personen haben darin Platz. Dadurch, dass die gusseiserne Turmwand durchbrochen ist und den Blick nach außen freigibt, hat man deutlich ein Gefühl dafür, wie man aus der Baixa hinaufgezogen wird. In der Kabine fährt immer ein Fahrstuhlführer mit.

3 Übergang zum Largo do Carmo: Die Brücke vom Fahrstuhl in die Oberstadt führt in schwindelerregender Höhe über die Rua do Carmo, vorbei an der Ruine der Igreja do Carmo auf den Largo do Carmo.

Schmale Wendeltreppen verbinden die obersten Ebenen miteinander

4 Rua do Carmo: Sie führt vom Rossio schräg hinauf zur Rua Garrett, der Hauptstraße des Chiado. Die obere Hälfte der Rua do Carmo war vom Chiado-Brand 1988 schwer betroffen – das Großfeuer arbeitete sich bis fast zum Elevador do Carmo vor.

5 Rua do Ouro: Die Rua do Ouro oder auch Rua Aurea am Fuß des Elevador do Carmo ist eine der verkehrsreichsten Straßen der Baixa. Sie führt vom Rossio hinunter zur Praça do Comércio am Tejo.

Neogotik pur – schmiedeeiserner Turmschaft mit filigraner Dekoration

Elevador de Santa Justa

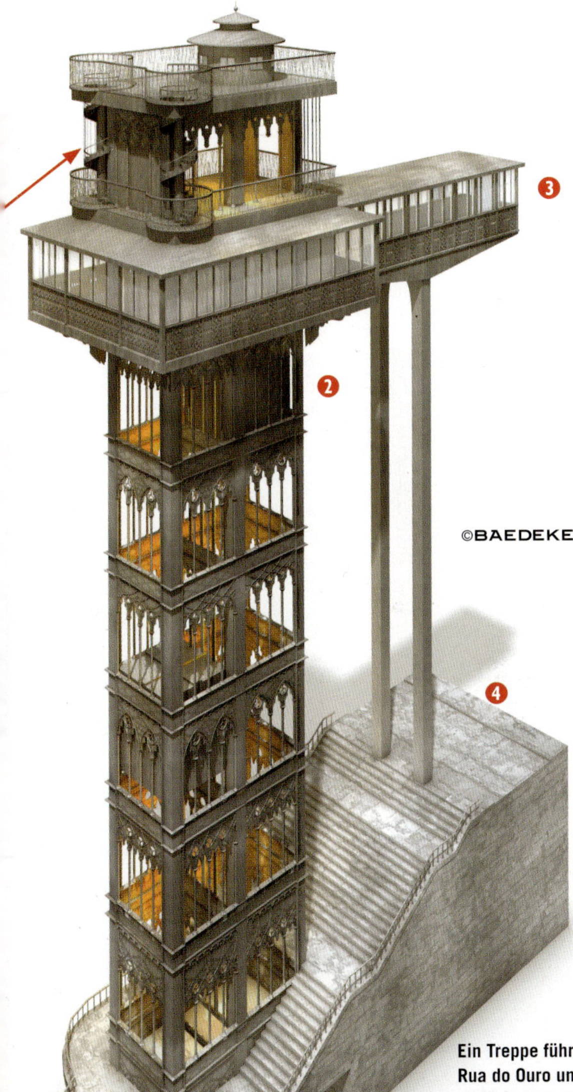

Ein Treppe führt hinunter zur Rua do Ouro und zum Fahrstuhleingang um die Ecke

Nach Lust und Laune!

12 Mercado da Ribeira

Gegenüber dem Bahnhof Cais do Sodré liegt der Mercado da Ribeira. Das Gebäude stammt von 1882, den Markt selbst gibt es seit dem Mittelalter. Fisch-, Obst- und Gemüsestände füllen nur noch eine Hälfte der Halle. In der anderen Hälfte eröffnete der Investor Time Out 2014 einen trendigen Food Court mit Tischen in der Mitte, der auch unter Nachtschwärmern zum Szenetreff geworden ist. An den 35 Ständen ringsum verkaufen renommierte portugiesische Händler Gourmet-Produkte, Wein, Champagner und Traditionsküche mit modernem Touch. Im ersten Stock wird Kunsthandwerk feilgeboten (Sa 9–17 Uhr). Gelegentlich finden hier auch Kunst- und Buchmärkte statt, am Sonntagmorgen ein Briefmarken- und Münzmarkt (9–13 Uhr). Seit 2014 haucht das hippe Wochenmagazin Time Out dem Markt neues Leben ein, hier wird nicht nur Zeitung gemacht, sondern auch ein Restaurant betrieben.

207 E2 Avenida 24 de Julho
213 46 29 66 Markt Mo–Sa 6–14, Time Out Food Court So–Do 10–24, Fr, Sa bis 2 Uhr
Bars und Restaurants in den Nebenstraßen
Cais do Sodré Tram 15, 18

13 Museu do Chiado

Das 1911 gegründete und nach dem Brand 1988 (► 63) im modernistischen Stil neu erbaute Museu do Chiado feierte 1994 seine Wiedereröffnung. Den atmosphärischen Eingangs-Rahmen für dieses sehenswerte Museum bildet eine historische Kirche mit Backsteinbögen. Die wechselnden Ausstellungen geben einen guten Einblick in portugiesische Kunst von 1850 bis 1975 und aktuelle internationale Malerei, Plastik und Fotografie. Das hübsche Terrassencafé (u.a. mit der »O Desterrado«-Skulptur von Soares dos Reis) bildet eine wenig bekannte Ruhe-Oase.

207 F2 Rua Serpa Pinto 4
213 43 21 48, www.museuarte contemporanea.pt Di–So 10–18 Uhr
4,50 € Baixa-Chiado

14 Museu do Design e da Moda

Das 2010 eröffnete Museum für Design und Mode (MUDE) zeigt in minimalistischem Ambiente Meisterstücke des Designs aus dem 20. Jahrhundert, von über 200 Designern. Neben Möbeln von Charles Eames und Philippe Starck lässt sich hier etwa Christian Diors revolutionärer »New Look« der 1940er-Jahre bewundern. Ein Blick in den historischen Saferaum der ehemaligen Überseebank im Keller lohnt: ein ungewöhnlicher Ausstellungskontext und Kontrast zum industriellen, bewusst rohen MUDE-Chic.

208 B1 Rua Augusta 24
218 88 61 17, www.mude.pt
Di–So 10–18 Uhr Frei
Tram 28 Rossio, Terreiro do Paço

⑮ Café A Brasileira

Diese Lissabonner Institution wurde 1905 vom Brasilianer Adriano Teles eröffnet, der dort die ausgezeichneten Kaffeebohnen aus Minas Gerais anbot und damit sein Geschäft machte. Seine Käufer lockte er mit einem kostenlosen *Bica*, einer kleinen Tasse des so geliebten starken Gebräus. Binnen dreier Jahre war aus diesem kleinen Geschäft ein Café geworden. Seit Beginn zog es Schriftsteller und Künstler an, seine Blütezeit aber erreichte es in den 1920er Jahren als Zentrum für Philosophen und Dissidenten. Die Ausstattung passte zur Brillanz der geschwungenen Reden. Die Holztäfelung, Spiegel und vergoldeten Deckenventilatoren sind bis heute erhalten. Heute liegt A Brasileira direkt an einer Touristenmeile und kann sich der Besucherschwärme kaum erwehren, die für ein Foto neben der lebensgroßen Statue Fernando Pessoas posieren – Portugals größtem modernen Dichter und ehemaligem Stammgast der Bar.

Oben: Statue des Dichters Fernando Pessoa vor seinem Stammcafé A Brasileira. unten: Die Ruinen des Convento do Carmo erinnern an das Erdbeben von 1755

207 F2 Rua Garrett 120 213 46 95 41 tägl. 8–2 Uhr Baixa-Chiado

⑯ Museu Arqueológico do Carmo

Eine Seite des Largo do Carmo mit seinem klassisch anmutenden Springbrunnen in der Mitte wird von den majestätischen Ruinen des Convento do Carmo eingenommen. Sie beherbergen heute eine ausgewählte Sammlung archäologischer Funde aus Portugal und Europa. Das **Convento de Nossa Senhora do Monte Carmel** wurde im

14. und 15. Jahrhundert auf Veranlassung von Nuno Álvares Pereira erbaut, des Feldherrn unter König João I. Er hatte geschworen, eine Kirche zu bauen, sollte er aus einer entscheidenden Schlacht als Sieger hervorgehen. Er bestand auf der hügelseitigen Lage der Kirche, was den Bauarbeitern Probleme bereitete. Trotz allem entstand eine prächtige Kirche, die bald schon zum beliebten Wahrzeichen der Stadt werden sollte. Möglich, dass der unsichere Baugrund Ursache für den Einsturz während des großen Bebens war, bei dem das Dach zusammenbrach und unzählige Kirchgänger unter sich begrub. Nur die Wände und ein paar Gewölberippen blieben stehen.

Heute wächst Gras über das Kirchenschiff, die Wände öffnen sich dem Himmel, die aufstrebenden Linien dieser beeindruckenden Ruine gemahnen an die Ereignisse von 1755.

208 A2 Largo do Carmo 213 46 04 73, www.museuarqueologicodocarmo.pt Juni–Sept. Mo–Sa 10–19 Uhr, Okt.–Mai 10–18 Uhr 3 € Leitaria Academica, Largo do Carmo 1–3 Baixa-Chiado

17 Parque Eduardo VII

Nach dem Bau der Avenida da Liberdade war das nächste große

Vom Parque Eduardo VII genießt man einen einmaligen Blick auf Stadt und Fluss

Ziel, einen städtischen Park anzulegen, durch den die Menschen bummeln konnten. Die ersten Entwürfe stammen aus dem Jahre 1888. Von da an brauchte es noch 50 Jahre, bis der Park sein heutiges Aussehen erreicht hatte. Benannt wurde er nach dem britischen König Eduard VII., der Lissabon 1903 einen Besuch abgestattet hatte. Den formaler gestalteten mittleren Teil mit seinen makellosen Blumenbeeten, Skulpturen, Springbrunnen und Rosengärten säumen Rasen-, Strauch- und Baumflächen. Folgen Sie den Pfaden vom Eingang auf der Praça Marquês de Pombal hügelaufwärts und genießen Sie oben bei den Estufa-Fria-Gewächshäusern einen wundervollen Blick über die Stadt und den Fluss. Seit 2013 kann man vom Park auf dem sogenannten *»Corredor Verde«* bis zum Monsanto-Park gehen.

205 D2
Praça Marquês de Pombal, estufafria.cm-lisboa.pt Park: rund um die Uhr geöffnet, Estufa fria: tägl. 9–19, im Winter bis 17 Uhr Park: frei, Estufa Fria: 3,10 €
Café im Park
Marquês de Pombal

18 Centro de Arte Moderna

Auf der anderen Seite des Geländes um das Museu Calouste Gulbenkian (► 57) herum befindet sich eine weitere Attraktion der Stiftung: das Centro de Arte Moderna. Die in einem modernistischen Gebäude untergebrachte Sammlung konzentriert sich hauptsächlich auf moderne portugiesische Kunst. Eines der Highlights ist José de Almada Negreiros' *Selbstporträt in Gruppe*, andere sind Arbeiten der portugiesischen Modernisten wie António Pedro und António da Costa. Davor stehen die Skulpturen der Sammlung wie zum Beispiel Arbeiten des Künstlers Henry Moore.

205 D4 Rua Dr Nicolau de Bettencourt
217 82 34 74, www.cam.gulbenkian.pt
Di–So 10–17.45 Uhr 5 €, So frei
Cafeteria im Museum
São Sebastião, Praça de Espanha

19 Museu de Lisboa

Wenn Sie sich einen umfassenden Überblick über die Geschichte der Stadt verschaffen wollen, besuchen Sie das Museu de Lisboa! Es ist im wunderschönen **Palácio Pimenta** untergebracht – allein deshalb ist es einen Abstecher wert! – und besticht durch seine reich mit Fliesen verzierten Küchen und dem vor Bienen summenden Garten, in dem sich neben den Pfauen neuerdings auch bunte **Keramik-Tierskulpturen** der bekannten Künstlerin Joana Vasconcelos tummeln – schön, wenn Sie mit Kindern unterwegs sind! Hergestellt wurden sie von der Bordalo Pinheiro-Manufaktur – das Museum des Meisters liegt praktisch gegenüber. Verpassen Sie nicht die maßstabgetreue Rekonstruktion der Stadt vor dem Erdbeben oder das Porträt des Marquês de Pombal, der für den Bau der Baixa nach 1755 verantwortlich war. Einblicke in die Vergangenheit gewährt das 3-D-Modell des Terreiro do Paço, dem Vorläufer der Praça do Comércio, und ein Gemälde des Torre de Belém (► 133), als er noch allseits von Wasser umgeben war.

205 nördl. E5 Campo Grande 245
217 51 32 00, www.museudelisboa.pt
Di–So 10–13, 14–18 Uhr 1,50 €
Campo Grande

20 Museu Bordalo Pinheiro

Rafael Bordalo Pinheiro (1846 bis 1905) wurde in Lissabon geboren und lebte später in Caldas da Rainha im Ribatejo. In seiner Töpferwerkstatt widmete er sich hauptsächlich der Arbeit an Karikaturen. Er erfand eine Bauernfigur namens Zé Povinho, der in die Stadt ging und es sich zur Gewohnheit machte, immer genau das zu sagen, was er dachte. Bald fand sich die Figur auf Krügen, Schalen und Statuetten. Pinheiro schuf auch fantastisch gestaltete Schalen und Servierplatten, die meist Tiermotive zierten. Sehen Sie sich die Suppenterrinen mit den schweinskopfförmigen Deckeln an! Oder die mit wunderbar natürlich aussehenden Fröschen und Käfern geschmückten Servierplatten!

205 nördl. E5
Campo Grande 382
218 17 06 67, museubordalopinheiro.cm-lisboa.pt/ Di–Sa 10–18 Uhr
1,50 € Campo Grande

Wohin zum ... Essen und Trinken?

Preise
für ein Drei-Gänge-Menü ohne Getränke:
€ unter 20 Euro **€€** 20–40 Euro **€€€** über 40 Euro

Avenue €€€

Unter der Regie der (Fernseh-)Köchin Marlene Vieira speist es sich hervorragend, in unprätentiösem Ambiente und extrem zentral an der Repräsentationsmeile der Stadt. Empfehlung: das Tasting Menu (nur mit ausgewählten Weinen zu haben) ist ein kreativer Rundumschlag durch das portugiesische Gastronomie-Universum.
205 E1 Avenida da Liberdade 129b
213 43 21 15, www.avenue.pt
Mo–Fr 12.30–15.30, 19.30–23, Fr, Sa bis 23.30 Uhr Metro Avenida

Bonjardim €

Das Bonjardim mitten im Touristengetümmel ist berühmt für seine halben Hähnchen vom Holzkohlengrill mit hausgemachten Pommes. Bestellen Sie eine Salatbeilage, träufeln Sie feurige Piri-Piri-Sauce darüber, und genießen Sie die geschäftige Atmosphäre zwischen Einheimischen und der flinken Bedienung. Auch andere Gerichte wie gut abgehangene Steaks werden angeboten. Hausgemachte Kuchen und Torten runden die Mahlzeit ab.
209 D4 Travessa de Santo Antão 11
213 42 43 89 tägl. 12–23 Uhr
Restauradores

Café Martinho da Arcada €

Seit seiner Gründung 1782 war dieses alte Kaffeehaus ein Treffpunkt für Künstler und Literaten. So kam auch Fernando Pessoa gern hierher, um an seiner täglichen Ration Absinth zu nippen. Das angegliederte Restaurant voller Pessoa-Memorabilien und seinem Stammtisch sind überteuert. Aber die Bar mit ihrem uralten holzgetäfelten Tresen ist noch immer ein guter Ort für einen Kaffee und einen kleinen Imbiss. Nehmen Sie sich eine der *Pasteis de nata* als Zuckerkick!
208 B1
Praça do Comércio 3
218 87 92 59, www.martinhodaarcada.pt
Terrasse: Mo–Sa 7–23, Restaurant: 12.00 bis 15.00, 19.00–22.00 Uhr Terreiro do Paço

Café Nicola €

Immer ein Erlebnis ist dieses jüngst renovierte Jugendstil-Café am Rossio, ob man draußen vor der eindrucksvollen Fassade Platz nimmt oder im eleganten Innern. Die Büste im hinteren Bereich erinnert an einen der berühmtesten Gäste im 18. Jahrhundert, den Schriftsteller Bocage. Gegenüber (Eingang Rua 1 Dezembro) findet sich ein kleiner holzgetäfelter Ableger mit losem Kolonial-Kaffeeverkauf, der weniger Touristen anzieht.
208 A2
Praça Dom Pedro IV 24 213 46 05 79
tägl. 8–24 Uhr Rossio

Confeitaria Nacional €

Für Naschkatzen gibt es eine reichliche Auswahl an Törtchen, Kuchen und Gebäck (auch zum Mitnehmen) in dieser traditionsreichen Konfiserie, deren Glaskästen und bemalte Paneele ihre Entstehung im 19. Jahrhundert bezeugen. Im ersten Stock werden Mittagsgerichte und Snacks serviert, bedient wird zügig und freundlich. Erfreuen

Sie Ihre Lieben mit diesen Gaumengenüssen wie dem leckeren Bolo-Rei-Hefekranz mit kandierten Früchten.

208 B3
Praça da Figueira 18B–C
213 42 44 70, www.confeitarianacional.com
tägl. 8–20 Uhr Rossio

Gambrinus €€€

Von allen Restaurants und Gasthäusern dieser Straße ist das Gambrinus das teuerste, aber auch das beste. So wird es vornehmlich von Politikern, Journalisten und anderen Personen des öffentlichen Lebens frequentiert. Nehmen Sie am Tresen oder in einem der beiden Speiseräume Platz und wählen Sie aus einem riesigen Angebot an Meerestieren, frischem Fisch, Fleisch und Wildbret der Saison. Die Bedienung ist außerordentlich hilfsbereit. Runden Sie Ihre Mahlzeit mit einem guten Porto ab.

207 F4
Rua Portas de Santo Antão 23
213 42 14 66, www.gambrinuslisboa.com
tägl. 12–1.30 Uhr Restauradores

Solar dos Presuntos €€/€€€

Das Solar – ein weiteres empfehlenswertes Lokal in dieser Straße – erkennen Sie an den luftgetrockneten Schinken, die im Fenster hängen. Drinnen sind die Wände mit Fußball-Fanartikeln und Erinnerungen an berühmte Stammgäste dekoriert. Angeboten werden vorrangig Speisen aus der Minho-Region im Norden des Landes wie gebratenes Rehkitz oder im Winter das hochgeschätzte Neunauge, ein aalähnlicher Flussfisch. Andere Fischarten und Meerestiere werden gedünstet als Caldeirada oder einfach gegrillt serviert. Die Bedienung ist freundlich.

207 F4
Rua das Portas de Santo Antão 150
213 42 42 53, www.solardospresuntos.com
Mo–Sa 12–15.30, 19–13 Uhr (im Aug. geschl.)
Restauradores

Trindade €/€€

Diese wunderschöne alte und mit blauweißen Fliesenarbeiten verzierte Wirtschaft am Rande des Bairro Alto ist eines der berühmtesten Lokale in Lissabon und abends voller Menschen. Bestellen Sie sich im vorderen Raum ein Bier und einen kleinen Snack.

207 F2
Rua Nova da Trindade 20C
213 42 35 06, www.cervejariatrindade.pt
Mo–Do 10–24, Fr, Sa bis 1 Uhr
Baixa-Chiado

Varanda de Lisboa €€/€€€

Panorama-Restaurant des Hotels Mundial mit fantastischer Aussicht vom neunten Stock auf die westliche Skyline. Die Karte ist teils portugiesisch, teils international, mit interessanten Spezialitäten wie Kaninchen mit Muscheln und Klassikern, darunter Schwein nach Alentejo-Art. Auf der Weinkarte finden sich neben einheimischen Spitzengewächsen edle Tropfen ambitionierter Newcomer.

208 B3
Praça Martim Moniz 2
218 84 20 00, www.hotel-mundial.pt
tägl. 12.30–15, 19.30–22.30 Uhr
Rossio, Martim Moniz Trams 12, 28

Vini Portugal €

Unter Arkaden bietet der portugiesische Weinverband Verkostungen portugiesischer Weine an – allerdings ist die Verkostung unter den Sparzwängen effektiver geworden und operiert jetzt mit zwei Maschinen, eine für Rotwein, eine für weißen, grünen oder Rosé. Günstig ist es immer noch: Sie laden eine Karte mit 2 Euro auf und das Glas kostet zwischen 50 Cent und 1.50 Euro. Natürlich kann man auch Flaschen kaufen und sich detailliert beraten lassen.

208 B1
Praça do Comércio
213 42 06 90, www.viniportugal.pt
Di–Sa 11–19 Uhr
Baixa-Chiado

Wohin zum … Einkaufen?

Internationale Markenläden bieten die **Armazéns do Chiado** (Rua do Carmo 2, Tel. 213 21 06 00, www.armazensdochiado.com).

Im **Casa Pereira da Conceição** (Tel. 213 42 30 00, Rua Augusta 102) wird eine große Auswahl an Tee, Kaffee und Schokolade angeboten, Leckereien und köstliche Trockenfrüchte im **Manuel Tavares** (Rua da Betesga/P. da Figuera, Tel. 213 42 42 09, www.manueltavares.com), einer Institution. **Retrosaria Bijou** (Rua da Conceição 91, Tel. 213 42 50 49) verkauft Borten, Litzen, Knöpfe und Schnallen. Die **Luvaria Ulisses** (Rua do Carmo 87, Tel. 213 42 02 95, www.luvariaulisses.com) ist eine Fundgrube für edle Wildlederhandschuhe, Spitze, Leder und Seide. Bei **Braz & Braz** (Travessa Nova de S Domingos 18, Tel. 213 47 34 21, www.brazebraz.pt) finden Sie Kochgeschirr und portugiesische Keramik.

Fashionistas shoppen bei der Lissabonner Modedesignerin **Alexandra Moura** (Rua Dom Pedro V 77, Tel. 213 14 25 11, www.alex andramou ra.com), Männer im trendigen Flaggship-Store **Maison Nuno Gama** (Rua de O Século 171, Tel. 213 47 90 68) oder bei **Rosa & Teixeira** (Avenida da Liberdade 204, Tel. 213 11 03 50, www.rosa eteixeira.pt).

Die **Livraria Bertrand** (Rua Garrett, 73, Tel. 213 47 61 22, www.bertrand.pt), ein wunderbar altmodischer Laden aus dem Jahre 1773, bietet englischsprachige Bücher und eine große Auswahl an Bildbänden über Portugal an.

Fabula Urbis an der Kathedrale bietet auch deutschsprachige Bücher (Rua de Augusto Rosa 27, www.fabula-urbis.pt).

Wohin zum … Ausgehen?

Entspannen Sie sich in der Baixa und dem Chiado am frühen Abend, bevor Sie sich ins Nachtleben des Bairro Alto (➤ 111) stürzen. Gönnen Sie sich einen Drink vor dem Abendessen oder einer abendlichen Aufführung. Mehrere bedeutende Spielstätten befinden sich im Stadtzentrum.

Das wunderschön im Rokokostil ausgestaltete **Teatro Nacional de São Carlos** (Rua Serpa Pinto 9, Tel. 213 25 30 00, tnsc.pt) von 1793 ist Lissabons Opernhaus. Auch Symphoniekonzerte stehen auf dem Spielplan und im Sommer Open-Air-Events.

Westlich des Teatro Nacional: das städtische **Teatro Municipal de São Luíz** (Rua António Maria Cardoso 38, Tel. 213 25 76 40, www.teatrosaluiz.pt). Hier werden bis zu 1000 Zuschauer mit vielfältigen Veranstaltungen von Theaterstück bis Weltmusik unterhalten.

Auf dem Rossio befindet sich das **Teatro Dona Maria II** (Praça Dom Pedro IV., Tel. 213 25 08 00, www.teatro-dmaria.pt), das Theaterstücke und klassische Musik aufführt. Bei einer Führung hinter den Kulissen lernt man das Theater aus der Bühnenperspektive und viel von seiner Geschichte kennen (Termine vgl. Webseite).

Auf der Rua Portas de Santo Antão, liegt das **Coliseu dos Recreios** (Tel. 213 24 05 85, www.colis eulisboa.com). Es ist bekannt für seine breite Angebotspalette und bietet alles von Ballett über Musicals bis hin zu zeitgenössischer Musik.

Hervorragende Konzerte veranstaltet die **Fundação Cal. Gulbenkian** (Avenida de Berna 45a, Tel. 217 82 30 00, www.gulbenkian.pt).

Mittelalterliches Lissabon

Kleine Erlebnisse

Schöner Schatten
Der **spektakulär knorrige Baum** am Schienenstrang oberhalb der Sé (➤ 86) ist eine Zweihäusige Kermesbeere (Bela Sombra).

Nobel-Kaffee
Der Eintrittspreis zur José-Saramago-Ausstellung in der herrlichen **Casa dos Bicos** (➤ 79) beinhaltet einen Espresso im Bücher-Souvenirshop.

Heiliger Basilikum
Wenn im Juni die Stadtheiligenfeste anstehen, wird überall kleinblättriger Basilikum (**Mangerico**) verkauft, verziert mit Papierblumen und Liebesreimchen.

Erste Orientierung

Die erste Siedlung befand sich auf dem Hügel des Castelo de São Jorge, und noch heute prägt die Festung den ältesten Teil Lissabons. Sie steht im Zentrum eines fesselnden Stadtteils, geprägt von einem Labyrinth an engen Gassen in der maurischen Alfama, großartigen Kirchen, wundervollen Ausblicken und einem halben Dutzend der bedeutendsten Museen der Stadt. Das Viertel zählt zu den am dichtesten bevölkerten Lissabons und bietet eine Fülle von Läden, Restaurants und Bars. Unter den Einwohnern finden sich sowohl Geringverdiener als auch gutbetuchte Geschäftsleute.

Im Osten der Baixa erhebt sich die Festung, die einen sagenhaften Blick über die Stadt und den Fluss bietet. Unter deren Mauern und Plattformen erstreckt sich das Gewirr der Straßen, die nach dem Beben 1755 angelegt und mit stilvollen Häusern bebaut wurden. Außer dem Festungshügel liegen in diesem Gebiet einige der schönsten *Miradouros* (Aussichtspunkte) der Stadt. Von dort blicken Sie aus der Vogelperspektive über die Dächer der Alfama, das verlockendste Viertel des alten Lissabon. Seine uralten Treppen und Gässchen erstrecken sich hinunter zur Sé

Ausblick vom Kreuzgang der Sé

Erste Orientierung

TOP 10

Nicht verpassen!

Nach Lust und Laune!

Zugang zum trutzigen Castelo de São Jorge

(Kathedrale) und den umliegenden Gebäuden. Im Norden stehen die prächtigen Kirchen São Vicente de Fora und Santa Engrácia und das Museu-Escola de Artes Decorativas. Folgen Sie den Straßen bergaufwärts und entdecken Sie Graça, einen zauberhaften *Bairro* (Stadtviertel) mit sehr individueller Atmosphäre, oder bummeln Sie hinunter zum Fluss und besuchen weitere Museen.

An einem Tag

Die folgende Route ist eine Möglichkeit, wie Sie einige der interessantesten Sehenswürdigkeiten des mittelalterlichen Lissabons an einem Tag besuchen können. Die einzelnen Highlights werden auf den folgenden Seiten (➤ 78ff) näher beschrieben.

9:30

Beginnen Sie den Tag in der **21 Sé** (Kathedrale, ➤ 86, Abb. oben), gehen Sie in den Kreuzgang. Eine Grabung informiert über die Geschichte Lissabons. Sie können einen Blick in die **24 Igreja de Santo António** (➤ 93) werfen, die dem Hl. Antonius gewidmet ist.

10:30

Gehen Sie die Rua da Sé hinauf, vorbei am herrlichen *Miradouro* Santa Luzia (➤ 188), bis zum Largo das Portas do Sol, bevor Sie das **22 Museu-Escola de Artes Decorativas** (➤ 88) besichtigen.

11:30

Hinter dem Museum gelangen Sie über steile Straßen zum eindrucks-

vollen 9 **Castelo de São Jorge** (➤ 83) und weiter zur Igreja da Graça (➤ 96), die sich auf einem der höchstgelegenen Punkte Lissabons befindet.

13:00

Einen Snack können Sie in einem der Cafés auf der Esplanada da Igreja da Graça einnehmen und dann die Rua Damasceno Monteiro und die Calçada do Monte zum Miradouro Nossa Senhora do Monte gehen, dem höchsten Aussichtspunkt. Oder Sie nehmen die Straßenbahn zur 23 **São Vicente de Fora** (➤ 91, Abb. links) mit der großartigen Aussicht und einigen der schönsten Azulejos der Stadt.

14:30

Dienstag und Samstag können Sie bis etwa 15 Uhr hinter der Kirche die 28 **Feira da Ladra** (➤ 95) durchstöbern, und ein leckeres Mittagessen bekommen Sie im Centro das Artes Culinárias im Mercado de Santa Clara (außer Mo.), alternativ einen Snack vom Kiosk im Jardim Santa Clara.

15:30

Wandern Sie hinunter durch die engen Straßen der 2 **Alfama** (➤ 78), dem historischen Maurenviertel. Unten stoßen Sie schließlich auf den Largo do Chafariz de Dentro, der das 25 **Museu do Fado** (➤ 93) beheimatet, das sich dieser portugiesischen Musik widmet.

16:45

Nehmen Sie den Bus 794 oder ein Taxi zum 3 **Museu Nacional do Azulejo** (➤ 81), das sich in einem Kloster und seiner angrenzenden verzierten Kirche befindet.

18:00

Nehmen Sie den Bus 794 oder 756 Richtung Innenstadt und genießen Sie auf einem der *Miradouros* die langsam hereinbrechende Dämmerung.

20:00

Auch in der Alfama (Abb. rechts) können Sie Ihren Abend gut verbringen. Speisen Sie im Malmequer Bemmequer (➤ 98) und hören sich dann in **Bela Vinhos e Petiscos** (Santo Estêvão, Rua dos Remédios 190, Tel. 926 07 75 11, Di–So 21–4 Uhr) einen der untouristischsten Fados des *bairro* an.

2 Alfama

Ein Labyrinth schmaler Straßen, Treppen, Sackgassen und kleiner Plätze macht die besondere Atmosphäre der Alfama aus. Das bekannteste Altstadtviertel Lissabons zählt zugleich zu seinen attraktivsten. So ist die Alfama ein pulsierendes, dicht besiedeltes Arbeiterviertel, obwohl sich mit dem Zustrom der Touristen auch eine gewisse Kommerzialisierung einschleicht.

Ein altes Viertel

Kaum anderswo in Lissabon ist die Vergangenheit so lebendig wie in der Alfama. Das dicht bebaute Viertel war schon zu Zeiten der Römer besiedelt, die Westgoten lebten hier und so manches Gebäude steht heute noch auf westgotischen Fundamenten. Die meisten Spuren jedoch hinterließen die Mauren. Der Name Alfama stammt vermutlich vom arabischen *»Al-Hama«* ab und steht für Quelle oder Brunnen. Tatsächlich waren zwei der Brunnen, der **Chafariz del Rei** (Königsbrunnen) und der **Chafariz de Dentro** (Innerer Brunnen) seit dem Mittelalter bis weit ins 20. Jahrhundert in Betrieb. Zu Zeiten der Mauren und unter christlicher Herrschaft nahm die Alfama den größten Teil der Stadt ein. Eine Reihe von Erdbeben veranlasste den christlichen Adel, diesem Teil der Stadt den Rücken zu kehren. So blieb ein Großteil des maurischen Charakters dieses Viertels unberührt, darunter die komplett erhaltene netzartige Straßenstruktur, die als Verteidigungssystem angelegt und einst in den *Kasbahs* Nordafrikas entworfen

Rote Ziegeldächer und weiß gekalkte Hauswände prägen das Bild des Viertels

wurde. Die engen Straßen lassen wenig von der Mittagshitze herein. Hinter den Häusern verstecken sich kleine Innenhöfe und Gärtchen, in denen Zitronenbäume und Weinstöcke wachsen. Das auf Fels gebaute Gebiet, das sich eng an das Castelo (➤ 83) schmiegt, hat das große Erdbeben weitgehend unbeschadet überstanden.

Unterwegs in der Alfama

Den Kern des Viertels bildet der **Largo de São Miguel.** Dieser Platz wird von der Fassade der **Igreja de São Miguel** (Kirche St. Michael) geprägt, die nach dem Beben an Stelle einer älteren Kirche hier erbaut wurde. Sie haben die Wahl: Entweder gehen Sie die **Rua de São Pedro** hinunter oder Sie schlendern die **Rua de São Miguel** entlang. Wenn man in der Alfama von einer Hauptstraße sprechen kann, ist es diese. Das belegen die Metzger- und kleinen Lebensmittelläden, die übervollen winzigen Bars und *Tascas*. Zu beiden Seiten gehen schmale Alleen ab. Sie streifen verwinkelte Treppen, niedrige Bogengänge, kleine Höfe, Straßen und Gärten, die das Wesen der Alfama ausmachen.

Enge Gässchen winden sich durch die Alfama

Beide Straßen führen zum **Beco do Espirito Santo** und weiter zur Kirche **Santo Estêvão** (St. Stephan), deren Veranda einen eindrucksvollen Blick hinunter auf die Gärten, die umgebenden roten Dächer und den dahinterliegenden Hafen gewährt. Im Westen von São Miguel führen die Straßen zur Sé (➤ 86) und zum Viertel zwischen Kathedrale und Fluss. Hier findet sich das Handels- und Warenhaus **Casa dos Bicos** mit einer einzigartigen »Spitzen«-Fassade, erbaut 1523. Das Gebäude beherbergt die **Fundação José Saramago** mit einer Ausstellung zu diesem Schriftsteller. Die Asche des Literaturnobelpreisträgers

DER HL. VINZENZ UND SEINE RABEN

Über dem Largo das Portas do Sol und den Hängen der Alfama thront eine Statue des hl. Vinzenz, Schutzpatron der Stadt. Die Legende erzählt, dass Afonso Henriques im 12. Jh. vom Verbleib der Reliquien des Heiligen hörte, die in der Algarve verborgen liegen und von Raben bewacht sein sollten. Er entsandte Schiffe, um sie zurückzuholen. Beim zweiten Mal war man erfolgreich, und das Schiff traf – umsegelt von Raben – im September 1173 unversehrt in Lissabon ein. Der hl. Vinzenz wurde zum Schutzpatron der Stadt erklärt. Seither ist das Bild des Schiffes und der Raben das Wahrzeichen Lissabons.

wurde 1998 im angrenzenden Mini-Park Campo das Cebolas unter einem Olivenbaum aus seinem Geburtsdorf Azinhaga beigesetzt. Abermals westlich, nahe der Praça do Comércio (► 50), sehen Sie das erhabene Portal der **Igreja da Conceição-a-Velha** (Mariä Empfängnis). Ein manuelinischer Eingang zeigt Maria, Mutter der Barmherzigkeit, die Adligen, Reichen und Armen Zuflucht unter ihrem Umhang gewährt, während geflügelte Cherubim die Seitenpfeiler hinaufklettern – einzige Überbleibsel der vor dem Erdbeben erbauten alten Kirche.

Gitarrenspieler gehören zum Bild des Alfama-Viertels, hier am Largo das Portas do Sol

KLEINE PAUSE

Besuchen Sie eine der vielen **Bars** oder **Cafés**, die auf Ihrem Streifzug durch die Alfama am Weg liegen.

208 C – 209 D 2–3 **Trams 12, 28**

BAEDEKER TIPP

- Wenn Sie sich in der Alfama verlaufen, keine Bange! Gehen Sie **einfach bergab**, um sich neu zu orientieren.
- Hier finden Sie traditionellen **Fado** in einer *Casa de Fado*, in der Sie auch zu Abend essen können, oder Sie besuchen eine Bar, die *Fado vadio* bietet. Hier darf sich jeder einbringen und mitsingen.
- Taschendiebe können in der Alfama ein Problem sein. **Passen Sie gut auf Ihre Taschen, Geldbörsen und Kameras auf!**
- Möchten Sie den Aufstieg vermeiden, dann **fahren Sie mit der Straßenbahn** bis zur São Vicente de Fora und laufen dann hinunter.

3 Museu Nacional do Azulejo

Im ehemaligen Klarissenkloster Convento da Madre de Deus zeigt das Museu Nacional do Azulejo (Nationales Fliesenmuseum) eine hervorragende Sammlung zur Geschichte der Fliesen beginnend im 15. Jahrhundert. In den Innenhöfen und Kreuzgängen sind Tausende von *Azulejos* zu sehen. Die wohl besten befinden sich in der Igreja da Madre de Deus (Kirche der Mutter Gottes).

Vergoldetes Schnitzwerk und *Azulejos* prägen das Innere der Igreja da Madre de Deus

Das Kloster **Madre de Deus** wurde 1509 von Königin Leonor gegründet und blieb bis 1834 in königlichem Besitz. Über die Jahrhunderte wurde viel gebaut, das Geld dafür kam mit dem Gold aus Brasilien. Man veränderte die Sakristei, kleidete die Kirche mit vergoldeten Schnitzereien, Fliesen, Gemälden, mehrfarbigem Marmor und exotischen Hölzern aus und machte das Kloster zu einem der üppigsten Barockgebäude Portugals. Das war auch der Grund dafür, dass das 1971 gegründete Nationale Fliesenmuseum in dieses Kloster einzog.

Entwicklung der *Azulejos*

Das Wort *Azulejo* stammt von den arabischen Worten *lazuward* (blauer Stein) und *az-zulaij* (polierter Stein) ab. Wie sie hergestellt werden, das erfahren Sie gleich zu Beginn der Museumstour. Die Fliesen tauchten in Lissabon erstmals zu Beginn des 16. Jahrhunderts auf. In den folgenden 200 Jahren übernahmen die Portugiesen niederländische, italienische und chinesische Techniken und Ideen, die Fliesen wurden in Gestalt und Farben komplexer, und schließlich war Portugal europaweit das führende Land in der Fliesenherstellung.

Detail einer Fliese im Museum

Höhepunkte des Museums

Das Museum besticht durch sein Gebäude und seine dekorativen Fliesen. Einige sollten Sie keinesfalls verpassen. Ganz oben auf der Liste steht dabei das **Panorama von Lissabon** von 1700, das die Stadt vor dem großen Erdbeben zeigt. Auf 23 Metern sind 14 km Küste und sämtliche Hügel, Paläste, Kirchen und öffentliche Gebäude der Stadt detailliert abgebildet, die nur ein halbes Jahrhundert später in Schutt und Asche fiel. Reizvoll sind auch die Fliesen, die für den Hausgebrauch in Küchen, Gärten und Wohnzimmern hergestellt und mit Blumen, Früchten und Tieren bemalt wurden. Schauen Sie sich diese im Raum **Santos Simões** an. Die in Grün, Blau und Gelb gehaltenen Fliesen des Jagdzimmers besitzen ein deutlich fernöstliches Gepräge.

Die sowohl mit mehrfarbigen als auch mit blau-weißen Fliesen bedeckten Wände des **Claustrim** (Kleiner Kreuzgang), der frühere Ort für heilige Handlungen und Meditationen, stellen ein perfektes Gegenstück zur manuelinisch angehauchten Architektur dar. Von hier aus gelangen Sie in die **Kirche** hinein, die durch ihre Opulenz hervorsticht. Der vergoldete Hochaltar, die Gemälde, die Holzschnitzereien und der Marmor ziehen die Blicke auf sich und natürlich die Fliesen. Das kühle Blau kontrastiert angenehm mit dem reichen Dekor.

KLEINE PAUSE

Das Café-Restaurant des Museums verfügt über einen hübschen schattigen Innenhof.

---

209 F4
Rua da Madre de Deus 4 **218 10 03 40, www.museudoazulejo.pt**
Di–So 10–18 Uhr **5 €, 1. So im Monat Eintritt frei**
Café und Restaurant im Museum **794**

BAEDEKER TIPP

- Sonntags bis 14 Uhr ist der **Eintritt frei**: Wer bis dahin kommt, kann aber bis zur regulären Schießungszeit um 18 Uhr kostenlos bleiben.
- Auch wenn das Museum abgelegen ist: Nach kurzer Busfahrt ist es erreicht und man kann den Fahrer bitten, auf die entsprechende Haltestelle hinzuweisen.

9 Castelo de São Jorge

In Lissabon angekommen, werden Sie die honigfarbenen Mauern des Castelo de São Jorge (Georgsburg) nicht übersehen. Die geschichtsträchtige Befestigungsanlage mit ihren Wachtürmen, Wehrmauern, schattigen Höfen und Plätzen lockt zu ausgiebigen Entdeckungstouren. Von den Türmen und Terrassen auf dem 110 m hohen Hügel eröffnet sich ein wunderschöner Ausblick auf die Stadt und die Tejo-Mündung.

Von der Burg eröffnet sich ein herrlicher Blick auf die Stadt

Schon um 700 v. Chr. wählten Kelten den markanten Hügel als Siedlungsplatz aus. 138 v. Chr. errichteten die römischen Eroberer hier oben eine Zitadelle. Sie beherrschten die iberische Halbinsel von 205 v. Chr. bis 403 n. Chr. Es folgten wechselnde Herrschaften: zunächst germanische Stämme, 485 abgelöst von den Westgoten und 714 von den arabischen Mauren, die die römischen Wehranlagen weiter nutzten.

Fremde Herrschaft

Die Mauren blieben über 400 Jahre in Lissabon. Ihre Herrschaft endete 1147 mit der Belagerung des Castelo durch Portugals ersten König, Afonso Henriques. Unterstützt von französischen, deutschen und englischen Kreuzfahrern, eroberten Alfonsos Streitkräfte die Festung und die umliegende Stadt. Die Mauren wurden in ein Viertel vor den Stadttoren, die heutige Mouraria, verdrängt.

Die Festungsanlage

Ab 1275 nutzten die portugiesischen Könige den alten Maurenpalast als Residenz und bauten ihn um, gaben ihn dann 1511 auf zugunsten der neu errichteten Residenz, dem Palácio da Ribeira auf der heutigen Praça do Comércio. In den folgenden Jahrhunderten wurden im und um den Burgkomplex Häuser, Paläste und Regierungseinrichtungen angefügt. 1755 vernichtete das Erdbeben die Gebäude zum größten Teil. Was heute zu sehen ist – eine mächtige Mauer mit zehn Türmen –, geht auf die Restaurierung in den 1930er-Jahren zurück, die jedoch historisch wenig authentisch ist. Anlässlich der Expo '98 erfuhr der gesamte Komplex mit den umliegenden Parks eine gründliche Verschönerung und bildet nun, als gepflegtes Ensemble von Grünzonen, Terrassen und Brunnen, eine ideale Kulisse für den Rundblick über die Stadt.

Zu den ältesten Teilen gehören die **Außenmauern**, die die Festung und den als *Intramuros* (innerhalb der Mauern) bezeichneten Hof umschließen. In den durch den **Arco de São Jorge** zugänglichen Gassen leben Senioren neben gut verdienenden Geschäftsleuten, die sich das Wohngefühl in dieser angesagten Enklave etwas kosten lassen. Nordöstlich liegt die **Igreja de Santa Cruz do Castelo**, die eine Moschee ersetzte.

Hinter dem Zugang zur eigentlichen Festung erreicht man einen weiten Platz mit dem **Standbild des Alfonso Henriques** und Kanonen auf einem Teil der äußeren Wall-

Das Castelo de São Jorge prägt die Skyline von Lissabon

anlagen, ein hervorragender Aussichtspunkt, von dem man sich gut orientieren kann. Der Hang erstreckt sich hinab zur Baixa (➤ 50) mit ihren imposanten Plätzen. Dahinter erkennt man Lissabons Hügel und den Fluss. Folgen Sie den **Burgwällen** und **gepflegten Gärten** zu den inneren Mauern, und Sie sind im Herzen der Festung mit einer Reihe von **Höfen** und weiteren Mauern. Diese ursprünglich erscheinenden Bauten verkörpern alles, was man in den 1930er-Jahren als zu einer Burg gehörig erachtete. Die Festungsmauern und zehn Türme umgeben zwei Innenhöfe. Von dort aus gelangt man über Treppen auf die begehbaren Festungswälle. Hier kann man Türme besteigen, von denen einer die **Câmera Escura** beherbergt, eine altmodische Lochkamera, durch deren Linsensystem man aus der Vogelperspektive auf Straßen und Menschen tief unten blickt und so das aktuelle Geschehen in den Straßen verfolgen kann.

Groteske Bildhauerarbeit auf dem Festungswall

Die Alcáçova

Inmitten des Burgkomplexes erhebt sich die **Alcáçova**, der Maurenpalast, der vom 13. bis 16. Jahrhundert als Residenz diente. Heute ist wenig erhalten, selbst die Reste wurden gründlich umgestaltet. Das Museum im Castelo gibt einen guten Überblick über Funde seit der Eisenzeit. Außerhalb des inneren Kerns führt eine weitere Treppe hinab zum **Torre de São Lourenço**.

KLEINE PAUSE

Im Burgkomplex gibt es ein **Café** und ein **Restaurant**. Getränke können Sie aber auch am Kiosk kaufen.

---

208 B–C 2
Rua de Santa Cruz ☎ 218 80 06 20, www.castelodesaojorge.pt
Burg: März–Okt. tägl. 9–21 Uhr, Nov.– Feb. tägl. 9–18 Uhr,
Câmera Escura: März–Okt. tägl. 10–17 Uhr, Nov.– Feb. 11–14.30 Uhr
8,50 € Restaurant/Café in der Burg 37; Trams 12, 28

BAEDEKER TIPP

- Das **Castelo** und seine **Parkanlagen** sind genau das Richtige für einen erholsamen Aufenthalt in der heißesten Tageszeit.
- Die Wege sind sehr uneben und es gibt viel zu erlaufen, ziehen Sie sich also am besten **bequeme, flache Schuhe** an.
- Der **Ticketschalter** ist bis 30 Minuten vor Schließung des Castelo geöffnet.
- Erkundigen Sie sich nach **Ermäßigungen** (ab 30%) auf den **Eintritt**, den Kinder, Senioren, Familien, Lehrer und Besitzer der Lissabon-Karte (➤ 37) erhalten.

21 Sé

Sé, die Kathedrale, steht an geschichtsträchtiger Stelle. Vor der christlichen Kirche erhob sich hier eine maurische Moschee, der ein westgotisches Bauwerk vorausging. Sogar Spuren aus römischer Zeit sind gefunden worden. Die Kathedrale selbst vereint romanischen und gotischen Baustil.

Mauren und Christen

714 fiel Lissabon an die Mauren. Sie errichteten eine Moschee, die Stadt blühte auf. Im Norden des Landes entstand der Staat Portugal. 1147 eroberten die christlichen Portugiesen die Stadt. Afonso Henriques, König von Portugal, machte seinen englischen Gefolgsmann, Gilbert of Hastings, zum ersten Bischof von Lissabon. Dieser ließ an der Stelle der Moschee eine festungsartige romanische Kathedrale errichten, die erste und damit älteste Kirche der Stadt. Die Bezeichnung **Sé** ist die Abkürzung für *sedes episcopalis*, Bischofssitz. Die strenge Fassade mit ihren bezinnten Zwillingstürmen geht auf einen Umbau im 14. Jahrhundert zurück. Damals wurden auch der Kreuzgang und die gotischen Innenelemente hinzugefügt. In den folgenden Jahrhunderten folgten zahlreiche Umbauten, am umfassendsten nach dem Erdbeben von 1755, als der barocke Hochaltar entstand und die ganze Kathedrale »modernisiert» wurde. Dieses Beiwerk wurde in den 1930er-Jahren beseitigt und aus Fragmenten die schöne **Fensterrose** wiederhergestellt. Das heutige Innere – dunkel, ernst und mystisch – kommt dem ursprünglichen Erscheinungsbild vermutlich recht nahe.

Direkt vor der Sé verkehrt die Straßenbahn

Pracht im Inneren

Vergessen Sie beim Rundgang nicht den **Wandelgang** hinter dem Hochaltar, ein offener Prozessionsplatz für die Pilgerscharen. Diese gab es zur Zeit des Baus im 14. Jahrhundert reichlich, denn die Sé beherbergte die Reliquien von St. Vinzenz, dem Schutzheiligen von Lissabon. Seine Urne fiel dem Erdbeben von 1755 zum Opfer. Hinter dem Südschiff befindet sich die **Schatzkammer** voll mit

religiösen Kunstwerken und kunstvoll bestickten Gewändern. Gleich daneben ist der Eingang zum **romanisch-gotischen Kreuzgang** mit gewölbtem Dach und spitzen Bögen.

Archäologische Grabungsstätte

In der Mitte des Kreuzgangs befindet sich eine der größten Sehenswürdigkeiten Lissabons: die **archäologischen Grabungen**, die Schicht für Schicht die unter der Kathedrale befindlichen Gebäude freilegen. Hier liegt Ihnen die Geschichte der Stadt von der Eisenzeit bis zum frühen Mittelalter zu Füßen. Folgen Sie dem Weg, der die Grabungsstätte umläuft. Es gibt eine römische Straße mit Treppen, Entwässerungskanälen und Läden, die Reste der Gebäude, die dem Bau der Kathedrale weichen mussten, sowie einen mittelalterlichen Brunnen. Interesse verdient der zur Maurenzeit errichtete Innenhof, der von den rosafarbenen Mauern eines islamischen öffentlichen Gebäudes umgeben ist.

Blick in das barocke Gewölbe über dem Hochaltar

KLEINE PAUSE

Eine gute Auswahl an portugiesischen Weinen, Käse und köstlichen Schinken bietet die **Winebar do Castelo** (➤ 99).

---

208 C2
Largo da Sé ☎ 218 86 67 52
Kathedrale: tägl. 9–19 Uhr (Kreuzgang und Schatzkammer bis 18.30 Uhr)
Kathedrale: frei, Kreuzgang und Schatzkammer: Kombiticket 4 €, einzeln 2,50 € Bar auf dem Largo Portas do Sol
Trams 12, 28

BAEDEKER TIPP

- Das gotische Altarbild in der **Kapelle des Bartolomeu Joanes** wird komplementiert durch sein in Stein gemeißeltes Testament in der Ecke. Wer das beeindruckende Bildnis schuf, ist unbekannt.
- Das **Grabmal des Lopo Fernandes Pacheco** rechts vom Wandelgang. Sehen Sie den Maurenkopf unter dem Schwert?

22 Museu-Escola de Artes Decorativas

Der Palácio Azurara aus dem 17. Jahrhundert liegt reizvoll auf einem Platz oberhalb der Alfama und beherbergt das Museu-Escola de Artes Decorativas (Museum für angewandte Kunst). Die Sammlungen, eine wahre Fundgrube an kostbaren Möbeln, Gemälden, Porzellan und Wandteppichen, sind in prächtig dekorierten Räumen untergebracht. Sie geben einen unvergesslichen Einblick in das Leben der Wohlhabenden und zeugen von einer Epoche, in der das Gold aus Portugals Kolonien die Kassen des Staats und der Geschäftsleute überreich füllte.

Historische Kulisse

Im Jahre 1947 kaufte der Bankier Ricardo do Espírito Santo Silva den **Azurara-Palast**, um darin seine bedeutende Sammlung **portugiesischer angewandter Kunst** unterzubringen. Seine Leidenschaft galt den Möbeln, speziell jenen aus dem 17. und 18. Jahrhundert, und er trug die bedeutendste Möbelsammlung Portugals zusammen. Präsentiert werden sie so, wie sie ursprünglich genutzt wurden, umgeben von **Gemälden, Textilien, Porzellan, Silber** und *Objets d'Art* in authentischer Umgebung. Zu diesem Zweck wurde das gesamte Gebäude im Stil des 17. und 18. Jahrhunderts restauriert und dekoriert. Das Ergebnis ist atemberaubend. Sechs Jahre später wurde die **Escola** gegründet, eine Ausbildungsstätte für Kunsthandwerker unterschiedlicher Fachrichtungen, darunter Buchbinder, Vergolder und Kunsttischler.

Untergeschoss

Von der **Eingangshalle** aus führt eine Flucht flacher Stufen vorbei an blau-weißen Fliesen aus dem 18. Jahrhundert zu drei niedrigen Räumen voller Eleganz und Charme. Kostbare Teppiche bedecken den polierten Boden, auf dem leichte, perfekt proportionierte Möbel stehen. In Arraiolos, dem traditionellen Zentrum der portugiesischen Teppichmanufaktur im Alentejo, werden bis heute sowohl einfache, als auch mit wollener Stickerei höchst aufwendig gearbeitete Teppiche hergestellt. Auf den Seitentischen befinden sich für den portugiesischen Markt gefertigte Exportgüter der chinesischen Tang-Dynastie. Der letzte Raum hat einen gänzlich mit Strohmatten belegten Fußboden, wie er im 18. Jahrhundert in portugiesischen Häusern oft benutzt wurde.

Erdgeschoss

Im nächsten Stockwerk befinden sich die prächtigen **Hauptwohnräume** des Palastes, alle mit hohen Decken, glänzenden Holzfußböden, kostbaren Wandteppichen und aufwendig gemalten Dekorationen. Der riesige **Hauptsaal** verfügt über eine eigene kleine, in der Wand versteckte Kapelle. Im nächsten Saal befinden sich franko-flämische Gobelins aus dem 17. Jahrhundert, auf denen die portugiesische Ankunft in Indien dargestellt ist. Das Mobiliar mit Elfenbein- und Rosenholzintarsien stammt aus Portugiesisch-Indien und zeigt Jagdszenen. Ein mächtiges Vasenpaar und chinesisches Exportporzellan bezeugen Handelsverbindungen bis nach China.

Es schließt sich der **Schaufenstersaal** an mit halbgefliesten Wänden und einem glänzenden Kronleuchter aus dem 19. Jahrhundert. In der Mitte steht ein typisch portugiesisches Sitzensemble, ein sogenanntes *Duchesse brisée*. Es besteht aus zwei Sesseln, die durch einen Schemel miteinander verbunden sind, damit sich zwei Personen bequem gegenübersitzen können.

as elliptische lusikzimmer erfügt über ine außergeöhnliche kustik

Mehr Komfort bietet der mit rotem Damast ausgekleidete folgende Raum mit seinen Reisebetten und Faltmöbeln. Nicht jeder Baldachin ist mit einem Rüschenband umsäumt, denn diese waren strikt den Männern vorbehalten. Der **Korridor** daneben beherbergt ein weiteres praktisches Möbelstück: eine Schlafcouch aus dem 18. Jahrhundert. Die brokatverzierten Polster lassen sich anheben, um den Sitz zu verbreitern. Nebenan im **Dom-José-Saal** sehen Sie

Ein sorgsam restaurierter Palast des 17. Jhs. beherbergt das Museum

einen herrlichen Spieltisch. Zusammengeklappt sieht er aus wie ein normaler Tisch, geöffnet aber kann er zu einem mit Samt bespannten Kartenspieltisch, einem einfachen Teetisch, oder auch einem Brett für Schach, Dame und Backgammon samt Behältnis für die Spielsteine werden. Es folgt das **Musikzimmer**, dessen elliptische Form eine bestmögliche Akustik ermöglichen sollte. Die Wände sind mit musikalischen Motiven geschmückt. Sehen Sie sich die Glasvitrine mit ihrem wunderbaren Miniatur-Kammermusikensemble an.

Obergeschoss

Schmale Treppen führen ins Obergeschoss. Der geflieste, bemalte und mit rotem Brokat ausgekleidet Raum diente als **Speisezimmer**. In der Mitte steht ein Tisch mit Tafelsilber aus dem 17. und 18. Jahrhundert; ein Glanzstück ist der Besteckbehälter der Ching-Dynastie aus dem 17. Jahrhundert, der in China nach portugiesischem Muster gefertigt wurde.

KLEINE PAUSE

Gönnen Sie sich einen Kaffee in einem der **Cafés** auf dem **Largo das Portas do Sol** mit Blick über den Fluss.

---

208 C2
Largo das Portas do Sol 2 · 218 81 46 00, Tel. Sa, So 218 88 19 91
www.fress.pt · Di–So 10–17 Uhr · 4 € · Café im Innenhof
737; Trams 12, 28

BAEDEKER TIPP

- Eine Besichtigung der **Werkstätten**, wo Kunsthandwerker, Vergolder und Restaurateure auch in den traditonellen Techniken ausgebildet werden, ist möglich (Mo, Mi 11 und 15 Uhr, Do 15 Uhr, Führung 10 €).
- Das hübsche Café im Innenhof des Museums steht jedermann offen, also auch Gästen, die die Sammlungen nicht besuchen wollen.

23 São Vicente de Fora

Die Kirche St. Vinzenz (Igreja de São Vicente de Fora) ist Teil eines beeindruckenden, hoch über Lissabon und dem Tejo gelegenen Komplexes. Das angrenzende ehemalige Kapuzinerkloster (Mosteiro de São Vicente de Fora) mit seinem doppelten Kreuzgang und den fantastischen blau-weißen Fliesenarbeiten gehört zu den schönsten Bauten Lissabons.

Ein Meisterwerk

Der hl. Vinzenz gilt als **Schutzpatron Lissabons.** Afonso Henriques, der erste König Portugals, ließ der Überlieferung nach die sterblichen Überreste des Heiligen im 12. Jh. in einer eigens errichteten Kirche außerhalb der Stadtmauern beisetzen. Diesen Bau befahl der spanische König Philipp II. abzureißen und beauftragte 1582 den italienischen Architekten Filippo Terzi mit der Planung einer neuen Kirche. Terzi richtete sich bei seinem Entwurf nach dem Grundriss der Kirche **Il Gesù** in Rom. Der Baustil von São Vicente de Fora fällt in die ausgehende Renaissance, die Hauptarbeiten waren 1629 beendet. Große Schäden richtete das Erbeben 1755 an: Die Kuppel stürzte ein und wurde in kleinerer Form wieder errichtet. Die streng symmetrisch gegliederte Fassade war die erste ihrer Art in Portugal, hatte bautechnisch immensen Einfluss und sollte noch oft im Land selber und in den Kolonien nachgeahmt werden. Das als gleicharmiges Kreuz angelegte **Kirchen-innere** besitzt ein hoch aufragendes Schiff mit klassischen Wandpfeilern unter Kassettengewölbe, die den Blick hinauf zum vergoldeten Hochaltar lenken. Azulejos aus dem 17. und 18. Jahrhundert bedecken die Wände.

Die Kirche São Vicente wurde einst außerhalb der Stadtmauern erbaut

Kreuzgänge

Nach der Kirche öffnet sich links die **Eingangshalle des Klosters** mit ihrer massiven Marmorbalustrade, den intarsierten Marmorsäulen, der gewölbten Freskendecke und dem Schachbrettboden aus rosa, schwarzen und weißen Platten. Es folgen zwei kleinere Kreuzgänge. Die beiden angrenzenden Klosterhöfe mit anmutigen Arkaden, die einst den Mittelpunkt des Klosters bildeten, wurden im Stil des italienischen Manierismus erbaut. Unter diesen Bögen wird es wieder typisch portugiesisch – mit prunkvoll in Blau und Weiß halbhoch gefliesten Wänden.

Stimmungsvoll fällt durch die Kuppelfenster Licht in das Kirchenschiff

Im Kloster

Zwischen den beiden Kreuzgängen befindet sich die **Sakristei**, die über und über mit mehrfarbigem Marmor ausgekleidet ist. Daneben liegt das ehemalige Refektorium des Klosters, das 1885 umgebaut wurde und seither als **Pantheon** für die Monarchen des Hauses Bragança dient, der letzten regierenden Dynastie Portugals. Zum **Obergeschoss** gelangen Sie über eine elegante Treppe, die reich mit Fliesen verziert ist, auf denen naturalistische Motive zu sehen sind. Hauptanziehungspunkt sind die Fliesenarbeiten, welche die in den 1660er-Jahren in Frankreich verfassten Fabeln von La Fontaine illustrieren. Von hier erreichen Sie die Terrasse oberhalb der Kirche.

KLEINE PAUSE

Beim Museumseingang befindet sich ein **Teezimmer,** wo Kaffee, Kuchen und kleine Snacks angeboten werden.

---

209 D3
Largo de São Vicente 218 82 44 00, www.igespar.pt
Kirche: Di–Sa 9–13, 14–17 , So 9–12.30 Uhr,
Kreuzgänge: Di–So 10–18 Uhr (letzter Einlass 17 Uhr)
Kirche frei, Kloster 5 € Café im Kloster 734; Trams 12, 28

BAEDEKER TIPP

- Obwohl die **Aussicht vom Turm** eine der besten der Stadt ist, sind die steilen und engen Stufen hinauf beschwerlich. Begnügen Sie sich bei Bedarf mit der **Terrasse**, von der Sie **ebenfalls weit schauen** können.
- Sollte das Kircheninnere gerade geschlossen sein, halb so schlimm: Hauptattraktion sind ohnehin Kreuzgänge und Pantheon.
- Achtung: Verwechseln Sie nicht dieses Pantheon des Königshauses mit dem Panteão Nacional de Santa Engrácia (► 95) ganz in der Nähe.

Nach Lust und Laune!

24 Igreja e Museu de Santo António

Mag sein, dass der hl. Vinzenz offizieller Schutzpatron der Stadt ist. Der Beliebteste aber ist der 1195 in Lissabon geborene hl. Antonius von Padua. Er reiste nach Marokko, erlitt Schiffbruch und wurde im italienischen Padua von den Wellen an Land gespült. Nach seinem Tode 1231 errichtete man dort eines der größten Grabmale Italiens. Am Geburtsort des Heiligen befindet sich heute die Igreja de Santo António (auch bekannt als Museu Antoniano). Diese kleine **barocke Kirche** wurde im Jahre 1787 fertiggestellt, nachdem der Ursprungsbau beim Erdbeben zerstört worden war. Viele Gläubige kommen hierher, um eine Kerze zu entzünden. Zu einem wahren Publikumsmagneten aber wird sie am 12. Juni, dem Vorabend des Gedenktages des Heiligen Antonius. Nachmittags werden bis zu 16 Paare, die zuvor ausgelost wurden, in einer prachtvollen Zeremonie gleichzeitig getraut. Dem folgt am nächsten Tag eine Prozession von der Kirche zur Sé. Obwohl die Kathedrale nur einen Katzensprung entfernt ist, braucht der Umzug zwei Stunden, um sich durch die Straßen der Alfama zu schlängeln. Das Fest endet schließlich mit einem riesigen Straßenfest.

Mehr über das Leben des hl. Antonius, der u. a. als Wiederbeschaffer verlorener Gegenstände verehrt wird, lässt sich im kürzlich erweiterten Museum nebenan erfahren, wo man ihm auf diversen Gemälden wieder begegnet.

208 B2 ✉ Largo de Santo António da Sé 24 ☎ 218 86 04 47 (Museum) Kirche 8–19, Sa, So, Fei bis 19.45 Uhr, Museum Di–So 10–13, 14–18 Uhr Kirche: frei; Museum: 1,50 € Bars in der Nähe 37, Trams 12, 28

Eine Sammlung portugiesischer Gitarren im Museu do Fado

25 Museu do Fado

Wer etwas über den Fado wissen möchte, sollte unbedingt das Museu do Fado besuchen, das diese typisch portugiesische Leidenschaft erklärt und illustriert. Eine Reihe von Exponaten, Postern und Modellen führen Sie in die Geschichte ein und lassen Sie die Stars bewundern, eine Fülle von Aufnahmen sorgen für Musikgenuss. Sollten Sie irgendwann den Wunsch verspüren, *Fado* (► 18) live zu erleben, so wird Sie dieses Museum bestens darauf vorbereiten und jedes folgende Konzert zu einem Genuss machen. Besuchen Sie die Gitarren-Werkstatt, in der die charakteristische 10-saitige portugiesische Gitarre hergestellt wird, und ein Fadohaus der 1940er-Jahre. Im gut sortierten Museumsshop können Sie CDs und Bücher erwerben.

209 D2 Largo do Chafariz de Dentro 1
218 82 34 70, www.museudofado.pt
Di–So 10–18 Uhr 5 €
Café im Museum
Santa Apolonio 728, 735, 759, 794

Das Vasco-da-Gama-Zimmer im Museu Militar

26 Museu Militar

Der ruhige, fliesenverzierte Hof und die gediegene Innenausstattung täuschen darüber hinweg, dass sich das Museu Militar (Militärmuseum) in einer ehemaligen Waffenfabrik befindet. 35 Räume mit Rüstungen, Waffen, Uniformen und Militaria, illustrieren die **Militärgeschichte** Portugals. Der Rundgang beginnt im Obergeschoss in zwei Räumen, die den Napoleonischen Feldzügen gewidmet sind. Weiter geht es durch kunstvoll verzierte Räume, die auf triumphalen Deckenverzierungen buchstäblich tausend Geschütze auffahren – der Himmel für den Krieg geputzt. Außer Ausrüstungen des 17. und 18. Jahrhunderts gibt es auch eine Menge Waffen des 20. Jahrhunderts, die von Portugal und seinen Gegnern in den blutigen Kolonialkriegen der 1960er- und frühen 1970er-Jahre verwendet wurden.

209 D2
Largo do Museu do Artilharia
218 84 23 00, www.exercito.pt
Di–So 10–17 Uhr 3 € 794
Die Beschilderung ist portugiesisch. Fragen Sie an der Kasse nach englischen Prospekten.

Die eindrucksvolle Kuppel der Igreja de Santa Engrácia

27 Panteão Nacional / Igreja de Santa Engrácia

Die weiße Kuppel der Igreja de Santa Engrácia ist nicht zu verfehlen. Seit 1916 ist sie Gedenk- und Begräbnisstätte für portugiesische Nationalhelden. Der Vorgängerbau wurde 1630 abgerissen, weil ein Jude ihn angeblich durch einen Diebstahl entweiht haben soll. Der fälschlich Bezichtigte beteuerte seine Unschuld und soll vorausgesagt haben, dass die neue Kirche nie fertiggestellt würde. Tatsächlich sollte es 285 Jahre dauern, bis die Bauarbeiten zum Abschluss kamen. Die Kuppel, von der aus man eine herrliche Sicht über die Stadt hat, wurde erst 1966 vollendet. Heute bezeichnen die *Lisboetas* alles, was den Zeitplan sprengt, als *»Obras de Santa Engrácia«* (»Arbeiten an der Santa Engrácia«).

Schon der erste Bau stürzte 1681 ein. Die Arbeiten begannen erneut auf Basis von Plänen, die vom Petersdom in Rom inspiriert waren. Entstanden ist eine angemessene Stätte für berühmte Verstorbene, die hier bestattet werden oder derer hier gedacht wird, darunter die Dichterin Sophia de Mello Breyner Andresen und die große *Fadista* Amália Rodrigues. Gedenkstätten für Vasco da Gama und Heinrich den Seefahrer befinden sich ebenfalls hier.

209 D2 ✉ Campo de Santa Clara
☎ 218 85 48 20, www.patrimoniocultural.pt/pt/
Mai–Sept. Di–So 10–18, sonst bis 17 Uhr
4 €, 1. So d. M. frei 734; Tram 28

28 Feira da Ladra

Zur vollen Geltung kommt der Campo de Santa Clara dienstags und samstags, wenn Lissabons **Flohmarkt** stattfindet, die Feira da Ladra (Diebesmarkt). Ab Tagesanbruch bieten Händler ihre Ware feil. Manche breiten sie auf dem Boden aus, andere haben Stände. Geboten wird das typische Flohmarktsortiment, darunter auch viel Ramsch. Wenn Sie zeitig genug da sind, können Sie aus dem Schnickschnack oder bei den Fliesen das eine oder andere Schnäppchen ergattern. Das größte Vergnügen bereiten die Stände, die von Kuriositäten überquellen – von alten Büchern, afrikanischen Gegenständen, Schuhen und Kleidung. In der Nähe befindet sich der **Mercado de Santa Clara**, ein quirliger Lebensmittelmarkt, auf dem Sie sich ein Picknick zusammenstellen oder vorzüglich essen können.

209 D3 ✉ Campo de Santa Clara, São Vicente Di, Sa 8–16 Uhr, Mercado de Santa Clara Mo–Sa 7–15 Uhr Bars in der Nähe 734; Tram 28

Blick von der Esplanada da Igreja da Graça auf die Stadt im Abendlicht

29 Graça

Das alte *Bairro* (Stadtviertel) auf einem Hügel hinter São Vicente dehnte sich im 19. Jahrhundert, als man unbebaute Grundstücke in preiswerten Wohnraum für Arbeiter umwandelte, immer weiter aus. Die typischen, oft gefliesten Häuser garantieren Graça wachsende Einwohnerzahlen und verleihen ihm eine unverwechselbare Kleinstadtatmosphäre.

Im Zentrum liegt der geschäftige **Largo da Graça**, den Sie überqueren und zur Esplanada da Igreja flanieren können, einem Terrassencafé mit Blick auf den schönsten Sonnenuntergang.

Ebenfalls hier oben befindet sich die **Igreja da Graça**. Hier stand auch im 13. Jahrhundert ein Augustinerkonvent. 1834 wurde das Kloster aufgelöst und die Gebäude der Armee übergeben. Die Kirche wurde nach dem Erdbeben wieder aufgebaut und wird noch immer rege genutzt. Ihr Inneres wirkt bescheiden im Vergleich zum spektakulären Vorplatz, wo alljährlich die Osterprozession beginnt, bei der das Bildnis des *Senhor dos Passos* (Schmerzensmannes) und der heiligen Jungfrau mitgeführt werden. Durch die Rua Damasceno Monteiro und die Calçada do Monte und vorbei an ei-

nem prächtigen *Miradouro* gelangen Sie zu der auf dem höchsten Hügel gelegenen **Kapelle Nossa Senhora do Monte** (nur nachmittags geöffnet). Der Marmorthron im Innern soll dem römischen Bischof St. Gens gehört haben. Man sagt ihm nach, er könne durch Arbeit hervorgerufene Schmerzen lindern und Schwangeren, die sich auf ihn setzen, zu einer leichten Geburt verhelfen. Sogar adelige Damen und Königinnen sollen angeblich schon auf diese Kraft des Bischofsthrons vertraut haben.

208 C3

Graça **Trams 12, 28**

Igreja da Graça

Di–Fr 9–18, Sa 9.30–12.30 und 14.30–18, So 9.30–12.30 und 17–20 Uhr

30 Museu da Água

Lissabons Wasserversorger, EPAL, gewann bereits mehrere Preise für dieses Museum, das die Geschichte der städtischen Wasserversorgung von der Römerzeit bis heute zeigt. Es ist nur eines von vier Museen, die von der EPAL betrieben werden und zu denen auch der Aquädukt im Westen Lissabons zählt (Aqueduto das Aguas Livres, ➤ 116). Fans von Dampfmaschinen kommen hier auf ihre Kosten. Hier steht die erste, 1830 errichtete Pumpstation, die die ganze Stadt versorgen konnte. Die **Dampfhalle** beherbergt vier riesige Dampfmaschinen von 1880, die regelmäßig in Betrieb gesetzt werden. Rufen Sie vorher an, um sicherzugehen, dass während Ihres Besuchs eine Vorführung stattfindet.

209 E4

Rua do Alviela 12

218 10 02 15, www.epal.pt/EPAL/

Di–Sa 10–12.30 und 13.30–17.30 Uhr

IDEAL FÜR DIE GANZE FAMILIE

- Das Highlight ist eine Straßenbahnfahrt. Steigen Sie an der Praça Martim Moniz in die **Tram Nr. 28** und fahren Sie hinauf auf den Hügel und wieder runter zur Sé. Mögliche »Absprungstellen« sind Graça oder der Largo das Portas do Sol.
- Auch das **Castelo de São Jorge** (➤ 83) ist beliebt. Hier gibt es viele Möglichkeiten sich auszutoben, die Bollwerke zu stürmen und mit der ganzen Familie Ritter zu spielen.
- Viele Kinder werden von der **Alfama** (➤ 78) begeistert sein und haben Spaß, das Straßenleben zu beobachten und zu erkunden. Im **Museu-Escola de Artes Decorativas** (➤ 88) werden ältere Kinder sich gerne als Teil eines Märchens vorstellen.
- Ein leckeres »Eis mit Aussicht« mag fast jedes Kind – egal welchen Alters. Besteigen Sie einen der ***Miradouros*** und entdecken Sie mit Ihrer Familie die Stadt von oben.

Wohin zum ... Essen und Trinken?

Preise
für ein Drei-Gänge-Menü ohne Getränke:
€ unter 20 Euro **€€** 20–40 Euro **€€€** über 40 Euro

Arco do Castelo €€

Echte indische Küche aus dem einst portugiesischen Goa. Hier bekommen Sie vor allem Fisch und Meerestiere, gut gewürzt mit frischem Ingwer und feurigen Gewürzen. Kosten Sie das Garnelencurry mit Kokosmilch und *Xacuti*, eine Spezialität des Hauses. Reservieren Sie!

208 C2
Rua Chão da Feira 25, Castelo
218 87 65 98
Mo–Sa 12.30–22.30 Uhr **Trams 12, 28**

Bica do Sapato €€€

Das coole Bica do Sapato steht ganz oben auf der Liste der angesagtesten Restaurants der Stadt. Seine Lage bei den Docks unweit des Bahnhofes Santa Apolónia ist günstig, und die Gestaltung der drei Speisebereiche ergänzt das Essen hervorragend. Das Hauptrestaurant bietet vorrangig ausgefallene, moderne Speisen. Liebhaber der portugiesischen Küche werden eher im Café fündig. Fisch hingegen gibt es frisch in der Sushi-Bar.

209 E3
Avenida Infante Dom Henrique, Armazem B, Cais da Pedra
218 81 03 20, www.bicadosapato.com
Restaurant: Mo 20–23.30, Di–Sa 12–14.30, 20–23.30 Uhr, Café: Mo 17–1, Di–Sa 12–15.30, 19.30–1 Uhr. Sushi-Bar: Mo–Sa 19.30–1 Uhr
Santa Apolónia **712, 81, 90**

Casa Nova €€

Fans italienischer Küche sind gut aufgehoben in diesem ehemaligen Lagerhaus gegenüber dem Bahnhof Santa Apolónia: Knusprige, hauchdünne Pizza kommt nach Wunsch belegt aus dem Holzofen, und auch der Rest kann sich sehen lassen, von Crostini und Bruschetta bis zum Bohneneintopf. Reservierungen sind nicht möglich, doch gibt es selten lange Wartezeiten.

209 E3
Avenida Infante Dom Henrique, Cais de Pedra, Armazém B, loja 7 (Speicher B, Laden Nr. 7) **218 87 75 32, www.restaurantecasanostra.com**
tägl. 12.30–1.30 Uhr
Santa Apolónia

Cerca Moura €

Zwar sitzt man an den Außentischen ein bisschen zwischen dem Museum für Dekorative Künste und der Straßenbahnlinie eingequetscht und genießt wenig Aussicht, dafür sind die Preise fair, das Essen gut, frisch und kreativ, und der Service freundlich. Den Kaffee können Sie ja dann auf dem aussichtsreichen Miradouro einnehmen.

208 C2
Largo das Portas do Sol 4
218 86 09 53
tägl. 10.00–18.00 Uhr **Tram 28**

Malmequer Bemmequer €€

Im Herzen der Alfama lockt das gemütliche Restaurant mit dem Gänseblümchen als Logo – der Name des Lokals bedeutet »Sie liebt mich – sie liebt mich nicht«. Stammgäste wie Touristen können sich auf sorgsam angerichtete Speisen in netter Atmosphäre freuen. Ausgezeichnet ist etwa der Fisch vom Grill mit hauchdünnen

Scheiben *presunto* (port. Schinken) oder die gegrillten Sardinen. Eine Spezialität des Hauses ist *Barbecue dos diabos* (Teufelsbraten) vom Holzkohlengrill: diverses Fleisch und Geflügel mit Cayennepfeffer. Auch die Reisgerichte sind empfehlenswert, und man findet eine kleine Auswahl an Desserts. Sonntags geöffnet, Reservierung empfohlen.

208 C2
Rua de São Miguel 23–25, Alfama
218 87 65 35
Di 19–22.30, Mi–So 12–15.30, 19–22.30 Uhr
Tram 28

Pois Café €

Kuscheliger Platz zum Lunch oder frühen Abendessen, mit Tagesgerichten wie Crêpes mit Huhn, Fenchel und Pilzen. Auch zum Nachmittagskaffee lässt es sich gut auf den Sofas lümmeln bei Wiener Teegebäck, jeder Menge Büchern, Zeitungen in mehreren Sprachen und WiFi. Portugiesen sind hier in der Minderheit. Hier läuft auch ein beliebter Büchertausch: Sie stellen ein ausgelesenes Buch ins Regal und nehmen sich kostenlos Ersatz.

208 C2
Rua São João da Praça 93
218 86 24 97, www.poiscafe.com
Di–So 11–22 Uhr
Tram 28

Santa Clara dos Cogumelos €€

Was die heilige Klara wohl davon gehalten hätte, dass man in ihrem Namen 2013 ein Restaurant eröffnet, das ausschließlich auf Pilzgerichten basiert... Das Konzept des italienischen Besitzers scheint verrückt, aber der Pilztempel neben dem Feira-da-Ladra-Flohmarkt funktioniert! Ausgesuchte Weine sind ebenfalls zu haben.

209 D3
Campo de Santa Clara 7
218 87 06 61, www.santaclaradoscogumelos.com
Di–Sa 19.30–23 Uhr, Sa auch 12.30–15.30
Tram 28

Taberna Moderna €€

Moderne Versionen klassischer portugiesischer Tavernen sind in Mode, und diese hier am Uferende der Alfama ist einer der besten Newcomer, mit leckeren und innovativen portugiesischen und spanischen Gerichten, gen Wochenende mit DJ-Untermalung. Die etwas beengte Gin-Bar huldigt einem aktuellen Drinks-Trend, aber Achtung: bei ausgefallenen Kreationen kann es teuer werden.

208 B1
Rua dos Bacalhoeiros 18A,
218 86 50 39, www.tabernamoderna.com
Di–Sa 13–15.30 und 20–2 Uhr
Trams 18, 28

Via Graça €€€

Ganz oben im Graça-Viertel finden Sie eines der romantischsten Restaurants der Stadt, ein Plätzchen mit wunderschöner Aussicht auf die beleuchteten Burgwälle und die darunterliegende Stadt. Geboten wird klassische portugiesische Küche mit einem Hauch Raffinesse im Geschmack wie etwa eine Moscatel-Note in der Entenbeize. Die Bedienung lässt keine Wünsche offen, ebensowenig das Angebot an guten Rotweinen, speziell aus der Alentejo-Region.

208 C4
Rua Damasceno Monteiro 9B, Graça
218 87 08 30, www.restauranteviagraca.com
Mo–Fr 12.30–15, 19.30–23, Sa und So 19.30–23 Uhr
Tram 28

Winebar do Castelo €€

Leckere Weine aus den verschiedenen Regionen, glasweise serviert, in nettem Ambiente gleich beim Castelo de São Jorge. Probieren Sie in diesem stilvollen Lokal nach einem Besuch des Schlosses einige der vielen einheimischen portugiesischen Rebsorten.

208 C2
Rua Bartolomeu de Gusmão 11–13
218 87 90 93
tägl. 12–22 Uhr **Tram 28**

Wohin zum ... Einkaufen?

Trotz ihres Charmes ist die Alfama nicht gerade ein Einkaufsparadies. Sie können dennoch Schnäppchen in den **Graça**-Läden machen oder viel Geld in den **Antiquitätenläden** um die Sé und das Castelo herum ausgeben. Transportable Souvenirs finden Sie eher in den Einkaufstempeln der Baixa und des Chiado. Es gibt Ausnahmen: Fadofans finden die beste Auswahl im **Museu do Fado** (➤ 93).

Am Rand der Mouraria führt ein kurzer Fußweg entlang der Rua da Palma zum trendigsten Platz der Stadt, dem **Largo do Intendente**. Hier finden Sie eine der fotogensten Fassaden Lissabons (die **Keramikmanufaktur Viúva Lamego,** Largo do Intendente 25), coole Bars hinter bröckligen Fassaden (z. B. Largo do Intendente 45) und den Retroladen **Vida Portuguesa** (Rua Anchieta 11).

Aldeias do Xisto (Rua Augusto Rosa 5, Tel. 218 88 80 47, http://aldeiasdoxisto.pt/poi/901) in der Nähe der Sé bietet ein ständig neues Sortiment an portugiesischem Kunsthandwerk, Holzarbeiten, Keramik, Schmuck und Accessoires.

Schauen Sie nach einer Burgbesichtigung beim nahegelegenen **Pessoa de Carvalho** (Costa do Castelo 4, Tel. 218 86 24 13) vorbei, einem Handwerks- und Souvenirladen, der in einem alten Alfamahaus untergebracht ist. Oder schlendern Sie hinunter zum Casa dos Bicos, in dessen Nähe sich das **Atelier** (Rua dos Bacalhoeiros 12, Tel. 218 86 55 63) befindet, das auf handbemalte Fliesen spezialisiert ist. Auch hier haben Sie Einblick in die Werkstatt und können sich Ihre Einkäufe nach Hause schicken lassen.

Wohin zum ... Ausgehen?

Gute *Fado*-Restaurants sind der **Clube de Fado** (Rua São João da Praça, Tel. 218 85 27 04, www.clube-de-fado.com), eine Top-Adresse für traditionelle Sessions, das **Parreirinha de Alfama** (Beco do Espírito Santo 1, beim Largo do Chafariz de Dentro, Tel. 218 86 82 09) und das **A Baiuca** (Rua de São Miguel 20, Tel. 218 86 72 84), ein kleiner, auf *fado vadio* spezialisierter Familienbetrieb.

Unterschiedliche Musik spielt im **Netjazzcafé** (Costa del Castelo 7, Tel. 218 80 44 06), v. a. Jazz. Auf der Terrasse der **Bar das Imagens** (Calçada Marquês de Tancos 1b, Tel. 218 88 46 36), können Sie Musik hören und ihre Blicke über die Baixa schweifen lassen. Wechselndes Programm auch im gemütlichen **Santiago Alquimista** (Rua Santiago 19, Tel. 917 21 47 09). Im **Duetos da Sé** wird viel Jazz geboten. Die gastronomische Begleitung als auch die Kunst an der Wand haben die entsprechende Klasse (Travessa do Almargem 1B, Tel. 218 85 00 41, site.duetosdase.com).

Die Bar des behaglichen **Cerca Moura** (Largo das Portas do Sol 4, Tel. 218 87 48 59) wurde in die maurische Stadtmauer gebaut. Von der Terrasse haben Sie bei Nacht eine schöne Aussicht über die Stadt. Clubber sollten zu vorgerückter Stunde ins **Lux** gehen (Avenida Infante Dom Henrique, Armazém A, Cais da Pedra, Santa Apolónia, Tel. 218 82 08 90, www.luxfragil.com). Das Lux ist ein gigantischer, angesagter Club in einem alten Lagerhaus am Tejo-Ufer. DJs bedienen die stylische Menge mit einer Mischung aus Dance und Mainstream.

Die westlichen Hügel

Kleine Erlebnisse

Frankreich in Lissabon

Lissabons beste Croissants bietet das **Praliné** (Rua do Poço dos Negros 51, www.praline.pt).

Vergangenheit im Shopping Center

Typisch Lissabon: das **Espaço Chiado** (Rua da Misericórdia 12) beherbergt mächtige Reste der fernandinischen Mauer (14. Jh.).

Fitzelarbeit im Namen des Herrn

Wer genau hinschaut in der Täufer-Kapelle der **Igreja de São Roque** (➤ 115) sieht vielleicht, dass irgendwas nicht stimmt mit den Gemälden … nur was? Es sind Mosaike!

Erste Orientierung

Westlich der Baixa erstreckt sich auf einem steilen Hügel ein Viertel, dessen Entstehungsgeschichte bis ins 16. Jahrhundert zurückreicht. Damals errichteten Aristokraten und Händler Häuser rund um die Jesuitenkirche São Roque, die dem Bezirk den Namen gab: Bairro Alto de São Roque – »Höhe zum heiligen Rochus«. Heute schlicht Bairro Alto genannt, ist es das Party-Viertel Lissabons, dessen schmale Gassen sich vor allem an den Wochenenden füllen.

Im Norden liegt der Jardim Botânico, im Süden die Gegend von Santa Catarina mit einem schönen Blick auf den Fluss. Im Westen befinden sich die ruhigeren Straßen von São Bento, dem Sitz der portugiesischen Nationalversammlung. Westlich von São Bento münden die Straßen ins Estrela-Viertel, überragt von der prachtvollen Basílica da Estrela. Hier wohnt die wohlhabende Mittelklasse, und die Grundstückspreise steigen mit der Nähe zum Fluss. So geben sich in den noblen Villen von Lapa Hochfinanz und Diplomaten ein Stelldichein. Unten am Fluss geht Lapa in den Stadtteil Santos über, einen der am längsten besiedelten Lissabons, wo sich mit dem Museu Nacional de Arte Antiga eines der wichtigsten Museen Portugals für Alte Kunst befindet, aber auch die zeitgenössische Kunst bestens vertreten ist.

Im Bairro Alto drängen sich mehr Restaurants, Bars, Cafés, Clubs und Fado-Häuser als irgendwo sonst in Lissabon. Doch auch wegen seiner schicken Läden ist Lissabons Oberstadt ein mächtiger Magnet für Einheimische und Touristen.

Auf schattigen Wegen im Jardim Botânico

Detail des Vinzenz-Altars im Museu Nacional de Arte Antiga (MNAA)

Erste Orientierung

TOP 10

7 Museu Nacional de Arte Antiga ➤ 106

Nicht verpassen!

31 Bairro Alto ➤ 111
32 Basílica da Estrela ➤ 113

Nach Lust und Laune!

33 Igreja de São Roque ➤ 115
34 Igreja de Santa Catarina ➤ 115
35 Praça do Príncipe Real ➤ 116
36 Jardim Botânico ➤ 116
37 Mãe d'Água ➤ 116
38 São Bento ➤ 116
39 Lapa ➤ 117
40 Palácio dos Marquêses de Fronteira ➤ 117

An einem Tag

Die folgende Route ist eine Möglichkeit, wie Sie einige der interessantesten Sehenswürdigkeiten der westlichen Hügel an einem Tag besichtigen können. Die einzelnen Highlights werden auf den folgenden Seiten (➤ 106ff) näher beschrieben.

9:30

Beginnen Sie den Tag mit dem Besuch einer der beeindruckendsten Kirchen der Stadt, 33 **São Roque** (➤ 115). Das 31 **Bairro Alto** (➤ 111) zu Ihren Füßen schläft zu dieser Zeit noch... Schonen Sie Ihre Füße, indem Sie den **Elevador da Glória** (➤ 62) nehmen. Ein Trip in einer dieser alten Standseilbahnen gehört bei einem Lissabon-Besuch dazu.

11:00

Genießen Sie einen Kaffee mit Aussicht auf der *esplanada* am Miradouro de Santa Catarina (➤ 115). Von hier haben Sie einen weiten Blick über den Fluss. Westlich liegt die Calçada de Estrela, die am Sitz des Parlaments im 38 **Palácio de São Bento** (➤ 116, Abb. unten) vorbei zur 32 **Basílica da Estrela** (➤ 113) führt, deren mächtige Kuppel eines der Wahrzeichen Lissabons bildet.

12:30

Besichtigen Sie die Basilika und gehen Sie dann zum Essen zurück ins Bairro Alto, von wo aus Sie in den Nachmittag starten können. Jetzt haben auch die Designerläden im angrenzenden neuen Trendviertel 35 **Príncipe Real** geöffnet.

14:30

Bummeln Sie durch die Straßen von 39 **Lapa** (➤ 117, Abb. rechts) mit seinen eleganten Häusern zum 7 **Museu Nacional de Arte Antiga** (➤ 106). Dort finden Sie Spitzenwerke der portugiesischen und internationalen Kunst.

17:00
Gehen Sie die Stufen unterhalb des Museums herab und nehmen Sie den Bus, der ostwärts zum Caís do Sodré und dem Stadtzentrum fährt. Erholen Sie sich, bevor Sie den Abend im Bairro Alto verbringen.

19:30
Kehren Sie zurück in das 31 **Bairro Alto** (➤ 111) und beginnen Sie den Abend in einer der vielen Bars. Sichere Tipps sind das B´Artis (Rua do Diário de Notícias 95–97, Tel. 213 42 47 95) und das Bicaense (Rua da Bica de Duarte Belo 42, Tel. 213 25 79 42), wobei es sich hier erst nach 22.30 Uhr richtig füllt.

20:30
Ideal fürs Abendessen sind Rua do Diário de Notícias, Rua de Atalaia und ihre Nebenstraßen, wo man zum Beispiel *petiscos* in der Cantinho Lusitano (➤ 119) bekommt.

22:30
Zeit, sich ins **Nachtleben** zu stürzen. Eine riesige Auswahl an Bars mit Livemusik, die bis spät in die Nacht geöffnet sind erwartet Sie im Bairro Alto. *Fado* können Sie in der Adega Machado (➤ 120) genießen.

7 Museu Nacional de Arte Antiga

Das Museu Nacional de Arte Antiga (Nationales Museum für Alte Kunst, MNAA) gehört zu den besten Orten in Lissabon, um sich einen Überblick über portugiesische und europäische Malerei zu verschaffen. Zu den bedeutendsten Exponaten gehört die »Versuchung des heiligen Antonius« von Hieronymus Bosch. In diesem Museum können Sie auch eine vorzügliche Sammlung von Möbeln, Textilien und Kunsthandwerk auf sich wirken lassen. Sämtliche Objekte werden in einem Palast aus dem 17. Jahrhundert ansprechend präsentiert.

Heimstatt des Museu Nacional de Arte Antiga ist der Palácio das Janelas Verdes

Das 1884 gegründete MNAA war das erste große öffentliche, den Künsten gewidmete Museum Portugals. Es ist im alten **Palácio das Janelas Verdes** (Palast der grünen Fenster) untergebracht, das seinen Namen den 40 grün gestrichenen Fenstern der Nordfassade verdankt. Das Gebäude wurde beträchtlich verändert, als es in den 1880er-Jahren zu einem Museum umgebaut wurde. Eine kleine, mit blauweißen *azulejos* geschmückte **Kirche**, die zum angrenzenden, 1584 gegründeten St.-Albert-Karmeliterkloster gehörte, wurde in den Museumskomplex integriert.

Ein Schwerpunkt der Sammlung liegt auf portugiesischer Kunst. Daneben ragen die afrikanische, indische und fernöstliche Sammlung heraus, besonders das Porzellan aus dem 16. Jahrhundert und die japanische Kunst der Namban-Epoche aus der Zeit des ersten Handels mit

Ausschnitt aus der Nuno Gonçalves zugeschriebenen *Anbetung des hl. Vinzenz* (Vinzenz-Altar)

Japan. Sehenswert ist auch die Sammlung europäischer Kunst, Silberobjekte und französische Möbel aus dem 18. Jahrhundert.

Ebene 1 (Hauptgeschoss)

Europäische Malerei, Mobiliar und Kunsthandwerk

Gemäldeliebhaber sollten sich die 15 Galerien der **europäischen Malerei** ansehen. Die flämische und deutsche Schule sind hier stark vertreten. Eines der Meisterwerke ist *Die Versuchung des Heiligen Antonius* von Hieronymus Bosch, ein herausragendes Beispiel für seinen surrealen Stil. Die Herkunft des um 1500 entstandenen Werkes ist geheimnisvoll – möglicherweise ist es mit dem Hofstaat Philipps II. von Spanien hierher gelangt. Vollgepackt mit bizarren Figuren und Monstern, halb menschlich, halb tierisch, zeigt es den Heiligen, umgeben von der Völlerei, Wolllust und Habgier. Bemerkenswert ist auch der *hl. Hieronymus*, 1521 von **Albrecht Dürer** gemalt, das den bejahrten Heiligen über Sterblichkeit nachdenkend zeigt, während das Kruzifix an der Wand auf Christus den Erlöser hinweist. Andere Werke, auf die es sich zu achten lohnt, sind der heitere *St. Augustin* von Piero della Francesca in Raum 56 und die großartigen *Zwölf Apostel*, ein Werk des spanischen Malers Francisco de Zurbarán, in Raum 58.

Die Gemäldegalerien führen zu Ausstellungen von **Kunsthandwerk, Mobiliar und Textilien**. In Raum 69 befindet sich ein **silbernes Tafelservice von Germain**, um 1770 in Paris für die Herzöge von Aveiro angefertigt. Es besteht aus Tellern, Besteck, Suppenkellen, Terrinen, Kandelabern und einem vollständigen Set vergoldeter Tänzerfiguren aus

TOP 10 DES MNAA

Diese Werke gehören zu den schönsten der Sammlungen:

- Prozessionskreuz des Dom Sancho, 1214
- Vinzenz-Altar, Nuno Gonçalves, 15. Jahrhundert (Abb. ➤ 103, 107, 110)
- Die Versuchung des hl. Antonius, Hieronymus Bosch, um 1500
- Monstranz von Belém, Gil Vicente, 1506
- Hl. Leonard, Andrea della Robbia, 1502–1510
- Hl. Hieronymus, Albrecht Dürer, 1521
- Salzfässchen aus Benin, um 1525
- Portugiesischer Doppelbrunnen, 16. Jahrhundert
- Namban-Wandschirme, Japan um 1600
- Silberservice angefertigt für die Herzöge von Aveiro, Thomas & François Thomas Germain, 1729–1751 (Abb. ➤ 108)

Silber zur Tischdekoration. Das riesige Objekt für die Tischmitte mit seinem verschlungenen Blattwerk und den anmutigen Windhunden stammt wohl aus den 1720er-Jahren. Zudem gibt es frühe **Glaswaren** und **Porzellan**, darunter einige frühe Wedgwood Jasperware-Stücke und vergoldetes Meissener Porzellan.

Erstes Obergeschoss

Goldobjekte, Keramik und Fernöstliche Kunst

Am oberen Ende der Treppe in Raum 29 finden Sie die **Monstranz von Belém**, die für das Hieronymus-Kloster (Mosterio dos Jerónimos, (► 126) in Auftrag gegeben wurde. Goldschmied Gil Vicente fertigte sie 1506, angeblich aus dem ersten Gold, das Vasco da Gama aus Indien mitbrachte. Die mit vielen Details und manuelinischen Symbolen verzierte Monstranz wurde für die Ausgabe der Hostien verwendet. Sie ist von Gold- und Emaillefiguren umgeben und gilt als das schönste Goldobjekt Portugals.

Wenn Sie von hier aus an der dem Fluss zugewandten Seite des Gebäudes weitergehen, gelangen Sie in die Räumlichkeiten, die sich den prächtigen **Keramikobjekten** des Museums widmen. Hier finden Sie für den portugiesischen Markt hergestelltes **Ess- und Teegeschirr**, viele der Garnituren sind komplett und mit dem Wappen der großen Familien Portugals versehen, für die sie einst hergestellt wurden. Es war ein wechselseitiger Prozess: orientalische Einflüsse zeigen sich in portugiesischem Porzellan, andererseits gibt es im 17. Jahrhundert angefertigte Kopien chinesischer **blau-weißer Vasen und Gewürzgefäße**. Manchmal schwang das interkulturelle Pendel in die andere Richtung, wie aus den in Indien und China angefertigten **Kirchengewändern** ersichtlich wird: Für sie wurde bedruckte Baumwolle verwendet, um die reich bestickten Stoffe im heimischen Portugal nachzuahmen. Portugiesische Schreiner trugen dazu bei, Muster an indische Möbelhersteller

Serviertablett, Kerzenleuchter und Kaffeekanne aus einem französischen Silberservice

Vergoldete, mit Edelsteinen eingelegte Monstranz

weiterzugeben, in deren Produkten indische und portugiesische Formgebung verschmilzt. Achten Sie besonders auf die **Mahagonimöbel** mit Intarsien aus Rosenholz, Silber und Ebenholz im portugiesischen Stil.

Den Höhepunkt der östlichen Schätze bilden jedoch die **Namban-Wandschirme**, zwischen 1593 und 1602 in Japan hergestellt. Diese in japanischen Häusern üblichen Wandschirme schildern die Ankunft der Portugiesen in Nagasaki aus der Sicht der Japaner. Sie sind voll mit skurrilen Beobachtungen über die europäischen »Langnasen« und deren Aktivitäten; sie zeigen Segelschiffe, Segler und Händler mit all ihren Handelswaren. Die Europäer überragen die Einheimischen deutlich – diese östliche Abbildung der storchgleichen Beine der Ausländer dürfte für die Portugiesen, die diese Schirme anfertigen ließen, eine Überraschung gewesen sein.

Der Vinzenz-Altar zählt zu den Kostbarkeiten des Museums

Zweites Obergeschoss

Portugiesische Malerei und Bildhauerei

Die Sammlung umfasst die Schulen des 15. und 16. Jahrhunderts, als sich die portugiesische Malerei, beeinflusst durch flämische Meister wie Jan van Eyck und Rogier van der Weyden, aus der Gotik in die Renaissance bewegte. Die großen Namen sind **Nuno Gonçalves**, **Gregório Lopes** und **Frei Carlos**, alles Maler streng religiöser Szenen. Das Meisterstück Gonçalves', das *Polyptychon des hl. Vinzenz,* entstand zwischen 1458 und 1464, als er Hofmaler Alfons V. war. Das sechsteilige Altarbild zeigt den Schutzheiligen Lissabons inmitten von 60 Honoratioren. Der König und die Königin stehen im Mittelpunkt, umgeben von Rittern, Händlern und Klerikern. Hier oben finden Sie auch Skulpturen des 12. bis 19. Jahrhunderts. Hauptattraktion ist das um 1525 im heutigen Nigeria hergestellte **Salzfässchen aus Benin**. Das im ursprünglichen gotischen Stil aufwändig geschnitzte Werk mit Rittern und exotischen Kreaturen ist ein weiteres großartiges Beispiel für den interkulturellen Austausch während des Zeitalters der Entdeckungen.

KLEINE PAUSE

Das **Museumscafé** mit Gratis-WLAN eignet sich gut für eine Pause. Sie können auch draußen im ruhigen Garten sitzen.

---

206 B1
Rua das Janelas Verdes ☎ 213 91 28 00, www.museudearteantiga.pt
Di 14–18, Mi–So 10–18 Uhr 6 €, 1. So im Monat Eintritt frei
713, 714, 732, 760; Trams 15, 18, 25

BAEDEKER TIPP

- Nehmen Sie sich **an der Kasse eine Broschüre mit**, der Plan wird Ihnen helfen, in diesem verwirrenden Gebäude den Überblick zu behalten.
- Planung ist wichtig, um kulturelle Reizüberflutung zu vermeiden, denken Sie daran, dass es **keinen Kurzführer oder Audio-Guide** gibt.
- In vielen Räumen gibt es gute Informationstafeln in **englischer Sprache**, in Kästen finden Sie laminierte Infoblätter zum Mitnehmen.

31 Bairro Alto

Das Bairro Alto, die Oberstadt, liegt hoch über dem Zentrum der Stadt. Das Künstlerviertel ist eine Mischung aus bodenständiger Wohngegend und Party-Hochburg. In den engen, hügeligen Straßen und auf den hübschen Plätzen befinden sich eine der größten Kirchen und einige der originellsten Modegeschäfte Lissabons.

Angelegt im 16. Jahrhundert, war dies der erste Bezirk in Lissabon, dessen Straßen nach einem bestimmten Muster gebaut wurden, doch heute kann man sich in den Sträßchen und Sackgassen genauso schnell verlaufen wie in der Alfama (➤ 78). Es gibt zwei Hauptplätze, den **Largo de Trindade Coelho**, der an den oberen Chiado grenzt, und die **Praça Luís de Camões** an der Südseite des *bairro*.

Unterwegs im Bairro Alto

Nehmen Sie vom Restauradores (➤ 55) aus den **Elevador da Glória**. Seit 1885 ist diese symbolträchtige Standseilbahn in Betrieb. Nach dem Aussteigen sehen Sie direkt gegenüber den **Palácio Ludovice**, 1747 als sein Stadthaus erbaut von Johann Friedrich Ludwig, dem Architekten von Mafra (➤ 180). Heute beherbergt der Palácio das **Solar do Vinho do Porto** (Institut für Portwein). Direkt südlich von hier versteckt sich hinter der nüchternen Fassade der Kirche von **São Roque** eines der opulentesten Interieurs der Stadt. Die Kirche aus dem 16. Jahrhundert hat eine Reihe von prächtig vergoldeten und mit Marmor ausgekleideten Seitenkapellen (➤ 115).

Wenn Sie die Straße überqueren, befinden Sie sich im Herzen des Bairro Alto, Mittelpunkt des Partylebens und eine Hochburg des *fado* – im *bairro* gibt es etliche *Fado*-Häuser. Sowohl die **Rua do Século**, in der 1699 der Marquês de Pombal im Palácio dos Carvalhos geboren wurde,

Extravagante Läden und lässige Atmosphäre prägen das Bild des Bairro Alto

als auch die **Rua do Diário de Notícias** haben ihre Namen nach den einst hier ansässigen Zeitungen erhalten. Es gibt hier nur wenige Sehenswürdigkeiten, abgesehen vom **Freimaurermuseum,** das die 150-jährige Geschichte des Ordens in Portugal beleuchtet. Die größte Attraktivität des *bairro* besteht darin, durch die Straßen zu spazieren, wobei die **Rua do Diário de Notícias**, die **Rua da Atalaia** und die **Rua da Rosa** besonders reizvoll sind. Wenn Sie durch den Bogen am Ende der Rua da Rosa gehen, sehen Sie die obere Endhaltestelle des 1892 in Betrieb genommenen **Elevador da Bica**, der das Bairro Alto mit der Bica verbindet. Neben den Bars und Restaurants gibt es eine Menge Geschäfte – Mode, Plattenläden und Buchhandlungen um die Rua Nova de Trindade herum.

Nachtschwärmer zieht es ins Bairro Alto

KLEINE PAUSE

Besuchen Sie die **Pastelaria São Roque** (Rua Dom Pedro V 57), eine alteingesessene Konditorei mit einer Inneneinrichtung, die durch besondere Marmor- und Kachelpracht hervorsticht.

---

207 E3
Bairro Alto **Baixa-Chiado** **758; Tram 28**

Museu Maçónico Português (Freimaurermuseum)
207 F3 **Rua do Grémio Lusitano 25**
213 42 45 06, www.gremiolusitano.pt
Mo–Fr 14.30–17.30 Uhr **3 €**
758

BAEDEKER TIPP

- Parallel zum Elevador da Glória verläuft eine von der öffentlichen Hand gesponsorte **Outdoor-Galerie für Straßenkunst**. Wer noch den winzigen Schlenker über die Travessa do Fala-Só mitnimmt, sieht noch mehr davon: Lissabon zählt in der Liga der Straßenkunst-Weltstädte zu den Top Ten.
- Originelle **Korkobjekte** gibt es im Cork & Co.-Laden im Bairro Alto (Rua das Salgadeiras 10, Tel. 21 60 90 231, www.corkandcompany.pt).
- Nördlich des Elevador da Glória finden Sie beim **Jardim de São Pedro de Alcântara** einen *miradouro* mit Terrassencafé.

32 Basílica da Estrela

Die weiß strahlende Kuppel der »Sternbasilika« zählt zu den Wahrzeichen der Stadt und beherrscht ihre westliche Skyline. Perfekt verbinden sich spätbarocke und klassizistische Elemente, Extravaganz und Strenge. Heute ist die Basílica da Estrela auch ein beliebter Ort für Trauerfeiern von begüterten Lissabonnern und Prominenten.

Die reiche Innenausstattung der Basilika zeugt vom Wohlstand Portugals im 18. Jahrhundert

Im Jahr 1770 gelobte die portugiesische Thronerbin Maria Francisca, eine dem Herzen Jesu gewidmete Basilika zu erbauen, falls sie einen männlichen Erben gebären sollte. Innerhalb weniger Jahre bekam sie zwei Söhne, und so begann der Bau im Jahr 1779 und konnte 1790 beendet werden. Der erstgeborene Sohn José jedoch erlebte die Fertigstellung nicht, er erlag 1788 den Pocken. Maria I., 1816 in Brasilien gestorben, wurde in einem monumentalen Grab in der Hauptkapelle der Basilika beigesetzt.

Die Basílica

Das **Mittelschiff** dieses gewaltigen Bauwerks hat sechs Seitenkapellen, von denen jede einen eigenen Altar beherbergt. Diese Kapellen werden von Marmorpfeilern begrenzt, die ins reich geschmückte **Gewölbe** aufstreben. Am hinteren Ende des Querschiffes strahlt die Vierung mit der Apsis im Licht, das durch die **zweistöckige Kuppel** hineinströmt. Überall sehen Sie rosa, grauen und cremefarbenen Marmor, am Hauptaltar funkelt die Vergoldung. Etwas leichter wird die Atmosphäre in der **Sala do Presépio**. Dort steht eine aus Kork und Terrakotta angefertigte Krippe, geschaffen von Machado do Castro, der auch das Flachrelief des Heiligen Geistes an der Fassade geformt hat. Die Krippe enthält über 500 Figuren: die traditionelle heilige Familie, Schäfer, Engel und die Weisen aus dem Morgenland sowie Figuren aus jeder Gesellschaftsschicht. Die **Kuppel** ist begehbar. Von dort aus hat man einen wunderbaren Blick auf die Stadt.

Detail der mächtigen Kuppel im spätbarocken Stil

Jardim da Estrela

Gegenüber der Basilika liegt der Haupteingang des Parks Jardim da Estrela, einem der schönsten Parks der Innenstadt mit einem alten Baumbestand, gekonnt angelegten Blumenrabatten und Teichen mit kleinen Springbrunnen. Einheimische suchen den Park gerne auf, Eltern können im Gartencafé sitzen, während die Kinder auf dem Spielplatz herumtollen. Die Wiesen werden häufig auch für ein Picknick im Grünen genutzt.

Cemitério Inglês

Wenn Sie den Park durch das obere Tor verlassen und die Straße überqueren, sehen Sie die Mauer des Cemitério Inglês, eines protestantischen Friedhofs, der auf das Jahr 1654 zurückgeht. Umgeben von hohen Mauern liegt dort das Grab des in Lissabon verstorbenen Romanciers Henry Fielding (1707–1754), der 1749 *Tom Jones* schrieb.

KLEINE PAUSE

Überqueren Sie die Straße und gehen Sie in den **Jardim da Estrela**, wo Sie im Café dieses ruhigen Parks sitzen können.

---

206 B3 Praça da Estrela 213 96 09 15
tägl. 8–13/15–20 Uhr frei, Aufstieg Kuppel 5 €
713, 773, Trams 25, 28

Jardim da Estrela
206 B3–4 Praça da Estrela 213 97 48 18, www.viralagenda.com/pt/p/ojardimdaestrela tägl. 7–24 Uhr

Cemitério Inglês
206 B4 Rua de São Jorge à Estrela 213 97 48 18
tägl. 9–13 Uhr

BAEDEKER TIPP

Da die Architekten der Basilika, Mateus Vicente Oliveira und Reinaldo Manuel, auch für **Mafra** (➤ 180) verantwortlich waren, zeigen die Gebäude viele Gemeinsamkeiten. Die Figuren auf den Pfeilern der Fassade, Allegorien des Glaubens, der Anbetung, Dankbarkeit und Freiheit, stammen von den gleichen Bildhauern, die in Mafra arbeiteten. Das Äußere der Basilika wurde daher auch als »Mini-Mafra« bezeichnet. Im Inneren fanden die gleichen Marmorsorten Verwendung wie an der Hauptgalerie in Mafra.

Nach Lust und Laune!

Die schöne Capela de São João Baptista

33 Igreja de São Roque

Die einschiffige Saalkirche wurde zwischen 1565 und 1596 im Renaissancestil erbaut auf den Fundamenten einer Kapelle, die dem hl. Rochus gewidmet war, Schutzpatron der aussichtslosen Fälle und Pestkranken. Die Kirche überstand das Erdbeben von 1755 fast ohne Schäden. Sehenswert sind die 1584 entstandene Capela de São Roque mit herrlichen Azulejos und vor allem die Capela de São João Baptista. In Rom gefertigt, wurde sie zerlegt nach Lissabon verschifft, wo man vier Jahre benötigte, um dieses Kleinod zu Ehren Johannes des Täufers wieder zusammenzusetzen. Da Portugal zu der Zeit über die neu entdeckten Goldminen Brasiliens verfügte, ließ der König nur das Edelste importieren: Achat, Alabaster, Elfenbein, Gold, Silber, Edelsteine. Die Säulen sind aus Lapislazuli, die Engel aus Carrara-Marmor, die Altarfront aus Amethyst, für die Holzarbeiten verwendete man ausschließlich Edelhölzer, größtenteils aus Brasilien. Die Bilder (»Taufe Christi«, »Pfingsten«, »Verkündigung«) sind aus Mosaiksteinen zusammengesetzt.

Neben der Kirche befindet sich ein **Museum** für Sakralkunst mit wunderbaren Gold- und Silberarbeiten, kunstvollem Dekor, prachtvoll bestickten liturgischen Gewändern, Gemälden und wertvollen Reliquienbehältern.

207 F3 Largo Trindade Coelho
213 23 53 83 wie Museum s. u.; Di–So ab 12.30 Uhr während der Messe geschl.
Elevador da Glória, Metro Baixa-Chiado

Museum
Largo Trindade Coelho
213 23 53 44, www.museu-saoroque.com
April–Sept. Mo 14–19, Di–So 10–19, Okt. bis März jeweils bis 18 Uhr 2,50 €

34 Igreja de Santa Catarina

Santa Catarina befindet sich oberhalb der Bica, eines bunt gemischten Viertels, in dem Sie Restaurants, Bars und modische Geschäfte finden. Nach dem Erdbeben von 1755 wurde die 1647 erbaute Kirche umgestaltet. Sie enthält eine Sammlung von Goldarbeiten aus dem 17. Jahrhundert und eine im 18. Jahrhundert bemalte Decke. Von hier aus können Sie zur Esplanada do Adamastor oder zur Esplanada de Santa Catarina hinauflaufen. Letztere ist einer der schönsten *miradouros* Lissabons,

FÜR KINDER

- Eine Fahrt mit dem **Elevador da Bica** und ein Gang zum *miradouro* bei der **Igreja Santa Catarina** (► 115) gefällt bestimmt Kindern jeden Alters.
- Über 2000 Tiere zeigt der **Jardim Zoológico** in Sete Rios (Praça Marechal Humberto Delgado, www.zoo.pt, tägl. 10–18, März–Sept. bis 20 Uhr, Eintritt 19 €). Auf Kinder wartet ein kleiner Bauernhof mit Streichelzoo. Nicht weit davon der **Parque Recreativo do Alto de Serafina in Monsanto** mit Rutschen, Schaukeln und Booten.

von dem aus Sie einen großartigen Blick über den Tejo haben. An den Platz grenzt das **Museu da Farmácia** an, dessen Sammlung pharmazeutischer Gerätschaften einen Zeitraum von über 2000 Jahren abdeckt.

207 D3 Calçada do Combro 82
213 46 44 43 tägl. 8–17.30 Uhr frei
92, Tram 28

Museu da Farmácia
Rua Marechal Saldanha 1
213 40 06 80 Mo–Fr 10–18, letzter So des Monats 14–18 Uhr 5 € 92, Tram 28

35 Praça do Príncipe Real

Die in den 1850er-Jahren angelegten zentralen Gärten der Praça do Príncipe Real sind ein perfekter Ort für eine Pause. Der hübsche Platz, den eine ca. hundertjährige Zeder ziert, liegt inmitten pastellfarbener Häuser. Haus Nr. 26 wurde als Palácio Ribeiro da Cunha erbaut und ist heute Teil eines angesagten Shopping-Tempels.

207 E4

36 Jardim Botânico

Gehen Sie die Allee an der Escola Politécnica entlang, so erreichen Sie den botanischen Garten, der zwischen 1873 und 1878 angelegt wurde. Zwischen den etwa 10 000 Pflanzen, von denen viele aus den früheren Kolonien importiert sind, winden sich schattige Wege. Achten Sie besonders auf die *strelitzia regina*, die Paradiesvogelblume. Am oberen Ende des Botanischen Gartens befindet sich das **Museu Nacional de História Natural e da Ciência** (Muhnac), das sich verschiedenen naturwissenschaftlichen Zweigen widmet.

207 D–E 4 Rua da Escola Politécnica 58
213 92 18 02
Mai–Sept. Mo–Fr 9–20, Sa–So 10–20 Uhr, Okt.–April Mo–Fr 9–17, Sa–So 9–18 Uhr
2 € Pastelaria-Padaria São Roque, Rua Dom Pedro V 57
Rato 758, 790

Museu Nacional de História Natural
www.mnhnc.ul.pr
Di–Fr 10–17, Sa, So 11–18 Uhr
5 € (mit Botanischem Garten 6 €)

37 Mãe d'Água

Der Aqueduto das Águas Livres wurde zwischen 1731 und 1748 erbaut, um aus 58 km Entfernung Wasser nach Lissabon zu leiten. Der Kanal endet bei der Mãe d'Água (Mutter des Wassers), einem Steingebäude mit einem Tank für 5500 m³ Wasser. Die Wand zur Aquäduktzuleitung hin ist als Fels gestaltet worden, über den das Wasser eindrucksvoll in das große Becken hinabstürzt. Heute wird das Wasserschloss auch für Ausstellungen genutzt.

206 C5 Praça das Amoreiras 10
213 25 16 46 Mo–Sa 10–18 Uhr
Rato 706, 709, 758, 774 2,50 €

38 São Bento

Das Viertel von São Bento hat seinen Namen vom Palácio de São Bento erhalten, dem ehemaligen Benediktinerkloster, in dem sich heute die **Assembleia da República**, die Nationalversammlung der Republik Portugal, befindet. Das beeindruckende neoklassizistische Gebäude mit seinem hohen Giebel

Fliesenwand mit zwölf Reitern im Park des Palácio dos Marquêses de Fronteira

und seinen Pfeilern wurde 1834 zum Regierungssitz. Seitdem ist es renoviert worden, und in seinem Inneren können Sie an einer Führung teilnehmen. Die Wände bemalte Rafael Bordalo Pinheiro zwischen 1920 und 1926. Die Straße ein Stück weiter hinauf liegt die Nr. 193, das ehemalige Haus der *fadista* Amália Rodrigues (► 19), heute ein Museum. Die Rua de São Bento ist zudem die beste Antiquitätenmeile der Stadt.

206 C3

Palácio da São Bento/ Assembleia da República

Largo das Cortes, Rua de São Bento

Tourbuchung: 213 91 96 25, www.parlamento.pt

nur geführte Touren, Buchung am Vortag

frei **Rato** **706, 727; Tram 25, 28**

39 Lapa

Lapa, mit seinen großen Villen und kleinen Palästen, ist der nobelste Stadtteil Lissabons. Einige seiner schönsten Gebäude finden Sie in der Rua do Pau de Bandeira, wo heute ein Teil der US-Botschaft untergebracht ist. Sehenswert ist auch das feudale Olissippo Lapa Palace Hotel (► 40) in einem Herrensitz des 19. Jahrhunderts. Der Teepavillon ist auch Nicht-Hotelgästen zugänglich.

206 A2

713, Trams 25, 28

Pastelaria Cristal

40 Palácio dos Marquêses de Fronteira

Wenn Sie die Verbindung von *azulejos*, Bildhauerkunst, Brunnen und Gärten mögen, dann sollten Sie den Palast des Marquês de Fronteira besichtigen, der sich auf den niedrigeren Hügeln des Waldes von Monsanto befindet. Er wurde 1640 als Jagdhaus erbaut und nach dem Erdbeben wieder aufgebaut. Einige der Räume können Sie besichtigen. Besonders sehenswert ist die mit Kacheln aus dem 17. Jahrhundert reichhaltig dekorierte **Sala das Batalhas**. In Verbindung mit dem Plätschern des Wassers, den adrett geschnittenen Beeten und der opulenten barocken Bildhauerkunst gehören die mit *azulejos* überreich geschmückten Gärten von Fronteira zu den reizvollsten in Lissabon. Sehenswert ist vor allem der sogenannte Italienische Garten.

204 westl. A5

Largo de São Domingos de Benfica 1, Sete Rios

217 78 20 23, www.fronteira-alorna.pt

Palast (inkl. Gärten) nur mit Führung: Juni bis Sept. Mo–Sa 10.30, 11, 11.30, 12 Uhr, Okt.–Mai Mo–Sa 11, 12 Uhr Gärten: Mo–Sa 10–18 Uhr ganzjährig

7,50 €, nur Gärten 3 €

Wohin zum ...
Essen und Trinken?

Preise
für ein Drei-Gänge-Menü ohne Getränke:
€ unter 20 Euro **€€** 20–40 Euro **€€€** über 40 Euro

A Charcutaria €€
Hier bestimmen Ziegelbögen, Holzvertäfelungen und Korbstühle die Atmosphäre. Es gibt Wild, z. B. Hase oder Rebhuhn, auch mit Gerichten wie *carpaccio de bacalhau* liegen Sie immer richtig. Dies ist der richtige Ort, wenn Sie eines der zucker- und eihaltigen *doces conventuais*, der ursprünglich in Klöstern hergestellten Desserts, probieren möchten.
207 F2 Rua do Alecrim 47, Bairro Alto
213 46 06 72, www.acharcutaria.com
tägl. 12–1 Uhr Baixa-Chiado

A Primavera do Jeronimo €
Wenn Sie Wert auf gute, bodenständige portugiesische Küche legen, sollten Sie das Primavera besuchen. Beliebte Gerichte sind Wild, deftige Fleischgerichte aus dem Norden und zarte weiße Muscheln. Wenn Sie etwas Preiswerteres möchten, wird ein vortreffliches Gericht aus *bacalhau* oder eine *sopa alentajana* Ihr Budget nicht überstrapazieren.
207 F3 Travessa da Espera, Bairro Alto
213 42 04 77 Mo–Sa 12–15, 19.30–23.30 Uhr Baixa-Chiado

A Tasca da Esquina €€–€€€
Vítor Sobral, schon eine Legende als Chef des Restaurants Terreiro do Paço, setzt in Lissabon weiter Maßstäbe mit seinem hellen, modernen neuen Lokal nahe dem Estrela-Park. Im Tapas-Stil offeriert die (beständig wechselnde) Karte ausgefallene, doch nie überkandidelte kleine Gerichte aus lokalen Zutaten der Saison. Gute Weine werden auch glasweise ausgeschenkt, und man speist in entspannter Atmosphäre.
206 B3 Rua Domingos Sequeira 41C (Campo de Ourique)
210 99 39 39, www.tascadaesquina.com
Mo 19.30–23.30, Di–Sa 12.30–24 Uhr
Tram 28

Ali-à-Papa €€
Wenn Sie eine Abwechslung zur portugiesischen Kost suchen, dann sollten Sie dieses marokkanische Restaurant besuchen, dessen Einrichtung aus zeltartigen Vorhängen und Kerzen die ethnischen Wurzeln der würzigen Küche spiegelt. Die Speisekarte ist kurz, die Qualität der Zutaten hoch, die Sorgfalt beträchtlich, die auf die Zubereitung von Gerichten wie *cuscus Tifanya* mit zimtgewürztem Lamm und Rosinen sowie *tagine Moderbel* mit Auberginen und Lamm verwandt wird. Reservieren!
207 E3 Rua da Atalaia 95, Bairro Alto
213 47 41 43 Mi–Mo 19.30–1 Uhr
Baixa-Chiado

BA Wine Bar €€
Neue angesagte Weinbar an einer der zentralen Achsen des Bairro Alto, wo 150 Weine glasweise (*a copo*) ausgeschenkt werden. Eine gute Idee sind auch die sogenannten »Port Wine Flights«, keine Flüge, sondern ein kleines Tablett mit einer Auswahl verschiedener Portweine. Es gibt ja auch weißen, wussten Sie das? Dazu werden köstliche Käse- und Wurstplatten serviert.
207 E3 Rua da Rosa 107

☏ 213 46 11 82 ⌚ Di–So 18–23 Uhr
Ⓜ Baixa-Chiado, 🚌 Tram: 28

Cantinho Lusitano €€

Das »lusitanische Eckchen« ist eins dieser tollen kleinen Restaurants für *petiscos* (portug. Gegenstück zu Tapas), die man allein einfach nicht finden würde. Bei nur 20 Plätzen empfiehlt sich eine Reservierung, aber der Laden ist ein kleines Juwel, v.a. dank der enthusiastischen Besitzer, die ursprünglich aus anderen Berufszweigen kommen.

207 E3 ✉ Rua dos Prazeres 5
☏ 218 06 51 85, www.cantinholusitano.com
⌚ Di – Sa 19–23 Uhr Ⓜ Rato

Casa Morna Y Semba €€

Das renovierte Restaurant des in Lissabon bekannten kapverdischen Sängers Tito Paris bietet Gelegenheit, die afrikanische Küche Lissabons zu probieren und dazu Live-Musik (ab 21.30 Uhr) zu hören. Neben Moamba-Huhn und Steak im Morna-Stil gibt es auch vegetarische Curries, Fischgerichte und als Zutaten in Soßen und Nachtischen Papaya, Mango oder andere tropische Früchte.

206 westl. A2
✉ Rua Rodrigues Faria 21 ☏ 213 62 11 69, http://casadamorna.blogspot.de/
⌚ Mo–So 20–1.30 Uhr 🚌 Tram 15, 18

Comida de Santo €€

Für dieses winzige brasilianische Restaurant sollten Sie im Voraus reservieren. Sie können einen *Caipirinha* aus weißem Rum und Limetten schlürfen, während Sie die Auswahl treffen zwischen Gerichten wie in Kokosmilch gekochten Hähnchen (*muqueca)* oder einer *feijoada*, einem Eintopf aus Schweinefleisch und schwarzen Bohnen. Die Atmosphäre begeistert, die Portionen sind groß.

207 D4
✉ Calçada Engenheiro Miguel Pais 39, Rato
☏ 213 96 33 39, www.comediadesanto.pt
⌚ Mi–Mo 12.30–15.30, 19.30–1 Uhr
Ⓜ Rato

O Chá da Lapa €

Nur wenige Minuten vom Museu Nacional de Arte Antiga entfernt liegt dieser elegante *salon de chá* (Teehaus), ein exzellenter Ort für ein leichtes Mittagessen oder einen Snack. Sinken Sie in eines der roten Plüschsofas und genießen Sie die köstlichen, frisch gebackenen Kuchen und Kekse, oder wählen Sie aus den zwei oder drei *pratos do dia* (Tagesgerichten) und den köstlichen Quiches, die zur Mittagszeit angeboten werden.

206 A1
✉ Rua do Olival 6, Lapa
☏ 213 95 70 29
⌚ Di–Fr 10–19, Sa., So 12–19 Uhr

Pharmácia €–€€

Dieses originelle Restaurant im Apothekenmuseum (► 116) pflegt ein entsprechendes Dekor und serviert hochwertige portugiesische Tapas. Wenn Sie großen Hunger mitbringen, bestellen Sie das Überraschungsmenü: Für unter 30 Euro werden alle Gaumennerven gekitzelt. Sollte Ihnen die Hausfassade schräg gegenüber bekannt vorkommen: Hier befand sich im Film »Nachtzug nach Lissabon« die Arztpraxis.

207 E3
✉ Rua Maréchal de Saldanha 1
☏ 213 46 21 46
⌚ Di–So 13–1 Uhr
🚌 92, Tram 28

Sea me €€€

In dem modernen Fischrestaurant kommen portugiesische Fischgerichte mal erfrischend neu auf den Tisch. Neben Sushi, Curries und frischen Gemüsesuppen stehen auch Linguine und Steaks auf der Speisekarte. Der Clou sind die stets frischen Zutaten.

207 E2
✉ Rua do Loreto 21
☏ 213 46 15 64, www.peixariamoderna.com
⌚ Di–Do 12.30–15.30,19.30–0, Fr bis 1, Sa, So 12.30–0 Uhr
🚌 92, Tram 28

Wohin zum ... Einkaufen?

Im Bairro Alto finden sich Einkaufsmöglichkeiten für so ziemlich jeden Geschmack. Modefans sollten **Fátima Lopes** (Rua da Atalaia 36, Bairro Alto, Tel. 213 24 05 40) besuchen, eine der kreativsten Designerinnen Lissabons, bekannt für ihren asymmetrisch geschnittener Stil mit dem Körper schmeichelnden Stoffen und tiefen Ausschnitten. Elegante Kleidung und Accessoires finden Sie bei **José António Tenente** (Travessa do Carmo 8, Tel. 213 42 25 60), einem der führenden Designer Portugals. **Lena Aires** entwirft unverwechselbare und farbenfrohe Damenbekleidung, die Sie in ihrem Laden (Rua da Atalaia 96, Tel. 213 46 18 15) kaufen können.

Die Rua Dom Pedro V ist bekannt für ihre Antiquitätenläden – einer der besten ist **Solar** (Rua Dom Pedro V 68–70, Tel. 213 46 55 22) mit einer riesigen Auswahl an antiken, handbemalten Kacheln. In der Nähe von São Bento finden Sie portugiesische Glaswaren im **Depósito da Marinha Grande** (Rua de São Bento 234–242, Tel. 213 96 32 34), einem Direktverkauf für Geschirr, Vasen und Karaffen. Die Schaukästen aus Glas und Mahagoni der 1789 gegründeten **Casa das Velas Loreto** (Rua do Loreto 53, Tel. 213 42 53 87) sind mit Kerzen jeder erdenklichen Art gefüllt. Hippe Design-Studios und Showrooms findet man im **Santos-Viertel** an der Avenida 24 de Julho, nahe Bahnhof Cais do Sodré. Schmuck aus ungewöhnlichen Materialien ist in der **Galeria Reverso** (Rua da Esperança 59, Tel. 213 95 14 07) erhältlich. Zum modischen Trendviertel schwingt sich jüngst das **Príncipe Real** auf.

Wohin zum ... Ausgehen?

In den Hauptstraßen des Bairro Alto breiten sich die Bars oft bis auf die Straße aus. Unvergleichlich ist die lockere Atmosphäre, die man hier genießt.

Guten *fado* hören Sie im großen **Arcadas do Faia** (Rua da Barroca 54–56, Tel. 213 42 67 42, www.ofaia.com) oder in der **Adega Machado** (Rua do Norte 91, Tel. 213 42 22 82, www.adegamachado.pt), die seit 1931 existiert. Nachos und Tequila begleiten im **A Tasca** (Travessa da Queimada, 13–15, Tel. 213 43 34 31) südamerikanische Rhythmen.

Ab etwa 23 Uhr ist das **A Capela** (Rua da Atalaia 45, Tel. 213 47 00 72) ideal, um einen Drink einzunehmen (*tomar um copo)* und zu Elektropop-Beats in einer der sympathischsten Bars im Bairro Alto zu tanzen.

Das **Plateau** (Avenida 24 de Julho, Escadinhas da Praia 7, Tel. 213 96 51 16) ist ein einzigartiger Lissabonner Club, in dem 1980er-Jahre, Pop und Rock an der Tagesordnung sind – falls Sie es schaffen, hineinzukommen. Das Gleiche trifft auch auf das **Kremlin** (Avenida 24 da Julho, Rua das Escadinhas da Praia 5, Tel. 213 525 867) zu. Wenn Sie einmal drin sind, können Sie die unterschiedlichsten Musikstile auf sich wirken lassen. Die gestylte Bar des **Bairro Alto Hotel** (Praça Luís de Camões 2, Tel. 213 40 82 88, www.bairroaltohotel.com) zieht eine ältere, gehobenere Klientel an, die sich nicht in das Gewühl der Mittzwanziger drängeln will.

Das **Trumps** (Rua da Impresa Nacional 104B, Tel. 915 93 82 66, www.trumps.pt) im Bairro Alto ist der älteste Gay Club der Stadt.

Belém

Kleine Erlebnisse

Insider-Café im CCB

Wenige finden im **Centro Cultural de Belém** (➤ 146) den Weg zum Terrassencafé. Nehmen Sie den ersten Eingang rechts.

Na denn man tau!

Achten Sie auf der Fahrt mit der Tram Nr. 15 nach Belém auf ein lang gezogenes gelbes Gebäude (Rua da Junqueira 342). Hier wurden Schiffstaue, Segel und Flaggen hergestellt, heute finden **Events** statt.

Belém kosten

Haben Sie schon die Bierküchlein, ***pastel de cerveja***, in einem der kleineren Cafés in Belém probiert?

Erste Orientierung

Einige der bekanntesten Sehenswürdigkeiten Lissabons befinden sich in Belém. Historisch bedeutende Bauwerke dokumentieren die wichtigsten Epochen der portugiesischen Geschichte. Der Stadtteil westlich des Stadtzentrums hieß ursprünglich Restelo und wurde im 16. Jahrhundert in Bethlehem umbenannt, kurz »Belém«.

Dieser Stadtteil am Tejo besaß einst einen Hafen mit leichtem Zugang zum Meer. Von hier aus stachen im 15. Jahrhundert die portugiesischen Eroberer und Entdecker in See, darunter auch der größte Seefahrer des Landes, Vasco da Gama (1469–1524), der aufbrach, um einen Seeweg nach Indien zu finden.

Kühle Architektur: das Centro Cultural de Belém (rechts)

Es gibt in Belém genug Sehenswertes, um sich einen ganzen Tag lang zu beschäftigen. Denkmäler und Museen liegen in einem weiten Gebiet am Tejo verteilt, und es bieten sich schöne Ausblicke auf den Fluss und eine Fülle von weitläufigen Promenaden, Parks und Wasseranlagen. Konzentrieren Sie sich auf das, was Ihnen am meisten zusagt, und planen Sie auch freie Zeit ein, in der Sie die Szenerie ohne Zeitdruck genießen können.

Die drei Hauptattraktionen, den Torre de Belém, das Mosteiro dos Jerónimos und den Padrão dos Descobrimentos, sollten Sie nicht verpassen, aber die Museumsbesichtigungen hängen ganz von Ihrem Geschmack und Durchhaltevermögen ab. Beginnen Sie Ihre Entdeckungstour am Torre de Belém und arbeiten Sie sich nach Osten zum Padrão und dem Mosteiro dos Jerónimos vor. Alles übrige, mit Ausnahme der Igreja da Memória und des Palácio da Ajuda, liegt auf demselben Weg entlang der Küste.

Der Torre de Belém ist durch einen Steg mit dem Ufer verbunden

Erste Orientierung

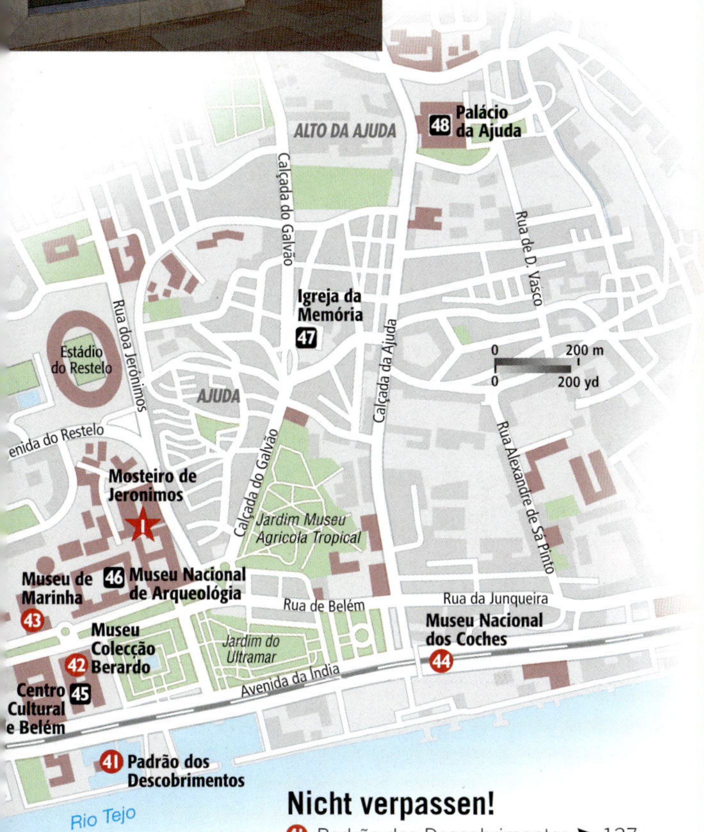

TOP 10

- ★1 Mosteiro dos Jerónimos ➤ 126
- ★8 Torre de Belém ➤ 133

Nicht verpassen!

- 41 Padrão dos Descobrimentos ➤ 137
- 42 Museu Colecção Berardo ➤ 139
- 43 Museu de Marinha ➤ 141
- 44 Museu Nacional dos Coches ➤ 143

Nach Lust und Laune!

- 45 Centro Cultural de Belém ➤ 146
- 46 Museu Nacional de Arqueologia ➤ 146
- 47 Igreja da Memória ➤ 147
- 48 Palácio da Ajuda ➤ 148

An einem Tag

Die folgende Route bietet die Möglichkeit, einige der interessantesten Sehenswürdigkeiten von Belém an einem Tag zu besuchen. Die einzelnen Highlights werden auf den folgenden Seiten (► 126ff) näher beschrieben.

9:30

Brechen Sie rechtzeitig vor 10 Uhr nach **Belém** auf. Nehmen Sie entweder die schnelle, moderne Tram Nr. 15 oder den Cascais-Zug, beide fahren von Cais do Sodré ab, die 15 auch schon ab Praça da Figueira. Wenn Sie mit der Tram fahren, dann steigen Sie an der Haltestelle hinter der Klosteranlage aus, sodass Sie direkt hinunter zum **Torre de Belém** (Abb. oben) gehen können. Zugreisende steigen in Belém aus.

10:00

Halten Sie Ihren Fotoapparat bereit, während Sie den 8 **Torre de Belém** (► 133) erforschen, Sie möchten bestimmt dieses wunderbare Bauwerk festhalten.

11:00
Nächstes Ziel ist der 41 **Padrão dos Descobrimentos** (Denkmal der Eroberungen, ► 137). Von der Spitze des Denkmals können Sie auf den Fluss blicken. Vor dem Denkmal befindet sich eine **Weltkarte**, auf der die Routen der portugiesischen Entdecker **eingezeichnet sind**.

12:00
Vertiefen Sie das maritime Thema im 43 **Museu de Marinha** (Marinemuseum, ► 141). In der Sammlung nautischer Gegenstände und Schiffsmodelle findet jeder Besucher etwas Spannendes.

13:00
Das Café im Centro Cultural (► 146) gegenüber eignet sich gut für ein kleines Mittagessen.

13:30
Brechen Sie auf zum 1 **Mosteiro dos Jerónimos** (► 126), bevor die nachmittäglichen Reisegruppen ankommen. So haben Sie die Möglichkeit, diese Anlage in Ruhe zu bewundern (Alternativ können Sie auch zuerst das Museu dos Coches besuchen und später am Nachmittag zum Jerónimos zurückkehren).

15:00
Spazieren Sie zum 44 **Museu Nacional dos Coches** (► 143, Detail einer Kutsche Abb. rechts). In der **Antiga Casa dos Pastéis de Belém** (► 149, Abb. oben) können Sie eine Kaffeepause einlegen und die köstlichen *Pastéis de Nata* kosten.

16:30
Zeit, in den **Parks** auf dieser Seite Beléms zu entspannen. Hier gibt es Kioske, die Getränke und Eis verkaufen. Sie können sich auch in ein Café setzen.

18:00
Bevor Sie für den Abend in die Stadt zurückkehren, lohnt es sich zu schauen, was das 45 **Centro Cultural de Belém** (► 146), einer der Hauptveranstaltungsorte Lissabons für Musik, Theater und Tanz, im Angebot hat.

I Mosteiro dos Jerónimos

Das Mosteiro dos Jerónimos (Hieronymiten-Kloster) ist der größte Touristenmagnet Lissabons und ein bedeutendes Werk der Manuelinik. Es ist Symbol für Portugals Goldenes Zeitalter, als die Eroberungen in der Neuen Welt zu einer kulturellen und finanziellen Blütezeit des Landes führten. Nicht zufällig beherbergen seine Mauern das Ehrengrab des größten portugiesischen Entdeckers: Vasco da Gama.

Erbaut wurde das eindrucksvolle Kloster am Standort einer Kirche zu Ehren der Heiligen Jungfrau von Bethlehem (Santa Maria de Belém), die Heinrich der Seefahrer begründet hatte. Hier verbrachte auch Vasco da Gama 1497 die Nacht vor seiner ersten Entdeckungsreise, die das Ziel hatte, einen neuen Seeweg nach Indien zu finden. Im Falle eines Erfolgs, so hatte König Manuel I. gelobt, sollte hier ein größerer Sakralbau entstehen, was 1502 auch geschah. Geplant wurde die Anlage auch als Grablege Manuels und seiner Nachkommen sowie als Domizil der Hieronymiten, die dort Seefahrern vor Antritt der Reise ihren Segen erteilen sollten.

Als leitende Architekten bestimmte der König Diogo de Boitaca, Begründer des manuelinischen Stils, und den aus Spanien stammenden João de Castilho, der in die Manuelinik plastereske Elemente einführte. 1521 war die Kirche fertiggestellt, 1601 der gesamte Komplex. Nach Schließung aller Klöster und Stifte im Jahr 1834 wurde das Mosteiro

Die Parkanlage vor dem Kloster führt hinunter bis zum Tejo-Ufer

Die prächtige Südfassade entwarf João de Castilho

Staatseigentum, danach allmählich baufällig und erst mit Beginn des 20. Jahrhunderts restauriert. Seit 1983 zählt das Kloster zum UNESCO-Weltkulturerbe und gilt als eines der wichtigsten Baudenkmäler Portugals.

Igreja de Santa Maria / Südfassade

Vor Eintritt in die Kirche gilt es, ihre fast 100 m breite Südfassade mit dem prächtigen **Eingangsportal** zu bewundern. João de Castilho hat das mit manuelinischem Dekor reich verzierte Portal entworfen. Zwischen den Türen sind zwei Löwen dargestellt, die auf das Wappentier des heiligen Hieronymus hinweisen. Die stilisierte Figur darüber zeigt Heinrich den Seefahrer. Die Reliefs über den zwei Türen zeigen Szenen aus dem Leben des heiligen Hieronymus. Wer genau hinschaut, zählt 25 Figuren zwischen den Pfeilern und Säulen und unter den verzierten Baldachinen, darunter die zwölf Apostel, Könige und Königinnen, Bischöfe, Engel und Musikanten.

Igreja de Santa Maria / Westportal

Das weniger reich verzierte Westportal der Kirche ist heute durch einen Gewölbegang zu erreichen. Dieser ist Teil der im 19. Jahrhundert entstandenen Anbauten, die das Marinemuseum (Museu de Marinha, ➤ 141) und das Archäologische Museum (MNA, ➤ 146) beherbergen. Die Steinmetzarbeiten an diesem Portal, ein Übergang von der Gotik zur Renaissance, sind das Werk von Nicolas de Chanterennes und stellen Manuel I. und seine zweite Gemahlin dar, Maria von Spanien.

Kircheninnenraum und Grabstätten

Wenn Sie die Kirche betreten, steht rechterhand das Grabmal für **Luís de Camões**, den Dichter und Chronisten der Entdeckungen. Links vom Haupteingang finden Sie das Grabmal für **Vasco da Gama**. Sein Sarkophag wird von Löwen gestützt und ist mit seinem Wappen, Schiffstau-Ornamenten und sechssegligen Karavellen verziert.

Hohe Säulen prägen den Innenraum der dreischiffigen **Hallenkirche** und enden in einem prunkvollen gotischen **Kreuzrippengewölbe**. Die feine Verzierung der Säulen steht im Kontrast zu den klaren Linien der Gewölbedecke und betont die räumliche Spannung im gesamten Gebäude. Diese ist einer der Hauptmerkmale des manuelinischen Stils. Besonders stimmungsvoll zeigt sich die Kirche am Vormittag, wenn das Licht durch die Südfenster hineinfällt. Hauptschiff und die beiden Seitenschiffe haben eine einheitliche Höhe von 25 m.

Die **sechs Altäre des Querschiffes** sind detailreich: An einem Altar auf der linken Seite befindet sich eine mehrfarbige Terrakottafigur des heiligen Hieronymus, des Schutzheiligen des Hieronymitenordens.

Der erst 1571 zugefügte **Hauptchor**, der stilistisch bereits der Spätrenaissance zuzuordnen ist, beherbergt die Gräber König Manuels und seiner Frau Maria, sowie diejenigen von João III. und Königin Katharina. Unbedingt ansehen sollten Sie sich die winzigen **Beichtstühle**, in denen die Seefahrer die Absolution erteilt bekamen, bevor sie zu ihren Expeditionen aufbrachen.

Grabmal des portugiesischen Nationaldichters Luís de Camões (16. Jh.) im rechten Seitenschiff

Kreuzgang

Der zwischen 1517 und 1541 erbaute zweistöckige Kreuzgang wurde von Kunsthistorikern schon als der »prachtvollste Kreuzgang der Welt« bezeichnet. Hier sehen Sie reinste Manuelinik, wie sie in Portugal sonst nur in den Kreuzgängen von Batalha und Tomar zu finden ist. Als eines der schönsten und wichtigsten architektonischen Werke in ganz Portugal verkörpert es die Fähigkeit der Manuelinik, verschiedene Architekturstile zu kombinieren. Dabei kontrastieren Elemente der Gotik und Renaissance mit ihren innovativen und prunkvollen Elementen, etwa Anker, Seile und maritime Motive, während die Monarchie durch Schilder, Manuels Armillarsphären und die Wappen des Christusordens repräsentiert wird.

Westlich an den Kreuzgang grenzt der ehemalige Speisesaal, das **Refektorium**, ein großer Raum mit fantastischem steinernem Netzgewölbe und schimmernden blauweißen Fliesen aus dem 17. Jahrhundert. Vom Kreuzgang aus sollte man einen Blick in die angrenzenden Räume

Manuelinik in Vollendung – der zweistöckige Kreuzgang

VASCO DA GAMA

Der portugiesische Entdecker wurde um 1460 in eine Aristokratenfamilie geboren. Er folgte der militärischen Tradition seines Vaters und begleitete ihn auf einer Expedition mit dem Ziel, einen Seeweg nach Indien zu erkunden. 1497 starb der Vater, Vasco nahm seine Stelle ein und stach im gleichen Jahr von Belém aus in See. Er umsegelte das Kap der Guten Hoffnung und erreichte über Mosambik und Mombasa 1498 triumphierend Kalikut (Kozhikode). Nach seiner Heimkehr 1499 wurde er reichlich mit Titeln, Landgütern und einer Pension belohnt. Doch das ruhige Leben dauerte nur bis 1502 an, als er erneut nach Indien gesandt wurde, um die Stellungen Portugals zu sichern. Er schreckte vor Gewaltanwendung nicht zurück, plünderte arabische Stützpunkte an der ostafrikanischen Küste, unterwarf widerständige Inder und erzwang Handelsverträge. Zurück zu Hause, kümmerte er sich als Ratgeber des Königs um indische Angelegenheiten und wurde 1524 zum portugiesischen Vizekönig Indiens ernannt. Er stach noch im selben Jahr in See, verstarb jedoch schon kurz nach seiner Ankunft in Goa.

Symbol des Goldenen Zeitalters

Das Mosteiro dos Jerónimos (Kloster der Hieronymiten) steht als Symbol für Portugals Goldenes Zeitalter, dessen wirtschaftliche und kulturelle Blüte mit der Entdeckung von Gebieten in der Neuen Welt und deren Kolonisation einherging. Einst lag die Anlage direkt am Wasser. Doch die Verlagerung des Ufers durch künstliche Hafenanlagen lässt die einstmals so bedeutsame Nähe zum Fluss heute nur noch erahnen.

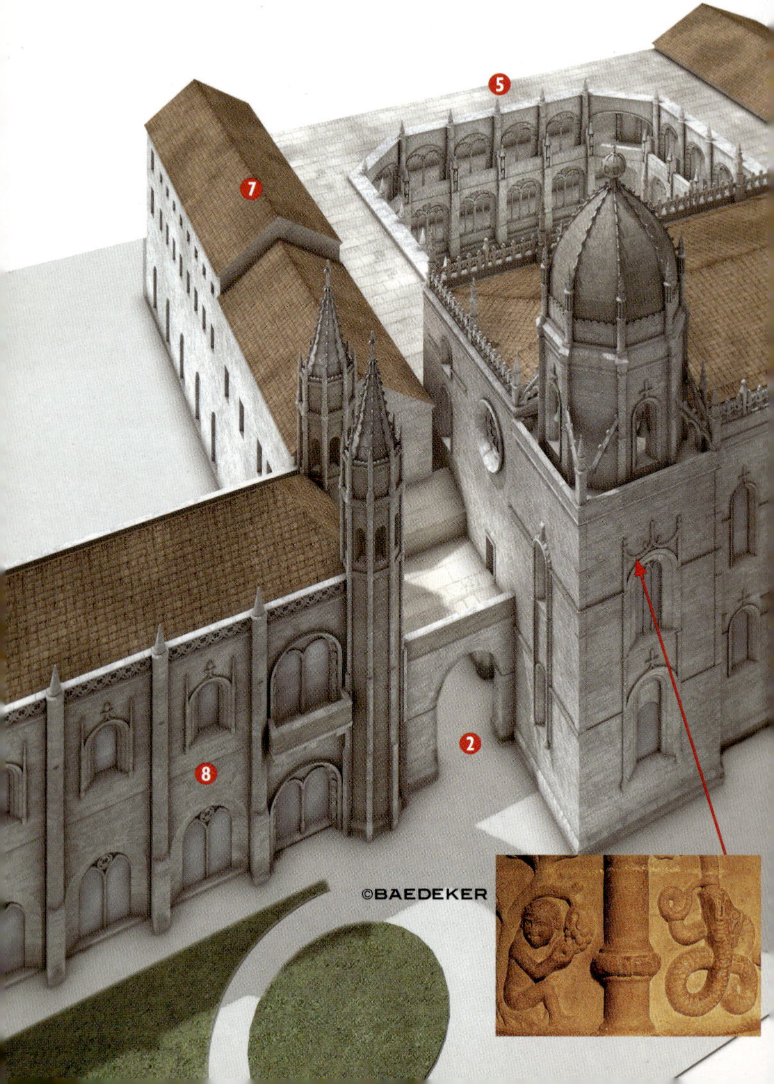

1 Südportal: Dem heiligen Hieronymus gewidmet: Szenen aus seinem Leben und zwei Löwen, das Wappentier des Heiligen.
2 Eingang und Westportal: Das Westportal ist manuelinisch dekoriert, u. a. sind Manuel I. und sein Schutzheiliger Hieronymus zu sehen.
3 Hauptchor: Mit den von Elefanten getragenen Königsgräbern von Manuel I. und João III.
4 Südliches Querschiff: Das Grab des Königs Sebastião, der in Marokko fiel, wodurch Portugal unter spanische Fremdherrschaft geriet.
5 Kreuzgang: Oft als prächtigster Kreuzgang der Welt bezeichnet – Renaissance-Architektur mit manuelinschem Dekor, das von der Entdeckung fremder Welten erzählt. Zu sehen ist auch der Grabgedenkstein für Fernando Pessoa.
6 Kapitelsaal: Mit schönem gotischen Deckengewölbe versehen; der Kapitelsaal birgt das Grab von Alexandre Herculano, eines berühmten Dichters und Historikers.
7 Refektorium: Der einstige Speisesaal für die Mönche trägt eine Netzgewölbedecke und ist von einem Fliesensockel umzogen.
8 Museu Nacional de Arqueologia: Im lang gestreckten westlichen Flügel des Klosters befand sich das Dormitorium. Heute ist hier das Museu Nacional de Arqueologia untergebracht.

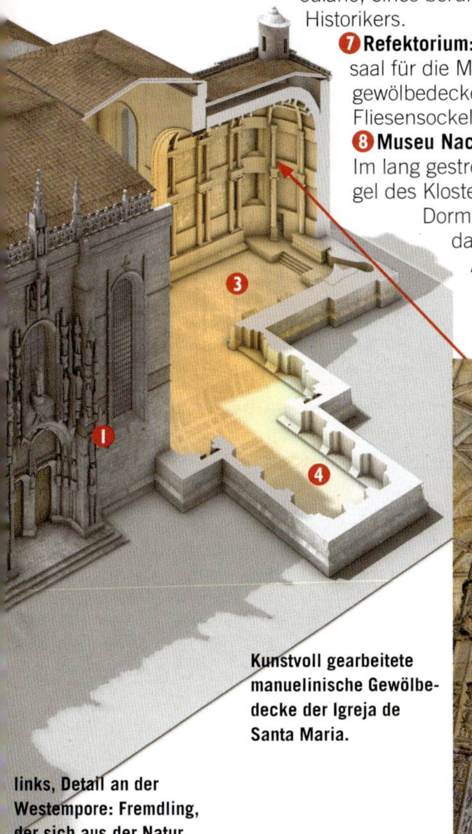

Kunstvoll gearbeitete manuelinische Gewölbedecke der Igreja de Santa Maria.

links, Detail an der Westempore: Fremdling, der sich aus der Natur ernährt und ein Meeres-Fabelwesen

Manuelinische Ornamentik mit maritimen und monarchischen Motiven zeigen auch die prächtigen Kreuzgangarkaden

werfen, wie den ehemaligen **Kapitelsaal**, heute Grabstätte des Schriftstellers Alexandre Herculano (1810 bis 1877), und die Sakristei. Das obere Geschoss des zweistöckigen Kreuzgangs ist nicht nur der geeignetste Ort, um einen Überblick zu bekommen, sondern ermöglicht auch eine Nahansicht der manuelinischen **Ornamente**, darunter Krokodile, Engel, Vögel, Löwen, Widderköpfe und Adler.

Wenn Sie auf dieser Etage um den Kreuzgang herumgehen, gelangen Sie zum **Ausstellungsraum**, in dem die Exponate in portugiesischer und englischer Sprache hübsch präsentiert werden. Hier wird die Geschichte der Hieronymiten im Zusammenhang sowohl mit dem Weltgeschehen als auch mit den Ereignissen in Portugal von 1501 bis heute dargestellt.

In einem Teil des 182 m langen Klosterflügels, der sich nach Westen an die Kirche anschließt, war das Dormitorium untergebracht. Heute befindet sich hier das Archäologiemuseum (Museu Nacional de Arqueologia, ► 146).

KLEINE PAUSE

Machen Sie Pause in einem der vielen **Cafés** auf der Rua de Belém östlich des Klosters oder ein Stück weiter südlich auf der Rua Viera Portuense.

202 C3 Praça do Império
213 62 00 34, www.mosteirojeronimos.pt
Mai–Sept. Di–So 10–18.30, Okt.–April 10–17.30 Uhr, letzter Einlass 30 Min. vor Schließung. Kirche während der Messen (Mo–Sa 9.30 und 19 Uhr, So öfter) geschlossen Kirche: frei, Kreuzgänge und Kloster: 10 €
28, 714, 727, 729, 751; Tram 15 Belém

BAEDEKER TIPP

- Vom Padrão aus versperren **Straße und Schienen** den direkten Weg zum Kloster. Durch einen nicht ausgeschilderten **Tunnel** (auf der Höhe des Padrão) gelangt man gegenüber dem großen Brunnen in die Parkanlagen vor dem Kloster.
- Als Hauptattraktion Beléms wird das Kloster von **Reisegruppen** überschwemmt. Kommen Sie daher **früh**, besichtigen Sie es in der **Mittagszeit**, oder warten Sie bis zum **Spätnachmittag**.
- Am **Spätnachmittag** taucht die tiefer stehende Sonne das steinerne Maßwerk des Kreuzgangs in ein honigfarbenes Licht.

8 Torre de Belém

Massiv, gedrungen und doch elegant bewacht das auffällige Bauwerk den meerseitigen Zugang Lissabons. Erbaut im 16. Jahrhundert, signalisierte er jedem ankommenden Schiff die Stärke und den Reichtum der Stadt. Er gilt als eines der berühmtesten Bauwerke in Portugal und zeigt den manuelinischen Baustil in Reinform. Nach langen Jahren des Verfalls schmückt er heute wie einst das Ufer des Tejo.

Der **Torre de Belém** war dem heiligen Vinzenz, Schutzpatron Lissabons, gewidmet und stand ursprünglich auf einer Insel weit draußen im Fluss. Als Festung erbaut, sollte er den westlichen Zugang zum Hafen sichern. Das große Erdbeben 1755 veränderte den Flusslauf jedoch stark, und so steht der Torre heute auf drei Seiten vom Wasser eingeschlossen am Ufer.

Der vierstöckige Turm wurde zwischen 1515 und 1519 unter König Manuel I. von Francisco de Arruda entworfen. Die Kombination maurischer Elemente mit gotischen, venezianischen und byzantinischen Einflüssen macht den Turm einmalig und zum einzigen komplett manuelinischen Bauwerk in Portugal. Die anderen sind entweder umgestaltete Gebäude aus früherer Zeit oder wurden erst später fertiggestellt. 1580 verlor der Turm seine ursprüngliche Bedeutung, als Lissabon von den Spaniern besetzt wurde. Während der folgenden Jahrhunderte wurde er als Gefängnis und als Zollhaus benutzt. Das vernachlässigte und zerbröckelnde Bauwerk wurde in den 1840er-Jahren restauriert und 1910 zum Nationaldenkmal erklärt.

Ursprünglich diente die Anlage als Wachturm für den Hafen Lissabons

Wahrzeichen Lissabons

Der Turm von Belém (Torre de Belém) überstand das schwere Erdbeben 1755 nahezu unbeschadet, ist zum Wahrzeichen der Stadt und von der UNESCO zum Weltkulturerbe erklärt worden. Gebaut wurde er zur Verteidigung der Tejo-Mündung, zudem diente er den Schiffen als Orientierung, zeigte er doch mit seinem Leuchtfeuer die Einfahrt nach Lissabon an.

Kleine Wachtürme mit Kuppeln nach arabischem Vorbild betonen die Ecken

❶ **Eingang:** Über einen kleinen Steg kommt man in das Innere des Turms.
❷ **Saal des Gouverneurs:** Innen ist der Turm vollkommen schmucklos, die Originaleinrichtung existiert schon lange nicht mehr.
❸ **Königssaal:** Eindrucksvoll sind die dicken Mauern. Vom Königssaal tritt man hinaus auf die siebenbogige Loggia.
❹ **Audienzsaal:** Ein geschichtsträchtiger Ort – in dem heute völlig kahlen Raum lässt sich nur erahnen, welche weit gereisten Seefahrer hier empfangen wurden und wie die Audienz vonstatten ging.
❺ **Kapelle:** Ein Oratorium befindet sich im obersten Stock des Turmes.
❻ **Turmterrasse:** Von hier bietet sich ein herrlicher Blick auf den Tejo, den Atlantik und bis hin zum Palácio da Pena in der Serra de Sintra.
❼ **»Schiffsbug« und Wehrtrakt:** Hinter den kleinen Luken in dem unteren Gewölberaum waren Kanonen stationiert.
❽ **Kellergeschoss:** Der Keller war im Lauf der Jahrhunderte mehrfach Gefängnis. Bei hoher Flut standen die Gefangenen bis zu den Hüften im Wasser.
❾ **Nashorn-Verzierung:** Unter diesem landzugewandten westlichen Turm kann man die verwitterten Umrisse eines Nashorns erkennen, das an ein Geschenk des indischen Königs erinnert.

Venezianische Assoziationen: die siebenbogige Loggia. Sie erlaubt einen herrlichen Blick auf den Fluss

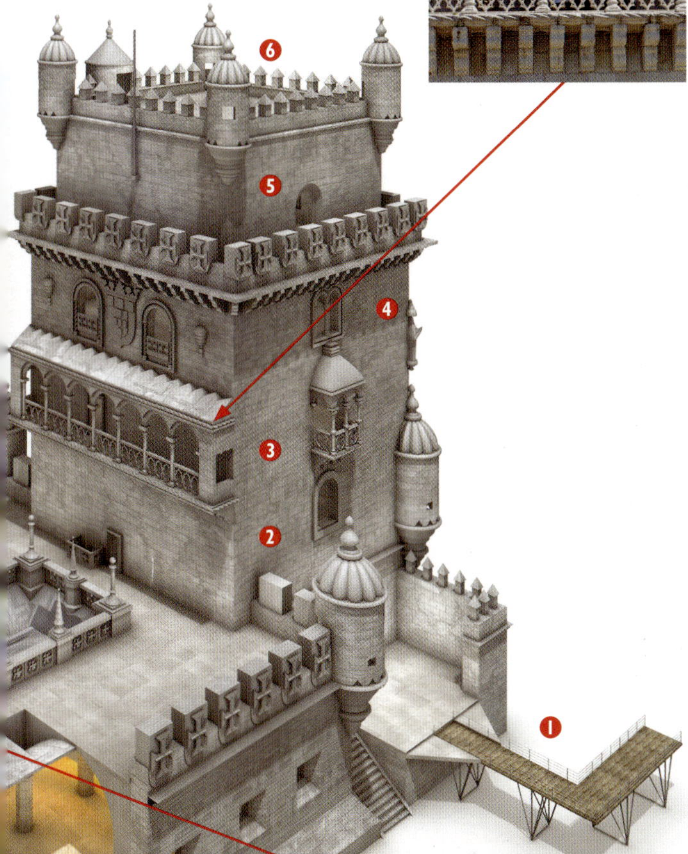

Unter einem reich verzierten Baldachin steht die Marienskulptur »Unserer Lieben Frau der sicheren Heimkehr«

Gehen Sie über die Brücke, die den 35 Meter hohen Turm mit dem Ufer verbindet. Zunächst erreichen Sie die sechseckige **Bastion**. Diese wurde bewusst in Form eines stumpfen Schiffsbugs gestaltet, der ins Wasser ragt. In die Mauern sind 17 Schießscharten für Kanonen eingelassen. Eine Treppe führt hinauf zu einer offenen Plattform mit maurischen Türmchen an den Ecken. Beachten Sie hier auch die gotische Statue **Unserer Lieben Frau der sicheren Heimkehr** (Nossa Senhora do Bom Sucesso), die unter einem reich verzierten Baldachin steht. Was Sie hier wie am gesamten Bauwerk bemerken werden, ist die Fülle maritimer Details und Motive, die auf König Manuel selbst anspielen, vor allem die Armillarsphären, das sind Navigationsgeräte in Form einer stilisierten Weltkugel. Diese waren das persönliche Wahrzeichen des Königs, genau wie das Kreuz der Christusritter. Ein steinernes Tau, das auf der dem Festland zugewandten Seite zu einem großen Knoten verschlungen ist, umfasst den gesamten Turm. Auch die Verzierungen der Ecktürme weisen Säulen, Spitzen und stilisierte organische Blattelemente von manuelinischer Ausprägung auf.

In der vierten Etage gelangen Sie in die **Kapelle** mit ihrem prächtigen manuelinischen Kreuzrippengewölbe. Eine **Plattform** oben auf dem Turm ist von kleineren Zinnen mit pyramidenförmigen Helmen umsäumt. Die doppelbogigen Fenster, die kleinen Balkone sowie eine siebenbogige Loggia auf der dem Fluss zugewandten Seite erinnern an venezianische Elemente.

KLEINE PAUSE

Zum Pausensnack bietet sich das Café des **Centro Cultural de Belém** (► 146) an.

---

202 A1 ✉ Avenida de Brasília, Belém
☎ 213 62 00 34/38, www.torrebelem.pt
Okt.–April 10–17.30 Uhr, Mai–Sept. 10–18.30 Uhr (letzter Einlass 30 Min. vor Schließung) 6 € (Kombiticket mit Mosteiro 12 €)
Bus 28, 727, 728, 729, 751; Tram 15 Belém

BAEDEKER TIPP

- Die Stufen im Torre sind **eng und steil** und Sie müssen eventuell warten, also nicht zu empfehlen, wenn Sie Schwierigkeiten beim Treppensteigen haben.
- Versuchen Sie, bereits um 10 Uhr hier zu sein, wenn der Torre öffnet. So **vermeiden Sie die Massen** von Bustouristen in diesem relativ engen Monument.
- Steuern Sie im Raum in der ersten Etage die Öffnung für den Durchgang an, der in die nordwestliche Ecke führt, und schauen Sie aus dem Fenster. Unterhalb befindet sich die leicht verwitterte **Plastik eines Nashorns**. Sie soll an das Tier erinnern, das Manuel I. vom indischen König geschenkt bekam und als erstes Nashorn auf europäischem Boden allenthalben Aufsehen erregte. Eine Skizze dieser Nashornplastik soll den deutschen Künstler Albrecht Dürer zu seinem berühmten Holzschnitt »*Rhinocerus*« von 1515 inspiriert haben.

41 Padrão dos Descobrimentos

Wie der Bug eines Schiffes ragt der Padrão dos Descobrimentos (Denkmal der Entdeckungen), das Symbol des portugiesischen Nationalstolzes, über das Ufer des Tejo hinaus. Sein steil ansteigendes Profil wird flankiert von Skulpturen bedeutender historischer Persönlichkeiten, die an Entdeckungs- und Eroberungsfahrten beteiligt waren und das Goldene Zeitalter Portugals mit begründeten. An der Spitze steht Heinrich der Seefahrer.

Ein Modell des Denkmals der Entdeckungen wurde 1940 für die »Ausstellung der portugiesischen Welt« angefertigt. Seinerzeit gestaltete man das Terrain zwischen Jerónimoskloster und Tejo-Ufer völlig neu und sanierte den gesamten Bezirk Belém. 1960 wurde aus Anlass der Feierlichkeiten zum 500. Todestag von Heinrich dem Seefahrer (1394 bis 1460) ein Nachbau aus Stein konstruiert. Das Denkmal verdeutlicht in erster Linie das künstliche Wiederbeleben der wichtigsten Epoche der nationalen Geschichte Portugals unter der Salazar-Diktatur.

Symbol des Nationalstolzes

Die markanteste Ansicht des 52 m hohen **Padrão** haben Sie von der Seite, die den steil aufragenden, schiffsähnlichen Bug des Denkmals zeigt. Der Bug ist bereits seewärts gerichtet, während eine Prozession von Figuren sich hinter **Prinz Heinrich** entlang der Reling aufreiht. Heinrich der Seefahrer führt die Gruppe an, hinter ihm folgen **König Manuel I.** (1495–1521), unter dessen Herrschaft viele Entde-

Figuren markiger Seefahrer und Entdecker drängen sich auf dem Denkmal

ckungen gemacht wurden, und die Figuren der großen Seefahrer – **Vasco da Gama**, Entdecker des Seeweges nach Indien, **Pedro Alvares**, der Brasilien entdeckte, **Ferdinand Magellan**, der erste Weltumsegler, und **Bartolomeu Dias**, der als Erster das Kap der Guten Hoffnung umsegelte. Ihre Heldentaten wurden vom Dichter **Luís de Camões** in seinem Werk *Os Lusíadas* (Die Lusiaden) gerühmt. Auch er befindet sich unter den Figuren, während der Maler **Nuno Gonçalves** in der Nähe steht. Stilisierte Armillarsphären zu beiden Seiten des Baus (eine ist links im Bild über den Köpfen der Zuschauer zu sehen) stehen als Symbole für die portugiesische Seefahrt jener Zeit. Die Eingangsfront wird durch ein überdimensionales Schwert gegliedert.

Wie ein Schiffsbug schiebt sich das Denkmal über das Tejo-Ufer in Richtung See vor

Weltkarte

Vor dem Padrão erstreckt sich eine Weltkarte, die die Entdeckungen und Eroberungen der Portugiesen mit den genauen Jahreszahlen aufführt. Die Länder sind in rotem Marmor hervorgehoben, während um den äußeren Rand die Markierung einer Windrose läuft. Deutlich gekennzeichnet sind die Daten der portugiesischen Entdeckungen. Das Kap der Guten Hoffnung liegt in der Mitte, ein Tribut an die südafrikanische Apartheidsregierung, die das Mosaik 1960 in Gedenken an Prinz Heinrich stiftete.

Aus der Vogelperspektive

Im Padrão können Sie per Aufzug fast bis zu Spitze des Denkmals fahren. Von dort haben Sie eine grandiose Aussicht auf den Fluss, auf Belém, das südliche Ufer.

KLEINE PAUSE

Machen Sie Pause im **Centro Cultural de Belém** (► 146).

---

202 C2 **Avenida de Brasília**
213 03 19 50, www.padraodosdescobrimentos.pt
März–Sept. tägl. 10–19, Okt.–Feb. tägl. 10–18 Uhr
4 € 28, 714, 727, 728, 729, 751, Tram 15 Belém

BAEDEKER TIPP

Kindern macht es sicher Spaß, vor dem Padrão **»in der Welt herumzulaufen«,** das kleine Portugal mit seinem riesigen Reich vergleichen, und Seemonster und die portugiesischen Karavellen zu identifizieren.

42 Museu Colecção Berardo

Auf dem Areal des Centro Cultural de Belém öffnete 2007 ein Museum für moderne und zeitgenössische Kunst seine Pforten, das sogleich internationale Aufmerksamkeit auf sich zog und mit dem Guggenheim in Venedig verglichen wurde. Jedes einzelne seiner Kunstwerke würde einem Museum zur Ehre gereichen, in ihrer Gesamtheit war solch ein Projekt jedoch nur möglich, indem ein Privatmann seinen hochkarätigen Besitz der Öffentlichkeit zugänglich machte.

Während der milliardenschwere Unternehmer José Berardo (geb. 1944) einer breiten Öffentlichkeit schon länger seine Privatsammlung hatte präsentieren wollen, entstand in den frühen 1990er-Jahren auf dem Gelände einer ehemaligen Munitionsfabrik in Belém das Centro Cultural de Belém (➤ 146) als hochrangiger Ausstellungsraum ohne eigene Sammlung.

So wurde man sich schließlich einig, in dem ambitionierten Architekturprojekt mit dem Museu Colecção Berardo eine der bedeutendsten europäischen Privatsammlungen moderner Kunst unterzubringen. Der Erfolg gibt den Museumsmachern recht, zählt es doch seit seiner Eröffnung zu den 50 meistbesuchten Museen der Welt. Hochkarätige Wechselausstellungen runden das Angebot ab und locken ein internationales Publikum nach Lissabon.

Moderne Heimstatt für moderne Kunst der Spitzenklasse

Kaleidoskop moderner Kunst

Von den gut 800 Werken der Sammlung sind rund 250 in einer Dauerausstellung zu sehen. In Form von Gemälden, Fotografien, Skulpturen und Installationen vermittelt sie einen repräsentativen Überblick der europäischen und amerikanischen Kunst der letzten hundert Jahre. In einem chronologisch angelegten Parcours lassen sich deren wichtigste Bewegungen und Stationen abschreiten, von Surrealismus und Minimalismus über Fluxus, Arte Povera, Kinetik und Pop-Art bis heute, ergänzt durch weniger bekannte portugiesische Künstler.

Internationale Künstler

Hier begegnet man mit Joan Miró, Amedeo Modigliani, Man Ray, Salvador Dalí, René Magritte, Piet Mondrian, Henry Moore, Jackson Pollock, Andy Warhol, Roy Lichtenstein, David Hockney oder Jeff Koons vielen Avantgarde-Künstlern der Moderne mit hochkarätigen Werken. Neben Highlights wie Pablo Picassos *Femme dans un Fauteuil*, Francis Bacons *Ödipus* und die *Sphinx* (nach Ingres) oder einem Warhol-Porträt von Judy Garland stößt man auf kuriose Meilensteine der Video- und Medienkunst, wie Nam June Paiks frühe Video-Installationen.

Portugiesische Künstler

Auch portugiesische zeitgenössische Künstler werden ausgestellt, darunter **Maria Helena Viera da Silva** (1908 bis 1982), die an der ersten *documenta* in Kassel 1955 sowie den beiden folgenden teilnahm; der Surrealist **Fernando Lemos** (geb. 1926), der mit Fotografien und Zeichenarbeiten berühmt wurde, und die Künstlerin **Lourdes Castro** (geb. 1930), deren Arbeitsschwerpunkt Schattenspiele und Scherenschnitte sind. Lassen Sie sich von den Aufsehern dorthin führen, es lohnt sich.

KLEINE PAUSE

Im **Este-Oeste-Restaurant** (➤ 149) im ruhigen Jardim das Oliveiras des CCB kann man eine kleine Mahlzeit zu sich nehmen mit Blick auf den Tejo.

---

202 B2
Praça do Império, Belém
213 61 28 78, www.museuberardo.pt
Di–So 10–19 (Einlass bis 18.30) frei
714, 727, 728, 751, Tram 15 Cascais-Linie vom Cais de Sodré

BAEDEKER TIPP

Der **Museums-Shop** ist auch ein Fest fürs Auge, mit einer erlesenen Auswahl an Kunstbüchern, Schreibwaren und allerlei Design-Objekten. Genau das Richtige, um zu Stöbern und ein kleines, originelles Souvenir oder ungewöhnliche Postkarten zu erstehen.

43 Museu de Marinha

Das Marinemuseum von Belém, eines der bedeutendsten Europas, dokumentiert mit einer opulenten Sammlung die Geschichte der portugiesischen Seefahrt mit einem Schwerpunkt auf den frühen Entdeckungsreisen. Hier gibt es neben Schiffen auch nautische Geräte, Weltkugeln und historische Karten zu sehen.

Untergebracht ist das Museu de Marinha im Westflügel des Mosteiro dos Jerónimos (► 126) und einem modernen Erweiterungsbau für besonders große Exponate. Alles anzusehen, ist eigentlich kaum möglich – so beschränke man sich am besten auf die Objekte, die einen am meisten reizen.

Zeitalter der Entdeckungen

Gleich am Eingang erweist man den **Helden des Zeitalters der Entdeckungen** Reverenz und begegnet Heinrich dem Seefahrer auf einem Ehrenplatz in der Mitte des Raumes. Auf der **Planisphäre** lässt sich anschaulich verfolgen, wie die Portugiesen mit immer kühneren Reisen um 1500 neue Schifffahrtsrouten erschlossen.

Der nächste Raum ist Reisen und Entdeckungen gewidmet und zeigt Modelle der **Karavellen** sowie **Navigationsinstrumenten** und **Seekarten**. Der Erfolg dieser Expeditionen war nicht zuletzt leistungsfähigen Kompassen, Astrolabien für die Berechnung der Schiffsposition nach Sternenstand und exakten Seekarten zu verdanken – von den Portugiesen ebenso geheim gehalten wie die Bauweise ihrer Schiffe. Ferner sind **Heiligenfiguren** ausgestellt, wie man sie auf solchen Reisen als Schutz mitführte, darunter die kostbare bemalte Holzfigur des Erzengels Raphael, die Vasco da Gama 1497 auf seiner ersten Reise nach Indien begleitete.

Das Marinemuseum befindet sich in einem Flügel des Mosteiro dos Jerónimos

Blüte der Seefahrt

Reich beladen kamen die Schiffe meist von ihren Fahrten nach Ostasien zurück, wie die **Fernöstlichen Exponate** in Raum 2 verdeutlichen: neben japanischen Samurai-Waffen und Schiffsmodellen des China- und Ostindienverkehrs handelt es sich vor allem um chinesisches Porzellan, das zum Ausschank der neuen exotischen Getränke verwendet wurde, darunter vor allem Tee, aber auch Kakao aus dem späteren Brasilien.

Andere Räume zeigen die **Entwicklung der Handelsschifffahrt** und der portugiesischen **Fischereiflotten**. Weitere Themen bilden die Fluss-Schifffahrt und der Schiffsbau. Von jenem hoch spezialisierten Handwerk zeugen Exponate aus Madeira und von den Azoren. Beispielhaft wird die Konstruktion eines Schiffes aus dem 18. Jahrhundert präsentiert. Ein eigener Raum ist prächtigen Globen gewidmet, darunter einer aus dem Jahr 1645.

Königsjacht und Prunkbarkassen

Ein steter Besuchermagnet ist die **königliche Jacht** *Amélia*. Die Königsfamilie nutzte sie bis zum Jahr 1910, als sie König Manuel II., Portugals letzten Monarchen, nach Gibraltar ins Exil brachte. Die reiche Ausstattung des Schiffes mit Holzvertäfelung und schweren Polstermöbeln bezeugt anschaulich den opulenten Lebensstil der höheren Gesellschaftsschichten jener Epoche.

In einem Verbindungsflügel befindet sich der letzte Teil der Sammlung: eine ganze Reihe **größerer Schiffe**, darunter zwei weitere **Prunkbarkassen** des 18. Jahrhunderts.

Portugiesische Pioniere des Atlantikflugs

Ein außergewöhnliches Exponat ist eine britische Fairey 17. Mit diesem Flugzeug überquerten Sacadura Cabral und Gago Coutinho 1922 als erste portugiesische Piloten den Atlantik, von Belém aus 7284 km bis Rio de Janeiro. Das Unternehmen beanspruchte fast vier Monate, da man bei den ersten beiden Versuchen mitten im Ozean notwassern musste. Mit der *Santa Cruz* schließlich erreichten sie nach 62,5 Stunden Brasilien. Ihre Maschine steht hier exemplarisch als Symbol für Wagemut und Pioniergeist.

KLEINE PAUSE

Zwischen den beiden Ausstellungsgebäuden lockt die Terrasse des **Museums-Cafés**.

---

202 B2 Praça do Império, Belém
213 62 00 19, museu.marinha.pt
Mai–Sept. Di–So 10–18 Uhr, Okt.–April 10–17 Uhr, letzter Einlass 30 Min. vor Schließung 6 € Café/Bar im Museum
28, 714, 727, 728, 729, 751, Tram 15 Belém

BAEDEKER TIPP

- Die Besichtigung des riesigen Museums dauert mindestens 1,5–2 Std. Auf der Website des Museums ist eine virtuelle Tour abrufbar (Text portugiesisch).
- Erwarten Sie jedoch vor Ort keine interaktiven Bildschirme oder hypermoderne Exponate. Dies ist ein **altmodisches**, aber dennoch **faszinierendes** Museum.

44 Museu Nacional dos Coches

Der portugiesische Adel mochte auch auf Reisen nicht auf kunstfertige Schnitzereien, opulente Vergoldung, Samtpolster und Komfort aller Art verzichten. Die größte und wertvollste Kutschensammlung der Welt ist nur noch teilweise in der königlichen Reitschule aus dem 18. Jahrhundert zu bewundern. Im Juni 2015 eröffnete in der Avenida da Indiá der moderne Museumsbau des brasilianischen Architekten und Paulo Mendes da Rocha und des Portugiesen Ricardo Bak Gordon.

Genau 110 Jahre nach der Eröffnung des ersten Kutschenmuseums im Picadeiro Real, der Reitarena der königlichen Familie Portugals, eröffnete der strahlend weiße Neubau. Auf vier Etagen mit 6000 Quadratmetern Ausstellungsfläche sind hier um die 80 Kutschen vergangener Zeiten aus Ländern wie Spanien, Frankreich, Italien, Österreich und Portugal ausgestellt, darunter auch einachsige Zweispänner, die in Preußen für die Familie Thurn und Taxis zum öffentlichen Personentransport gebaut wurden. In den Neubau integriert sind eine große Halle für Sonderaustellungen, ein Auditorium und eine Bibliothek. Geplant sind thematische Filmprojektionen an die Wände des Museums, die den Besuch lebendig gestalten sollen.

Die Sammlung

Zur Sammlung des Kutschenmuseums gehören Prunkfahrzeuge und Kutschen für den alltäglichen Gebrauch, die vom 17. bis zum 19. Jahrhundert verwendet wurden, sowie Gemälde und Uniformen portugiesischer Königshäuser.

Ein Prachtexemplar von Kutsche

Zu den frühen Kutschen zählt die die Reisekutsche Philipp II. von Spanien. Es gab keinen eigenen Platz für den Kutscher, vielmehr saß er auf einem der Leitpferde. Bis zum 17. Jahrhundert hatte sich die Kutsche zur Berline weiterentwickelt. Deren Kutschkasten wurde von Lederriemen gestützt, die als eine Art primitiver Abfederung das Gerüttel während der Fahrt ein klein wenig abdämpften. Prunkkutschen wurden bis ins 18. Jahrhundert gebaut. Ein besonders prächtiges Exemplar der Sammlung ist die Kutsche Anna Marias von Österreichs, der Ehefrau von Portugals König João V. Die Außenseite der 1708 gebauten Kutsche ist vollständig mit vergoldeten Holzschnitzereien bedeckt, die symbolisch die Tugenden Annas darstellen. Geschnitzte Figuren vorne und hinten am Kutschkasten repräsentieren die Kontinente Europa, Amerika, Afrika und Asien. Es Tipp für Familien: Kinder können versuchen, die Symbole und Kontinente zu identifizieren. Karyatiden am Heck repräsentieren die Jahreszeiten, während der Kutscher gestützt von einer riesigen vergoldeten Muschel sitzt.

Zu den schönsten und wertvollsten Stücken zählen die von João V. anlässlich eines Papstempfangs in Auftrag gegebenen Gefährte für portugiesische Botschafter, darunter die **Ozean-Kutsche.** Heckskulpturen des Atlantischen und Indischen Ozeans zieren sie, dazu vergoldeten Figuren des Frühlings und Sommers, ein Interieur aus Goldbrokat und eine Vertäfelung aus rotem Samt runden den Luxus ab. Die Kutsche wurde in den 1990er-Jahren vollständig restauriert.

Vier Berlinen aus dem 18. Jahrhundert, aufwendig verziert und viel leichter als die schwerfälligen Kutschen. Sie wurden in Portugal und Frankreich als Prunkfahrzeuge für die königliche Familie gebaut. Achten Sie auch auf die englische Kutsche, die 1824 in London erbaut wurde.

Kabrioletts tauchten im späten 18. Jahrhundert auf und waren während des ganzen 19. Jahrhunderts populär. Sie sind leichter und besser gefedert und waren beliebt für nachmittägliche Ausfahrten. Es gibt ein bezauberndes Exemplar aus der zweiten Hälfte des 18. Jahrhunderts, das von den Prinzen und Prinzessinnen in den Anlagen der

Vergoldetes Schnitzwerk – typischer Zierrat vieler Kutschen

Im alten Museumsgebäude hatte eine Reitschule ihren Sitz

königlichen Paläste in Mafra (➤ 180ff) und Queluz (➤ 178f) genutzt wurde. Zeitgleich kam die **Brillenkutsche** in Mode, ein robustes, schnelles Fahrzeug, deren Insassen durch lederne Vorhänge vor Wind und Wetter geschützt waren. Die Vorhänge hatten jeweils ein rundes Glasfenster – daher der Name. In Städten waren **Sänften** populär, die von Maultieren oder kräftigen Männern getragen wurden.

Der Picadeiro Real

Sechs Kutschen und eine Ausstellung verbleiben vorläufig am alten Standort, der klassizistischen zweistöckigen Halle der königlichen Reitarena mit einer sehenswerten Architektur. Die Halle ist 50 Meter lang und 17 Meter breit und hat eine mit Azulejos verzierte Galerie mit Ausblick auf die Haupthalle. Die Wände und die Decke sind mit Malereien und Vertäfelungen verziert, die Reiterszenen darstellen. All diese Fahrzeuge sind umgeben von Gegenständen, die in irgendeiner Form mit dem Reiten zu tun haben – Gemälde, Schnitzereien und Prozessionsgegenstände. Es gibt auch amüsante Werbeanzeigen aus dem 19. Jahrhundert. Achten Sie auf eine, die den Vorteil von in England hergestellten »Landauern, Coupés und Mylords« anpreist.

KLEINE PAUSE

Auf der Straße vor dem Museum gibt es mehrere Cafés, darunter die **Antiga Casa dos Pastéis de Belém** (➤ 149).

---

203 D2 ✉ Neubau: Avenida da Índia 136, Picadeiro Real: Praça Afonso de Albuquerque ☎ 213 61 08 50, www.museudoscoches.pt
Di–So 10–18 Uhr (letzter Einlass 17.30 Uhr)
6 €, 4 € Picadeiro Real, beide 8 €, 1. So des Monats frei
28, 714, 727, 728, 729, 751; Tram 15 Belém

Nach Lust und Laune!

45 Centro Cultural de Belém

Der riesige Bau des Centro Cultural de Belém (CCB) dominiert die Westseite der offenen Fläche vor dem Mosteiro dos Jerónimos (➤ 126). Weil Portugal 1992 den Vorsitz der Europäischen Union übernahm, wurde er als Vorzeigestück und größter öffentlicher Raum des Landes für Kunst und Konferenzen errichtet. Von Vittorio Gregotti und Manuel Salgado entworfen, wurde er trotz Kritik an seinen hohen Kosten bald einer der beliebtesten Veranstaltungsorte der Stadt. Weitläufig, mit klaren Linien, hübschen Terrassen und Blick aufs Wasser, beherbergt er zudem das **Museu Colecção Berardo** (➤ 139) mit seiner Sammlung moderner Kunst und bietet ein ganzjähriges Programm an Musik, Theater und Tanz (➤ 150), oft mit thematischen Veranstaltungsreihen.

202 B2
Praça do Império
213 61 24 00, www.ccb.pt und www.museuberardo.pt tägl. 11–20 Uhr, Zeiten für die Abendvorstellungen variieren
CCB: frei, Preise für die Vorführungen und Ausstellungen variieren
Café und Restaurant im CCB
28, 714, 727, 728, 751; Tram 15 Belém

46 Museu Nacional de Arqueologia (MNA)

Nur ein Bruchteil der umfangreichsten archäologischen Sammlung des Landes gelangt hier zur Präsentation. Informative Themen-Ausstellungen zeigen Artefakte aus der gesamten iberischen Geschichte und sämtlichen Regionen Portugals. Unter den ständigen Ausstellungen findet sich auch eine große

Centro Cultural de Belém

Italienisch anmutend: Igreja da Memória mit dem Grabmal des Marquês de Pombal

Auswahl an altem Schmuck mit aufwendigen und schönen Stücken, die aus der Zeit von den Anfängen der Metallverarbeitung bis zum frühen Mittelalter stammen. Die Iberische Halbinsel ist außergewöhnlich reich an natürlichen Metallvorkommen, die von den frühesten Zeiten an für Kupfer, Zinn und Gold sorgten. Unbedingt anschauen sollten Sie sich auch die 300 ägyptischen Exponate, die im frühen 20. Jahrhundert nach Portugal gebracht wurden. Diese Ausstellungsstücke decken die Zeit zwischen 6000 bis 400 v. Chr. ab. Sie beinhalten Grabfunde, Skulpturen und Schmuck. Das MNA besitzt auch eine schöne Sammlung römischer Mosaike mit einigen hübschen Bodenbelägen von Villengrundstücken im Alentejo.

202 C3 Praça do Império
213 62 00 00, www.museuarqueologia.pt
Di–So 10–18 (letzter Einlass 17.30 Uhr)
5 €, 1. So d. Monats frei Café beim Centro Cultural de Belém 714, 727, 728, 729, 751, 759; Tram 15 Belém

47 Igreja da Memória

Im September 1758, nur drei Jahre nach dem Erdbeben, soll angeblich die Familie Távora einen Komplott geschmiedet haben, um König Josef I. zu ermorden. Denn der König wurde verdächtigt, eine Affäre mit der Marquise de Távora zu unterhalten. Auf ihn wurde geschossen,

SEEFAHRER UND TÜRME: BELÉM FÜR KINDER

- Größere Kinder finden möglicherweise Gefallen am **Mosteiro dos Jerónimos** (➤ 126), werden aber wahrscheinlich mehr vom **Museu de Marinha** (➤ 141) oder der Karte der Seereisen am **Padrão dos Descobrimentos** (➤ 137) angetan sein. Fahren Sie mit dem Aufzug hinauf zur Aussichtsplattform, um über die Brüstung zu schauen.
- Der Gang über die Laufbrücke zum Eingang des **Torre de Belém** (➤ 133) macht richtig Spaß.
- Denken Sie daran nachzuschauen, wann das **Centro Cultural de Belém** (**CCB**, ➤ 146) Veranstaltungen für Kinder bietet.

Palácio da Ajuda: Die schmucke Front lässt kaum ahnen, dass der Bau unvollendet blieb

als er das Haus der Familie nach einer Verabredung verließ. Er überlebte jedoch das Attentat. Sein mächtiger Premierminister, der Marquês de Pombal, verfolgte die Verdächtigen, und fünf von ihnen wurden vier Monate später in Belém hingerichtet. Als Erinnerung an die Geschehnisse beauftragte der König den italienischen Architekten Bibiena damit, eine Kirche an der Stelle zu erbauen, an der sein Leben in Gefahr gewesen war. Die Bauarbeiten dieser italienisch anmutenden Kirche mit ihrer Pilasterfassade und Kuppel begannen 1760 und wurden etwa 20 Jahre später beendet.

203 D4
Largo da Memória, Calçada do Galvão, Ajuda **213 63 52 95**
Mo–Sa 14.30–17 (für Besichtigungen), So 10–11 Uhr (nur Messe) **frei**
727 von Belém

48 Palácio da Ajuda

Die beeindruckende klassische Fassade des Ajuda-Palastes versteckt ein Geheimnis – gehen Sie um ihn herum auf die Rückseite, und Sie werden sehen, dass er nur ein halber Palast ist. Nach zwölf Jahren Bauzeit blieb er unvollendet, als die königliche Familie 1807 nach Brasilien floh, um Napoleons Armee zu entkommen. Als Napoleon aus dem Weg geschafft war, begannen die Bauarbeiten 1813 erneut und wurden sporadisch weitergeführt. Die königliche Familie lebte hier mit Unterbrechungen während der zweiten Hälfte des 19. Jahrhunderts. Der Palast hatte seine Blütezeit in den 1860er-Jahren, als Königin Maria Pia, die Gemahlin König Ludwigs, zur Innenausstattung beitrug. Übertroffen wird der Prunk ihrer Gemächer nur vom Thronsaal ihres Gemahls, der einen Höhepunkt des Rundganges durch den Palast bildet.

203 E5
Largo da Ajuda, Ajuda
213 63 70 95, www.palacioajuda.pt
Do–Di 10–18 Uhr (letzter Einlass 17.30 Uhr)
5 € **728, 729, 732, 742, 760 von Belém**

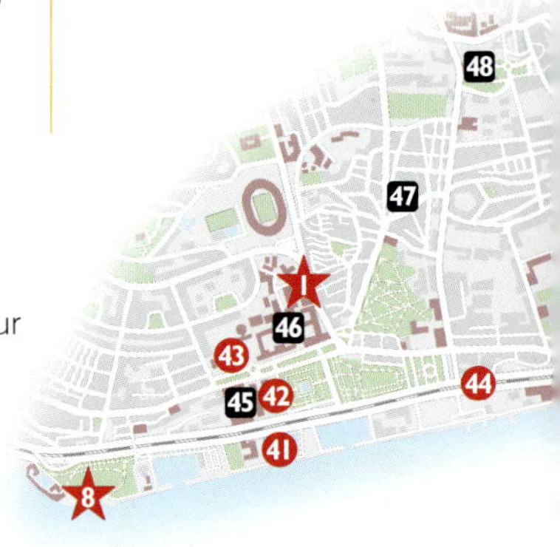

Wohin zum … Essen und Trinken?

Preise
für ein Drei-Gänge-Menü ohne Getränke:
€ unter 20 Euro **€€** 20–40 Euro **€€€** über 40 Euro

Antiga Casa dos Pastéis de Belém €
Pastéis de nata (Sahnetörtchen) können Sie überall in Lissabon kaufen. Die bei weitem besten jedoch gibt es in dieser schönen, stimmungsvollen Pastelaria mit den Flaschenreihen in ihren Regalen und den blau-weiß gekachelten Wänden. Werktags werden rund 10 000 bis 12 000 Törtchen verkauft, an Wochenenden sogar 20 000. Wählen Sie einen Platz an einem Tisch oder an der Theke, bestellen Sie ein paar Törtchen, bestreuen Sie sie mit Zimt, und genießen Sie die besten *pasteís* der Welt.
203 D2
Rua de Belém 84–92
213 63 74 23, www.pasteisdebelem.pt
Mo–Sa 8–23, So 8–22 Uhr
714, 727, 759; Tram 15 Belém

Carvoeiro de1900 €€
Einen Block unterhalb der Rua de Belém und mit Blick auf den Park zieht dieses einfache Restaurant Touristen und Einheimische an. Sie finden alle portugiesischen Fleisch- und Fischgerichte auf der Speisekarte, einschließlich frisch gegrillter Sardinen, einfachem *bife* (Steak) mit guten Pommes Frites und hausgemachter Suppen. Ein geeigneter Ort, um Ihre Batterien in unprätentiöser Umgebung wieder aufzuladen.
202 C2
Rua Vieira Portuense 66–68
213 63 79 98
Di–Sa 12–15 und 19–22, So 12–15 Uhr
714, 727, 759; Tram 15
Belém

O Caseiro €/€€
Wenn Essen als »Caseiro« bezeichnet wird, können Sie traditionelle Gerichte erwarten. Dieses attraktive Restaurant macht seinem Namen alle Ehre. Einfach gegrillter Fisch oder Fleisch oder aufwendigere Gerichte wie im Ofen gebratenes Lamm oder *Açorda de Marisco* (Broteintopf mit Garnelen) werden in großzügigen Portionen serviert.
203 D2 Rua de Belém 35
213 63 88 03 Mo–Sa 12–15 und 19–22 Uhr, Aug. geschlossen
714, 727, 759; Tram 15 Belém

Este Oeste €/€€
Die gute italienische und asiatische Küche lohnen einen Besuch im (Terrassen-)Restaurant im Centro Cultural Belém. Neben Pizza, Pasta und Sushi werden auch glutenfreie Gerichte geboten. Wer zu Esszeiten nur Kaffee trinken möchte, wird bei viel Betrieb nach innen gebeten.
202 C2 Praça do Império
215 90 43 58, www.esteoeste.pt
Di – Do, So 10–23, Fr/Sa 10–24 Uhr
714, 727, 759; Tram 15 Belém

Rota do Infante €€
In einer Parallelstraße der Rua de Belém genießt man, mit Blick auf den Park (besonders schön im Sommer von der Terrasse), freundlich servierte Klassiker der portugiesischen Küche, wobei der Fisch vom Grill beste Noten verdient.
203 C2 Rua Vieira Portuense 14
213 64 67 87
Di–Sa 12–0, So 12–17 Uhr
714, 727, 759; Tram 15 Belém

Wohin zum... Einkaufen?

Außer den **Museumsshops** finden Sie in Belem kaum Geschäfte zum Stöbern. Die Shops im Mosteiro dos Jerónimos, Museu de Marinha, Museu Nacional dos Coches, Museu Colecção Berardo und Museu Nacional de Arqueologia verkaufen Reproduktionen, die sich auf die eigenen Sammlungen beziehen sowie Artikel anderer Museen außerdem Bücher, Porzellanwaren und Souvenirs. Sie finden hier u.a. eine schöne Auswahl an Kacheln, Fayenceware, Lederarbeiten, Schmuck und hübsche Porzellankopien von Originalen aus dem 18. Jahrhundert.

Im **Centro Cultural de Belém** (► 146) kann man gleich neben dem Haupteingang in mehreren Läden neben Souvenirs und Büchern die unterschiedlichsten, durchweg qualitätvollen Dinge erwerben. Alle im Folgenden genannten Geschäfte haben tägl. 10–20 Uhr geöffnet: Besonders ausgefallenes Geschmeide in kleinen Auflagen finden Sie in der **Margarida Pimentel Gallery** (Tel. 213 66 00 34). Werke junger zeitgenössischer Künstler wiederum vertreibt **Arte Periférica**.

Das CCB beherbergt auch das **Coisas do Arco do Vinho** (Tel. 213 64 20 31, www.coisasdo arcodovinho.pt), ein trendiges Weingeschäft mit einer ausgezeichneten Auswahl an Weinen von höchster Qualität. Die Besitzer können Sie fachmännisch beraten.

Pastéis de Nata aus der **Antiga Casa dos Pastéis de Belém** (► 149) schmecken zwar frisch aus dem Ofen am besten, doch man kann sie sich auf Wunsch in kleine, feste Pappzylinder zum Mitnehmen verpacken lassen.

Wohin zum ... Ausgehen?

In Belém befindet sich eines der wichtigsten Zentren für darstellende Künste, das **Centro Cultural de Belém** (► 146). Das moderne und komfortable Theater bietet eine Reihe von Veranstaltungen, die von klassischer Musik und Tanz zu internationalen Shows reichen. An Werktagen gibt es zwischen 19 und 21 Uhr manchmal Gratis-Konzerte. Wenn Sie Kinder haben, könnte ein Wochenendbesuch genau richtig sein. Es gibt ein monatliches Veranstaltungsprogramm mit Spiel, Tanz, Theater und Zirkus, das sich speziell an Familien richtet (www.ccb.pt).

Wenn Sie etwas ganz anderes unternehmen möchten, können Sie aufs Meer hinausfahren. Der **Associação Naval de Lisbon** (Doca de Belém, Tel. 213 619 480, www.anl.pt) neben dem Padrão dos Descobrimentos (Denkmal der Eroberungen) vermietet kleine Boote mit oder ohne Bootsführer. Denken Sie jedoch daran, drei Tage im Voraus zu buchen.

Wenn Sie mehr frische Luft und Bewegung wünschen, können Sie ein wenig weiter in den Westen nach **Estoril** (► 171) fahren, wo Sie entweder einen Tag am Strand verbringen oder im Clube de Ténis do Estoril (Avenida Conde de Barcelona, Tel. 214 66 27 70, www.palacioestorilhotel.com) ein Tennismatch spielen können. Der Club hat 18 Plätze, ein Schwimmbecken und eine Sauna.

Ebenfalls in Estoril liegt der **Golf do Estoril** (Avenida da Republica, Tel. 214 68 01 76, www.clubegolfe estoril.com), eine sehr schön gestaltete Anlage mit zwei Golfplätzen, die auch Nichtmitgliedern offensteht.

Parque das Nações

Kleine Erlebnisse

Säbelschnäbler live

Birdwatching auf der Südseite der **Vasco-da-Gama-Brücke**: Schnappen Sie sich ein Fernglas und nisten Sie sich in einer Beobachtungshütte ein (lisbon.avesdeportugal.info).

Diskreter Star

Achten Sie im Zentralbecken des **Oceanários** (➤ 159) auf den spektakulären, fast prähistorisch wirkenden Mondfisch.

Rocken statt zocken

Heißer Tipp fürs **Casino Lisboa** (➤ 166): Do, Fr und Sa finden in der kreisrunden Arena Lounge ab 20.30 Uhr Gratis-Konzerte statt.

Erste Orientierung

Nach Entdeckungstouren durch das alte Lissabon mit seinen steilen Hügeln und schmalen Gassen mögen sich viele Touristen fragen, wo die moderne Stadt zu finden ist. Die Antwort liegt im Osten rund um den Parque das Nações. Auf dem ehemaligen Gelände der Weltausstellung 1998 und der näheren Umgebung entwickelte sich ein neuer Stadtteil mit Bürogebäuden, Hotels, Wohnungen für 25 000 Menschen und Raum für 18 000 Arbeitsplätze, touristischen Attraktionen und einem der größten Einkaufszentren der Stadt, dazu eine Fülle an Geschäften und Restaurants. Hier glänzen auch einige von Lissabons architektonischen Juwelen, allen voran der vom spanischen Stararchitekten Calatrava entworfene Bahnhof Oriente.

Am besten gelangen Sie zum Parque das Nações, indem Sie mit der U-Bahn zum Gare do Oriente fahren. Der von Santiago Calatrava entworfene Hauptbahnhof Lissabons zeigt das Beste des modernen Designs. Überqueren Sie die Straße, kommen Sie zum Vasco da Gama-Einkaufszentrum, ein mehrstöckiges Gebäude mit einer Vielzahl von Geschäften. Auf der anderen Seite nehmen Sie sich am Informationshäuschen am besten jetzt schon einen Plan des Parque das Nações mit. Wenn Sie Richtung Osten zum Tejo schauen, befinden sich das Oceanário und das Ciência Viva zu Ihrer Rechten, der Torre Vasco da Gama zu Ihrer Linken und die Parkanlagen am Flussufer direkt vor Ihnen. Wenn Sie vorhaben, das gesamte Gebiet zu besichtigen, sollten Sie auf lange Fußmärsche eingestellt sein. Cafés, Bars und Restaurants gibt es überall.

Konsumtempel Centro Comercial Vasco da Gama

TOP 10

6 Parque das Nações ➤ 156

Nicht verpassen!

49 Oceanário ➤ 159

50 Ciência Viva ➤ 162

Nach Lust und Laune!

51 Torre Vasco da Gama ➤ 164

52 Centro Comercial Vasco da Gama ➤ 164

An einem Tag

Die folgende Route ist eine Möglichkeit, wie Sie einige der interessantesten Sehenswürdigkeiten von Belém an einem Tag besichtigen können. Die einzelnen Highlights werden auf den folgenden Seiten (➤ 156ff) näher beschrieben.

9:30
Fahren Sie mit der U-Bahn zum 6 **Parque das Nações**. Nehmen Sie die grüne Linie nach Alameda und steigen Sie dort in die rote Linie nach Oriente um. Schauen Sie sich dort die großartige Architektur des Bahnhofs an, eines von Lissabons wichtigsten Verkehrsknotenpunkten. Gehen Sie zur Information am Eingang des Parque das Nações und nehmen Sie eine Broschüre mit.

10:00
Schließen Sie sich den ersten Besuchern an, wenn das 49 **Oceanário** (➤ 159) öffnet, und entdecken Sie eines der größten Aquarien der Welt (Abb. oben).

12:00
Nehmen Sie die Seilbahn (Teleférico, ➤ 158) vom Ufer nahe des Oceanário und betrachten Sie den Parque das Nações und die Ponte Vasco da Gama aus der Vogelperspektive. Machen Sie nach dem Aussteigen einen Spaziergang

in den Jardins Garcia de Orta (➤ 157).

13:00
Für das Mittagsessen gibt es eine große Auswahl an Lokalen von Steak und Sushi über Pizza bis hin zu Vegetarischem.

14:00
Gehen Sie hinter dem **Pavilhão Atlântico** (➤ 168) die Alameda dos Oceanos entlang zum 50 **Ciência Viva** (➤ 162). Das spielerische, interaktive Erlebnismuseum macht Erwachsenen genauso viel Spaß wie Kindern.

15:30
Zeit für etwas Shopping im 52 **Centro Comercial Vasco da Gama** (➤ 164, Abb. links), dem zweitgrößten Einkaufszentrum Lissabons. Sie können sich auch einen Film in Originalsprache in einem der zehn Säle des Kinos ansehen. Kinder können sich im Parque Infantil do Parque do Tejo austoben. Sie können dem **Passeio do Tejo** entlang des Flussufers folgen, um die **Ponte Vasco da Gama** (➤ 157) aus der Nähe zu betrachten.

18:00
Entspannen Sie mit einem Getränk in einem Café, um den Abend zu planen.

20:00
Sie können entweder in die Stadt zurück gehen oder sich ins Nachtleben im Parque das Nações (Abb. rechts) stürzen, wo es Restaurants und Unterhaltung gibt. Möglicherweise findet im **MEO Arena (Pavilhão Atlântico)** ein Konzert statt oder eine Aufführung am **Teatro Luís de Camões**. Im **Casino Lisboa** (alle ➤ 168) stehen Ihnen neben 600 Spielautomaten Musik- und Tanzshows sowie Bars und Restaurants zur Auswahl.

6 Parque das Nações

Ursprünglich für die Expo '98 erbaut, zieht der Parque das Nações am Wochenende Tausende von Lissabonnern an. Er hat viele Vorzüge: Er ist leicht zu erreichen, die Anlage bietet großartige Restaurants, Einkaufs- und Freizeitmöglichkeiten, dazu kommen die vielen Attraktionen für Kinder. Ein Pluspunkt ist auch seine Lage, die zu schönen Spaziergängen am Ufer des Tejo einlädt.

Entstehungsgeschichte

Bis in die frühen 1990er verirrte sich kaum ein Lissabonner auf das 330 ha große Areal, damals eine Industriebrache mit verwahrlosten Lagerschuppen, einer Ölraffinerie und dem städtischen Schlachthof. Dann erfolgte seine Umwidmung zum Gelände für die Expo 1998: Mit dieser Weltausstellung, die an die Erschließung des Seewegs nach Indien erinnern sollte, konnte sich die Stadt nicht nur international profilieren, sondern erschloss für die Bürger das Gelände im Osten.

Nach Beendigung der Expo 1998 erhielt das ehemalige Ausstellungsgelände um Santiago Calatravas futuristischen **Gare do Oriente** den Namen *Parque das Nações* (Park der

Vor allem Kinder lieben die Alameda dos Oceanos-Springbrunnen

Jardins Garcia de Orta: hier gedeiht die ganze Blütenpracht des Landes

Nationen), und es begann die Entwicklung eines großzügigen Stadtteils mit ausgeklügelter Wohn- und Geschäftsbebauung am Ufer des Tejo. Auch die einstigen Expo-Gebäude werden genutzt. So wurde aus dem **Torre Vasco da Gama** ein Hotel, in der **MEO Arena (Pavilhão Atlântico)** finden nun Kongresse statt, der **Pavilhão do Conhecimento** beherbergt das Ciência Viva (► 162) zum Ausprobieren von physikalischen und technischen Phänomenen und nebenan entstand Lissabons neues **Messezentrum FIL**.

Idyll am Fluss

Überaus attraktiv am Parque das Nações ist das viele Grün, durch das gepflegte Spazierwege führen, und das allgegenwärtige Plätschern von Wasser, wie überhaupt die schöne Lage am Fluss einen besonderen Reiz besitzt. Den Weg hierhin ist allein der herrliche Blick über den (hier 10 km breiten) Tejo wert. Seit 1998 überspannt die kühne Hängebrücke **Ponte Vasco da Gama** den Fluss. Bei ihrer Erbauung war sie mit 17 km damals Europas längste Brücke. Lange umstritten, ist sie heute als Teil des Panoramas weithin akzeptiert, entlastet sie doch die ewigen Verkehrsstaus auf der **Ponte 25 de Abril** (► 191) weiter flussabwärts.

Jardins Garcia de Orta

Auf dem Weg am Wasser entlang gelangt man östlich Richtung Brücke in die Jardins Garcia de Orta, einen Park, der die Flora von Portugals Inseln und ehemaligen Kolonien aufzeigt. Jeder Garten bildet die Eigenheiten der jeweiligen Landschaft nach: So wandelt man im Madeira und den Azoren nachempfundenen Teil auf schwarzem Vulkangestein durch Anpflanzungen von Wein, Zuckerrohr, Tee und Strelitzien. Brasilien und São Tome sind mit Bananenstauden, Kaffeesträucher, Tabasco-Pfeffer und üppigen Bougainvilleas vertreten. Ein weiterer Garten repräsentiert botanische Mitbringsel der frühen Entdecker wie Reis, Gingko, Bambus und Maulbeerbaum. An heißen Sommertagen ist dieser schattige Park mit seinen Teichen ein ideales Refugium, jedoch wurde er in den vergangenen Jahren zunehmend vernachlässigt.

Die größte Attraktion des Hauptwegs durch den Parque, die **Alameda dos Oceanos**, sind die konisch geformten Brunnen mit ihren lebendigen, dynamischen **Wasserspielen**. Am westlichen Ende locken die Jardins da Água mit weitläufigen, thematisch angeordneten Wasserbecken, Fontänen, Brunnen und hydraulischen Spektakeln. Westlich von hier führt ein weiterer Spazierweg an der neuen Marina vorbei.

Von der Seilbahn aus genießt man einen tollen Blick über den gesamten Park

Mit der Seilbahn

Dies alles lässt sich auch wunderbar aus der Vogelperspektive erleben: Die Fahrt mit dem **Teleférico**, einer Seilbahn, die zwischen Oceanário und Torre Vasco da Gama pendelt, verschafft einen amüsanten Überblick.

Reserva Natural do Estuário do Tejo

Am anderen Tejo-Ufer erstreckt sich nördlich von Alcochete, wo die Ponte Vasco da Gama endet, die Reserva Natural do Estuário do Tejo, ein ausgedehntes Marschland-Naturreservat. Es ist Lebensraum von Hunderten verschiedener Vogelarten, darunter Europas größter Kolonie von rosa Flamingos. Vom Ostende des Parque das Nações sind im Sommer ihre Nistplätze in der Uferzone einsehbar.

---

210 B2 Parque das Nações, Alameda dos Oceanos
www.portaldasnacoes.pt frei
Oriente

Teleférico (Seilbahn)
210 C4–5
vom Torre Vasco da Gama und am westlichen Ende vom Jachthafen aus
218 95 61 43, www.telecabinelisboa.pt
Kernzeiten tägl. 11–19, im Sommer 10.30–20 Uhr
3,95 € einfach; 5,90 € mit Rückfahrt
Cafés und Bars in der Nähe Oriente

BAEDEKER TIPP

- Ideal für den Parkbesuch ist Montag, wenn anderswo in Lissabon viele Sehenswürdigkeiten geschlossen haben (hier nur das Ciência Viva).
- Mit dem **Touristen-Bähnchen**, das an den wichtigen Stationen hält, kommt man durch den ganzen Park (Juli–Sept. tägl. 10–18, Okt.–Mai 10–17 Uhr, 2,50 €). Abfahrt zur vollen Stunde vom Pavilhão Atlântico, Ein- und Ausstieg überall möglich.
- So schön der Park aus Spaziergänger-Perspektive ist (besonders Jardins Garcia de Orta und Jardins da Água), angesichts seiner Ausdehnung empfiehlt es sich, ihn nur in einer Richtung zu durchqueren und den Rückweg per **Teleférico** oder Bähnchen anzutreten.

49 Oceanário

Auf hervorragende Weise dokumentiert und erklärt eines der größten Aquarien Europas die Welt der Meere. Hinter mächtigen Glasscheiben entfaltet sich eine großartige Unterwasserwelt, authentisch klimatisierte Bereiche imitieren globale Ökosysteme, zahlreiche Multimediashows und interaktive Exponate animieren zum Ausprobieren. Das Ozeanarium ist anschaulich, lehrreich – und stimmt nachdenklich: Es bietet auch Denkanstöße angesichts des Einflusses der Menschen auf die Natur.

Attraktion der Expo

Das Oceanário war eine der Attraktionen der Expo '98, der internationalen Weltausstellung, die den 500. Jahrestags der Entdeckung des Seeweges nach Indien feierte. Thema der Ausstellung waren einerseits die Ozeane. Andererseits sollte die Seefahrervergangenheit von Portugal mit der zukünftigen Rolle der Ozeane und ihrer öffentlichen Wahrnehmung verknüpft werden. Das vom amerikanischen Architekten Peter Chermayeff entworfene Gebäude ist schon von außen sehr eindrucksvoll. 2011 wurde es um den Südflügel erweitert, das Edifício do Mar, dessen energie- und ventilationseffiziente Keramikmosaik-Hülle an Fischschuppen erinnert.

Gehen Sie über die Zufahrtsbrücke zum Hauptgebäude, das inmitten von Wasser liegt. Wenn Sie in das **Aquarium** eintreten, sehen Sie zunächst **vier verschiedene ozeanische Lebensräume** oberhalb der Wasseroberfläche. Die Luft ist voller Meeresgeräusche – Wellenrauschen, Schreie von Seevögeln, Wal- und Delfingesänge.

Peter Chermayeff entwarf das Oceanário

Hauptbecken

Im riesigen Zentralbassin leben Haie, Rochen und Plattfische. Schwärme Tausender kleinerer Fische schlängeln

DER WELTWEITE OZEAN

Die großen Bassins beherbergen vier ozeanische Zonen, doch die Aussage ist klar: Es gibt tatsächlich nur ein einziges Weltmeer, und nur physiologische Beschränkungen hindern die maritimen Lebensformen daran, alle Ecken dieses Weltmeers zu erreichen. Durch die Unterteilung mit fast unsichtbaren Wänden entsteht der Anschein, als würden Fische und Meereslebewesen gemeinsam in einem einzigen Gewässer leben. Über 100 Arten aus der ganzen Welt scheinen sich das Bassin zu teilen, viele wird man in der freien Natur niemals zusammen antreffen. Mag es auch verwirrend wirken, solch verschiedene Arten zusammen zu sehen, ist es doch unvergesslich.

Auge in Auge mit der Meeresfauna am Hauptbassin des Oceanário

sich durch das Seegras in dicht gedrängten Formationen. Das Hauptbecken bildet vier verschiedene **Ökosysteme der Ozeane** ab, wie sie in Atlantik, Antarktis, Pazifik und Indischem Ozean zu finden sind. Gezeigt wird nicht nur das Leben unter Wasser, auch die für die jeweiligen Klimazone typische Welt über Wasser – Vögel, Tiere und Pflanzen – können live erlebt werden. Um die äußeren Wände herum sind interaktive Ausstellungsstücke und multimediale Galerien angeordnet. Kleinere Aquarien konzentrieren sich auf einzelne Fischarten und zeigen den erstaunlichen Artenreichtum auf, der in jedem ozeanischen Lebensraum zu finden ist. Alles ist verständlich auf Englisch und auf Portugiesisch beschildert.

Beginnen Sie Ihre Besichtigung in der **oberen Etage** und spazieren Sie zwischen den verschiedenen Klimazonen hindurch. Publikumslieblinge auf dieser Etage sind die **Papageientaucher** und Lummen in der atlantischen Zone, die **Magellan-Pinguine**, die im Schnee der antarktischen Zone herumhüpfen, und die geschmeidigen, sehr fotogenen **Seeotter** in der pazifischen Zone. Lassen Sie die Galerien an den äußeren Wänden nicht aus, da sie über faszinierende Aspekte der Beziehung des Menschen zum Meer informieren und Ausstellungsobjekte über Fischerei, ozeanische Produkte, Strömungen, Winde und Gezeiten sowie Umweltschutz jeglicher Art beinhalten.

Setzen Sie in der **unteren Etage** Ihren Rundgang fort und betrachten Sie diesmal die verschiedenen Zonen unter dem Wasserspiegel. Auf dieser Etage fällt Sonnenlicht durch das Wasser auf die Seegräser und Korallen, Fischschwärme gleiten ruhig vorbei. Da man fast ständig in Bewegung ist und eine Fülle an Eindrücken zu verarbeiten hat, muss man achtgeben, darüber nicht die Highlights zu vernachlässigen. Diese sind im Hauptbecken Seetangwald, Rochen und Hammerhaie, in der gemäßigten Pazifikzone die Seeotter und in der antarktischen Zone die Inka-Seeschwalben sowie drei Pinguinarten.

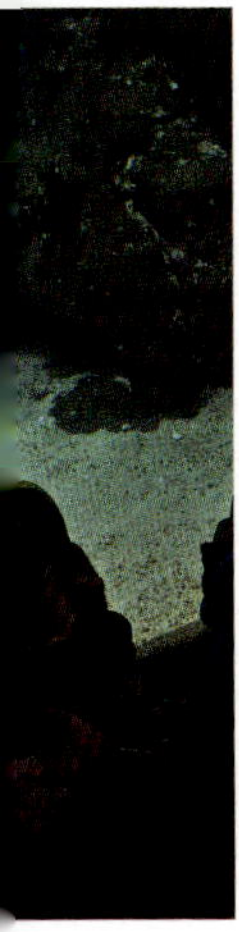

Kleinere Aquarien

Weitere kleinere Aquarien decken ozeanische Lebensräume wie lebende **Korallenriffe** und Mangrovenwälder ab. Eines der Highlights sind hier die **australischen Drachenfische**, deren Tarnung so perfekt ist, dass es fast unmöglich ist, sie inmitten des Seegrases aufzuspüren, in dem sie leben. Weitere Highlights sind die leuchtenden tropischen **Quallen**, farbenfrohe **Anemonen** und eine unglaubliche Vielfalt an **Krebsen**. Es gibt harte und weiche **Korallen**, die beleuchtet sind, damit ihre lebhaften rosa, orange und lila Farbtöne zur Geltung kommen, **Zitteraale** und Furcht erregende Lebewesen aus der Tiefsee. Insgesamt gibt es über 8 000 Tiere und Pflanzen aus über 500 verschiedenen Arten.

KLEINE PAUSE

Das Ozeanarium bietet selbst ein gutes Café. Alternativ bieten sich die Cafés im Parque das Nações an.

---

210 B2
Esplanada Dom Carlos I., Parque das Nações
218 91 70 00, www.oceanario.pt
April–Okt. tägl. 10–20 Uhr, Nov.–März tägl. 10–19 Uhr
14 €; mit Besuch einer Wechselausstellung 17 €; Familienkarte 36 €
Café im Erdgeschoss **Oriente**

BAEDEKER TIPP

Das **Hauptbecken** misst 1000 m² und wird von vier Acrylscheiben von jeweils 49 m² in vier verschiedene Bereiche unterteilt. Um die Reinheit der mehr als 5 Millionen Liter Wasser zu gewährleisten, wird es im Aquarium gefiltert und durch die Becken gepumpt. Der Salzgehalt und die Temperatur sind den verschiedenen Bereichen angepasst, abhängig von den Bedürfnissen der Tiere in den einzelnen Zonen, und die Wasserqualität wird täglich analysiert. Jede Art wird ihren Bedürfnissen entsprechend gefüttert. Wie das alles funktioniert? Das veranschaulicht eine »Backstage-Tour«. Dort dürfen Sie einen Blick hinter die mächtigen Acrylglaswände werfen. Die Touren sind für Erwachsene und Kinder ab 13 Jahre und können online gebucht werden.

50 Ciência Viva

Als leuchtendes Beispiel dafür, wie ein modernes Wissenschaftsmuseum sein sollte, gelingt es dem Ciência Viva (Zentrum für lebendige Wissenschaft) hervorragend, Neugier zu wecken. Seine interaktiven, hypermodernen Ausstellungen sind für die breite Öffentlichkeit konzipiert, machen vor allem Spaß und bieten für jede Altersgruppe etwas. Untergebracht ist es im Pavilhão do Conhecimento (Wissenspavillon).

Springbrunnen säumen den Zugang zum Pavilhão do Conhecimento

Die Hauptattraktionen des Zentrums für lebendige Wissenschaft sind themenzentriert und in Englisch und Portugiesisch ausgeschildert. Beginnen Sie im **Exploratorium**, das von Frank Oppenheimer in San Francisco entworfen wurde und in dem der Schwerpunkt auf der Natur und der menschlichen Wahrnehmung von Naturphänomenen liegt. Hier können Sie mit Licht und Farben experimentieren und Dinge verschwinden lassen oder Sie können etwas über Wind, Wirbel und Vakuum erfahren. Die komplexen Themen sind sehr gut verständlich aufbereitet, sodass sogar Quantenphysik begreifbar wird.

Gehen Sie dann weiter zur Abteilung **Sehen, Tun, Lernen**. Experimentieren Sie mit und vertiefen Sie sich in die 66 interaktiven Ausstellungsobjekte, die Ihnen wissenschaftliche Phänomene des Alltags näher bringen. Sie können sich beispielsweise auf ein Nagelbett legen und werden bemerken, dass dies nicht wehtut. Vor dieser Abteilung erstreckt sich ein Metallseil über einem Graben, den Sie auf dem **Fliegenden Fahrrad** sicher überqueren können. Auf der anderen Seite der Halle widmet sich ein anderer Raum mit Dutzenden von interaktiven Exponaten den Geheimnissen des Sehvermögens, der Wahrnehmung und des Lichts.

Der Pavilhão do Conhecimento wurde von José Luís Carrilho da Graça für die Expo '98 entworfen

Die Treppe hinab befindet sich das **Unfertige Haus,** ein besonderer Spaß für Kinder zwischen 3 und 6 Jahren. Sie dürfen Overalls anziehen, einen Schutzhelm aufsetzen und dann an einem unfertigen Haus weiterbauen – der Abriss ist allerdings genauso möglich. Das Haus, ein Baugerüst aus Kunststoff, benötigt Wände, Fußböden und Dachziegel, alles ist aus leichtem Schaumstoff und Kunststoff. Der Bauleiter gibt jedem Kind eine Aufgabe. Das Haus im Rohbau ist so entworfen, dass die Sicherheit für Kinder gewährleistet ist.

In der unteren Etage können Sie auch **Wanderausstellungen** sehen, die interaktive Bildschirme und Rätsel zu einem Thema enthalten.

KLEINE PAUSE

Gehen Sie in eines der Cafés an den Hauptalleen des Parque das Nações.

---

210 B2 Alameda dos Oceanos, Parque das Nações
218 91 71 00, www.pavconhecimento.pt
Di–Fr 10–18, Sa–So 11–19 Uhr 8 €
Oriente

BAEDEKER TIPP

- Das Zentrum bietet ein **spannendes Begleitprogramm für Kinder**.
- Der Museumsshop verkauft ausgezeichnete **Produkte mit wissenschaftlichem Bezug**, während im Buchladen sowohl tolle Bücher als auch Videos und DVDs mit wissenschaftlichen Themen erhältlich sind.
- **Kommen Sie am Wochenende frühzeitig**, um den Schülergruppen zu entgehen.

Nach Lust und Laune!

51 Torre Vasco da Gama

Als fesselndes Wahrzeichen der portugiesischen Entdeckungsfahrten ist der Torre Vasco da Gama das östliche Gegenstück zum Torre de Belém (➤ 133). Er wurde für die Expo '98 als Symbol für die großen Seereisen des 15. Jahrhunderts erbaut. Seine Form repräsentiert das Segel einer Karavelle, dem Schiff, das den Vorstoß durch die Ozeane ermöglichte. Er wurde vom portugiesischen Architekten Leonor Janeiro und vom Briten Nick Jacobs entworfen, und das steile Stahlgerüst ist das höchste Bauwerk Lissabons. Der Gitterturm erhebt sich auf einem dreistöckigen Gebäude an seiner Basis, das während der Expo '98 als Pavillon der Europäischen Union diente, 145 m in die Höhe. Seine klare, schlanke Silhouette ist mittlerweile in der Wirkung beeinträchtigt durch das direkt auf Tuchfühlung angebaute Myriad Sana Hotel. Vom Turm wie vom Ufer aus hat man gute Sicht auf die Vasco-da-Gama-Brücke (Ponte Vasco da Gama), mit 17,1 km eine der längsten Brücken Europas.

Der Torre Vasco da Gama

210 C4 **Cais das Naus**
Hotel: myriad.pt/de
Oriente

52 Centro Comercial Vasco da Gama

Wenn Sie gerne auch sonntags shoppen gehen und Einkaufszentren lieben, dann ist das Centro Comercial Vasco da Gama wie für Sie gemacht. Dieses Einkaufszentrum ist ein Teil des Parque-das-Nações-Komplexes. Die einzige Möglichkeit, vom Bahnhof zu den anderen Attraktionen zu gelangen, besteht darin, durch das Gebäude zu gehen. Vom selben Unternehmen entworfen wie das Colombo-Zentrum, das größte Einkaufszentrum

Die Vasco-da-Gama-Brücke verbindet Lissabon mit den südlichen Landesteilen

Lissabons, ist das Lockmittel des Vasco da Gama seine Lage und Erreichbarkeit, die es ermöglichen, ein paar Stunden Shopping mit einem Tag draußen im Parque das Nações zu kombinieren. Es gibt Geschäfte auf vier Etagen, einen Gastronomiebereich, ein Kino mit zwölf Sälen und außerdem eine bewirtschaftete Dachterrasse, auf der Sie sich erholen können, während Sie Ihren Blick über den Tejo schweifen lassen. Die Läden entsprechen dem üblichen Standard von Shopping Malls und decken ein weites Warenspektrum ab: Jeans (bei Salsa), Sport- und Surf-Ausrüstung (Lightning Bolt), Bio-Kost (Natura), Düfte (Sephora), Kleidung für die ganze Familie (Socoor), ein breites Sortiment an Haushaltswaren bei Loja do Gato Preto. Die großzügige, helle Anlage mit Wasserbecken vermittelt charakteristisch das Lissabonner Lebensgefühl des 21. Jahrhunderts.

210 B3
Avenida Dom João II/ Alameda dos Oceanos
218 93 06 00, www.centrovascodagama.pt
tägl. 10–24 Uhr
Gastronomie im 3. Obergeschoss
Oriente

FÜR KINDER

- Der Parque das Nações ist einer der besten **Ausflugsziele für Kinder** in Lissabon und er bildet das ideale Gegengewicht zu Sightseeing und Museumsbesuchen. Es gibt **drei Spielplätze** mit Schaukeln und Rutschen, einen **Fahrrad- und Gokartverleih**, die **Seilbahn** (➤ 158) und massenweise Platz zum Herumtollen. Super auch für Kleinkinder ist der kleine Musikspielplatz mit riesigen (spielbaren) Instrumenten.
- An der Marina kann man **Kajaks** mieten (www.marinaparquedasnacoes.pt).
- Das sensationelle **Oceanário** (➤ 159) wie die interaktiven Displays im **Ciência Viva** (➤ 162) sind für Kinder gleichermaßen interessant.
- Das **gastronomische Angebot** im Vasco-da-Gama-Einkaufszentrum und den Außenzonen des Parque das Nações im Stil legerer Caféterias ist angenehmer für die Kleinen als die förmlicheren Restaurants der Innenstadt.

Wohin zum ... Essen und Trinken

Preise
für ein Drei-Gänge-Menü ohne Getränke:
€ unter 20 Euro **€€** 20–40 Euro **€€€** über 40 Euro

Capricciosa €
Sehr gute Holzofenpizzen werden an Außentischen serviert oder im luftigen 1. Stock mit Blick auf das Becken mit den witzigen Marmorskulpturen badender Tagiden-Damen von João Cutileiro.
210 B2 Passeio das Tágidas Lt. 2
www.grupodocadesanto.com
tägl. 12.30–15.30, 19.30–0, Sa. bis 1 Uhr

Casino Lisboa €€–€€€
In Nachbarschaft zum Spielbereich hat man im Casino neben verschiedenen Bars drei Restaurants zur Auswahl, alle schön gestaltet und mit gutem Service. Im ersten Stock findet sich das Buffet als günstigste Option. Im zweiten Stock können Sie zwischen dem Café do Rio mit Gourmet-Pizzas und Hamburgern, und dem neu eingezogenen chinesischen Restaurant Ha Tua Li wählen.
210 A1 Alameda dos Oceanos
218 92 90 00, www.casino-lisboa.pt
So–Do 15–3, Fr/Sa 16–4 Uhr
Oriente

Centro Comercial Vasco da Gama €
Im gesamten Einkaufszentrum gibt es unterschiedlichste Lokale, von traditionellen Restaurants über Fast Food bis zu Cafés, Bars und Kneipen – daneben auch Eisstände und sogar eine original französische Croissanterie.
210 A1
Avenida Dom João II/ Alameda dos Oceanos
218 93 06 00, www.centrovascodagama.pt
tägl. 9–24 Uhr
Oriente

Chimarrão €
Mehrmals vertreten in Lissabon ist diese brasilianische Kette, mit *Rodízio* als Spezialität – einer Grillplatte zum Festpreis, in mehreren Portionen serviert. Nicht zu eilig bei den ersten zuschlagen (vorwiegend leckere Würste), das Beste kommt zum Schluss! Vom Buffet versorgt man sich mit Beilagen wie schwarzen Bohnen und Salat.
210 B3
Alameda dos Oceanos
210 02 66 00, www.chimarrao.pt
tägl. 12–16 und 19–24 Uhr
Oriente

Irish & Co €
Ein echtes Irish Pub mit Live-Musik, schmackhaften Gerichten und Stout als deftiger Abwechslung zum leichten portugiesischen Bier.
210 B3
Rua da Pimenta 57–61
218 94 05 58
Mo–Mi, So 12–2, sonst bis 3 Uhr
Oriente

Lisboa Marina €€€
Gelungene Gastronomie des neuen Jachthafens mit Panoramablick über den Tejo, auch ideal für einen ruhigen Sundowner-Drink am Abend. Doch die wenigsten Besucher des ehemaligen Expo-Geländes finden den Weg hierher. Die Terrasse ist am Wochenende bis tief in die Nacht geöffnet.
210 B1
Passeio Adamastor, Edificio Nau, 1. Stock
914 03 70 68, www.lisboamarina.pt
Di–Sa 10.30–2 Uhr, So/Mo 10.30–0 Uhr
Oriente

Miss Saigon €
Vegetarische Küche aus aller Welt, köstlich und frisch. Lassen Sie noch Platz für die interessante Kombination aus drei Nachtischen.
210 C4
Rua Cais dos Naus 4.01.01
210 99 65 89, www.miss-saigon.pt
Mo–Fr 12–17, Sa 12–16 Uhr Oriente

Myriad SANA €€€
Das Nobelhotel Myriad SANA ist um den Torre Vasco da Gama herum gebaut, aber auch wer nicht im Hotel weilt, hat Zugang zur Panoramaterrasse des verglasten Restaurants, wo man wie an Deck einer Karavelle sitzt. Sagen Sie dem Portier einfach: »É para tomar aperitivo«. In der Tat lohnt sich ein Sundowner-Aperitivo; ein Portwein z. B. ist normalpreisig, kommt aber genau wie die teuren Weine mit netten Snacks.
210 C4
Cais das Naus, Lote 2.21.01
211 10 76 00, www.myriad.pt
Oriente

Olá Ice Cream Parlour €
Nach Ihrem Besuch im Oceanário, sollten Sie in diese Eisdiele im Aquariumsgebäude gehen. Die Eiscreme ist zwar handelsüblich, aber das Personal bereitet auf Anfrage sehr gute Eisbecher und -getränke zu. Die aus frischen Früchten und Eiscreme zubereiteten Shakes sind besonders empfehlenswert. Oder probieren Sie eine Kombination aus Eiscreme und Kaffee.
210 B2
Esplanada Dom Carlos I. 218 91 70 00
Mai–Sept. tägl. 10–20 Uhr, Okt.–April tägl. 10–19 Uhr Oriente

La Parrilla €€
Beim neuen Messezentrum *(Feira Internacional)* findet man einen der besten Argentinier Lissabons. In gemütlicher, entspannter Atmosphäre wird neben argentinischem Rindfleisch auch das portugiesische *Porco preto* serviert, außerdem Fisch vom Grill. Gute Weinkarte, Reservierung empfohlen.
210 B3 Rua da Pimenta Lt. 2.15.01
212 44 90 26 tägl. 12–24 Uhr
Oriente

La Rúcula €–€€
Ideale Adresse für Pizza-Enthusiasten, denn im netten Lokal am Jachthafen hat man die Qual der Wahl unter gut zwei Dutzend Variationen (auch vegetarischen), knusprig und perfekt aus dem Holzofen. Die Karte bietet zudem Rindfleischgerichte neben Pasta und typischen Antipasti. Die Weine stammen aus Italien oder Portugal.
210 B2 Rossio dos Olvais, Parque das Nações 218 92 27 47, www.larucula.com.pt tägl. 12–15.30, 19–23.30 Uhr Oriente

Sabor a Brasil €–€€
Bunte Mauern geben in diesem opulenten brasilianischen Restaurant den Ton an. Einheimische beginnen hier den Abend mit einem *caipirinha* oder *mojito*, auf Rum basierenden starken brasilianischen Spezialitäten. Das Essen ist südamerikanisch, mit saftigen Steaks, Fisch- und den herzhaften Bohneneintöpfen, die in Südamerika so beliebt sind. An den Wochenenden ist es laut und voll, aber dies macht den Spaß nur noch größer.
210 B3 Alameda dos Oceanos Fracção
218 95 51 43, www.saborabrasil.com
tägl. 12–15.30, 19.30–23.30 Uhr Oriente

Tejo Restaurant €
Recht unbekanntes, deshalb wenig überlaufenes, und günstiges mediterran inspiriertes Buffetrestaurant im ersten Stock des Ozeanariums (Eingang neben der Kasse die Treppe hoch, dann rechts). Zwar hat man keinen direkten Blick auf das Außengelände, aber die Sonne wird gefiltert durch die geschuppte Wand des neuen Anbaus.
210 B2 Ozeanarium, Esplanada Dom Carlos, Parque das Nações 910 11 91 46, www.oceanario.pt, Sommer tägl. 10–20 Uhr, Winter bis 19 Uhr Oriente

Wohin zum ... Einkaufen?

Das **Centro Comercial Vasco da Gama** (tägl. 9–24 Uhr, www.centrovascodagama.pt) ist ein Einkaufsparadies. Die größten Geschäfte sind **C&A** mit Männer- und Damenbekleidung und **Continente**, ein riesiger Supermarkt, in dem es Lebensmittel und Getränke, Elektronikwaren, Bekleidung, Spielzeug und vieles mehr zu kaufen gibt.

Frauen werden **Zara** (Ebene 0, Nr. 202, Tel. 218 92 30 70) wegen der erschwinglichen Auswahl besuchen wollen. Mehr davon gibt es bei **Mango** (Ebene 1, Nr. 150, Tel. 218 95 11 76). Unbekannt könnte Ihnen **Massimo Dutti** (Ebene 1, Nr. 158, Tel. 218 95 56 94) sein, eine Kette, die mit klassischer und unkonventioneller Freizeitbekleidung für Männer und Frauen überzeugt. Eine andere europäische Kette ist **Cortefiel** (Ebene 1, Nr. 26, Tel. 218 93 08 52), die eher klassische Damenbekleidung verkauft.

Portugiesische Schuhe sind preiswert – besuchen Sie **Agostini** (Ebene 0, Nr. 152, Tel. 218 95 56 97). Mit Schmink- und Schönheitsprodukten können Sie sich bei **Sephora** (Ebene 2, 67–71, Tel. 218 93 50 40) eindecken. Diese französische Kette hat Hautpflege- und Kosmetikprodukte aller großen Hersteller im Angebot, außerdem Designerdüfte zu guten Preisen.

Schauen Sie auch bei **Perfumes e Companhia** (Ebene 1, 118, Tel. 218 95 56 09) hinein.

Die Mall verfügt über **Kinderkrippe** und Spielplatz sowie eine ganze Etage mit Ess-Ständen und Restaurants. Und gut zu wissen für alle, die rasch mal ins Internet wollen: WiFi ist im ganzen Gebäude verfügbar.

Wohin zum ... Ausgehen?

Der Parque das Nações bietet Unterhaltung für die ganze Familie, ein **Kino mit zehn Sälen** im Vasco-da-Gama-Zentrum (www.zonlusomundo.pt/, tägl. 11–23 Uhr).

Am südlichen Ende des Geländes wartet die exklusive Lounge der **Marina Terrace** (200 C1, Passeio do Adamastor, Edifício Nau lote 41, Obergeschoss, www.lisboamarina.pt, tägl. 10–2, So, Mo bis 24 Uhr). Doch darüber hinaus gibt es keinen echten Club im engeren Sinne oder eine Diskothek im Parque das Nações, da das Gelände als Nightlife Spot nicht wirklich angenommen wird. Daher sind die Möglichkeiten, spontan auszugehen, sehr überschaubar, sieht man von Hotel- und Casinobars sowie größeren Musik- und Kulturveranstaltungen ab. Wenn Ihnen danach der Sinn steht, werfen Sie einen Blick in die Programme der folgenden Veranstalter. In Portugals größter überdachter Arena, dem **Pavilhão Atlântico,** auch **MEO Arena** genannt (Tel. 218 91 84 71, www.arena.meo.pt, Tageskasse 13–19 Uhr), finden Sportveranstaltungen und Rockkonzerte statt.

Im **Casino Lisboa** (Tel. 218 92 90 00, www.casinolisboa.pt, Mo–Do 15–3, Fr–Sa 16–4 Uhr) finden Musik- und Tanzshows im Auditorium und Livevorführungen in der Arena Lounge statt. Starten Sie in den Abend in einem seiner drei Restaurants (➤ 166) oder in einer der vier Bars.

Wenn Sie etwas Traditionelleres sehen möchten, bietet das **Teatro Luís de Camões** (Passeio de Neptuno, Tel. 218 92 34 70, www.cnb.pt) gute Unterhaltung, inklusive Aufführungen des portugiesischen Nationalballetts.

Ausflüge

Ausflüge

Lissabon ist mit einer großen Anzahl von Ausflugsmöglichkeiten gesegnet, die von Monumentalpalästen und glanzvollen Seebädern bis hin zu attraktiven Wanderwegen und wilden Küstenstrichen alles beinhalten. Alle sind innerhalb etwa einer Stunde vom Stadtzentrum aus zu erreichen.

Einer der beliebtesten Ausflüge bei Touristen führt nach Sintra, nordwestlich von Lissabon gelegen und in etwa einer Stunde Fahrt erreichbar. Die ehemalige Sommerresidenz der portugiesischen Königsfamilie liegt auf einer Bergkuppe. Sie können einen Ausflug hierher mit der Besichtigung des Königspalastes in Queluz kombinieren. Rund 50 km nordwestlich von Lissabon liegt der Klosterpalast von Mafra, ein barocker Bau von verschwenderischer Pracht.

Steigen Sie im Hochsommer in den Zug und fahren Sie zu den Küstenstädten Estoril und Cascais, wo noch immer Fischerboote am Strand liegen. Dahinter biegt die Küstenlinie nordwärts zum Atlantik, dessen eindrucksvolle Wellen Surfer an die Strände locken. Von hier aus ist es nicht mehr weit zum Cabo da Roca, dem westlichsten Punkt des europäischen Festlandes.

Die Westküste

Die Sonne scheint, das Wasser funkelt, der Himmel ist blau, steigen Sie also in einen Zug und fahren Sie los, um Lissabons Küste zu entdecken – eine Mischung aus hübschen Seebädern, verlassenen Stränden und dramatischen Küstenlandschaften.

Blick über den Strand von Cascais

Estoril

Der erste Halt von Lissabon aus in Richtung Westen ist Estoril, in der Mitte des 20. Jahrhunderts gleichbedeutend mit großem Geld, verbannten Adeligen und Agenten: Im Zweiten Weltkrieg suchten die abgesetzten Könige Juan de Borbón von Spanien und Umberto II. aus Italien Zuflucht im neutralen Portugal. Unter den Spionen befand sich auch Ian Fleming. Seine Beobachtungen im **Casino** nutzte er später als Inspiration für seinen ersten, 1952 erschienenen James-Bond-Roman *Casino Royale*. Das Casino steht noch und auch die Würfel rollen noch, doch werden die Kunden heute mehr von den Spielautomaten und den nächtlichen Shows angezogen. Unterhalb des **Casinoparks** verläuft eine palmengesäumte Promenade am Meer und dem **Tamariz-Strand** entlang.

Cascais

Von hier aus können Sie die Küste entlang nach Cascais wandern, ein **Fischereihafen** und geschäftiger **Badeort** mit Jachthafen – und mit Santini, einer der besten Eisdielen Europas. Die Promenade verbindet drei schöne **Strände**, die im Sommer allerdings sehr überlaufen sind. Das quirlige Nachtleben von Cascais konzentriert sich um die Rua Frederico Arounca, die Fußgängerzone, in der es auch gute Einkaufsmöglichkeiten gibt. Tagesausflügler können das **Museu Conde de Castro Guimarães** besichtigen, das ehemalige Haus des Grafen von Guimarães, das er bei seinem Tod 1892 mitsamt einer ungewöhnlichen Sammlung dem Staat vermachte. Ebenfalls sehenswert ist die **Casa das Histórios-Museu Paula Rego**, das sich dem faszinierenden Universum der wohl bekanntesten zeitgenössischen Malerin Portugals widmet. Vom Zentrum aus fährt der Bus 427 zur **Boca do Inferno** (Höllenschlund), einem schönen Ort, der bei stürmischem Wetter und hohem Seegang am besten zur Geltung kommt.

Guincho

Westlich von Cascais führt die Straße durch eine wilde und unberührte Landschaft, mit der man so nahe der Hauptstadt kaum rechnet. Felsbuchten, Klippen, Streifen funkelnden Sandes und sich wellende Dünen wechseln sich ab. Wenn Sie mit dem Auto unterwegs sind, bieten die vielen Buchten mit ihren Sandstränden einen idealen Ort für ein erfrischendes Bad.

Surfer, Kitesurfer und Wellenreiter finden in Guincho, ca. 6 km von Cascais, einige der besten Windsurfmöglichkeiten Europas. Der großartige **Strand** erstreckt sich bis in die Dünen mit den Hügeln von Sintra (➤ 174) im Hintergrund. In den Freiluftrestaurants entlang der Zufahrtsstraße können Sie Sardinen genießen und der Brandung lauschen.

Cabo da Roca

Im Norden, am Ende der Serra de Sintra, liegt das wilde und raue Cabo da Roca, der **westlichste Punkt des europäischen Festlandes**. Abgesehen vom Leuchtturm mit spektakulärem Blick über die gesamte Küste und einem Denkmal mit der Inschrift des portugiesischen Nationaldichters Luís de Camões gibt es keine Sehenswürdigkeiten. Allein der

Spektakulärer Blick auf zerklüftete Felsen vom Cabo da Roca

Die bildschöne Westküste

Die Westküste

Naturgenuss ist diesen Ausflug aber auf alle Fälle wert. Das Touristenbüro verkauft Ihnen sogar ein Zertifikat, mit dem Sie belegen können, so weit im Westen gewesen zu sein.

KLEINE PAUSE

Das **5 Sentidos Casa do Largo** in Cascais (Largo Assunção 6, www.restaurante5entidos.com/ Tel. 961 57 11 94, Mo, Mi bis Fr 12.30–15.30, 17.30–2, Sa–So 12.30–2 Uhr) bietet Gastropub-Konzept auf portugiesische Art.

Touristeninformation Estoril und Cascais
✉ Ask Me Cascais, Rua Visconde de Luz 14 ☎ 214 82 23 27, www.estoril-portugal.com 🕐 Mo–Sa 10–13, 14.00–18.00 Uhr

Museu Conde de Castro Guimarães
✉ Avenida Rei Humberto II. de Itália, Cascais ☎ 214 81 53 08
🕐 Di–Fr 10–17, Sa–So 10–13, 14–17 Uhr ✋ Eintritt frei

Casa das Histórias – Museu Paula Rego
✉ Avenida da República 300 ☎ 214 82 69 70
🕐 tägl. 10–18, im Sommer bis 19 Uhr ✋ 3 €

BAEDEKER TIPP

- Es gibt ausgezeichnete **Möglichkeiten zum Einkaufen und Essen** sowohl in Estoril als auch in Cascais, sodass Sie sich überlegen sollten, zum Abendessen zu bleiben und mit einem späten Zug zurück nach Lissabon zu fahren.
- Sie können diesen Ausflug **aus beiden Richtungen** beginnen – entweder starten Sie in Estoril und beenden den Tag an der Westküste, oder Sie fahren direkt zum Cabo da Roca und beschließen den Tag in Estoril oder Cascais.
- Wenn Sie **schwimmen** wollen, sollten Sie daran denken, dass an der Westküste **das Wasser sehr kalt** ist und **die Strömungen überaus stark** sind – jedes Jahr gibt es Tote an dieser Küste. Am **sichersten** ist es, in Estoril und Cascais zu schwimmen.

Anreise: Vier Züge fahren stündlich von **Cais do Sodré** nach Estoril und Cascais.
- Die Fahrt nach **Estoril** dauert 35 Minuten.
- Bis **Cascais** sind es weitere 5 Minuten (20 Minuten, wenn Sie die Strecke dazwischen zu Fuß gehen).
- Um nach **Guincho** zu gelangen, nehmen Sie den Scotturb-Bus Nr. 405 oder 415, der vor dem Bahnhof von Cascais abfährt.
- Es lohnt sich darüber nachzudenken, für diesen Ausflug **ein Auto zu mieten**. Die Küstenstraße hinter Guincho zum Cabo da Roca ist wunderschön, und ein Auto erlaubt Ihnen mehr Beweglichkeit. Wenn Sie das Auto für einen Tag mieten, sollten Sie **den Wagen in Cascais abholen**, um sich den Ärger mit dem Lissabonner Verkehr zu ersparen.

Sintra

Ein Tag in Sintra, einst Sommerresidenz der portugiesischen Königsfamilie, ist von Lissabon aus der beliebteste Ausflug. Dieses UNESCO-Weltkulturerbe mit seinen Palästen, Parks und Museen befindet sich inmitten von üppig bewaldeten Hügeln mit weitem Ausblick auf das Meer. Es besteht aus drei einzelnen Dörfern, wobei sich die meisten Attraktionen in Sintra-Vila befinden.

Schon die Römer nutzten Sintra als Verteidigungsanlage. Im 10. Jahrhundert erbauten die Mauren an diesem Ort mit seinem milden und feuchten Klima, das üppige Vegetation hervorbrachte, einen Palast. 1147 fiel dieser an die Christen und wurde Eigentum der portugiesischen Könige bis zu ihrer Verbannung im Jahr 1910. Der Palast war sowohl Jagdschloss als auch Rückzugsort vor der sommerlichen Hitze Lissabon. Im Laufe der Jahre wurde er vergrößert und mit Gärten umgeben. Reiche Aristokraten folgten. Im 19. Jahrhundert waren die Hügel von Sintra mit ihren herrschaftlichen Wohnsitzen und Villen gesprenkelt. Mit Golf, Tennis, Reiten und nahem Meer ist Sintra weiterhin ein Urlaubsort für die Gutbetuchten. Neben den Boutiquen und Antikläden in São Pedro de Sintra gibt es hier auch Kultur, z. B. das Internationale Musik- und Tanzfestival (Juni–Juli), eines von Portugals angesehensten Festivals.

Palácio Nacional de Sintra

Das Zentrum von Sintra-Vila wird dominiert von zwei außergewöhnlichen kegelförmigen Kaminen, umgeben von einer bunten Mischung aus gotischer und manuelinischer Architektur mit reichlich maurischen Einflüssen. Dies ist der Palácio Nacional de Sintra, ein sommerliches Lustschloss, das von König João I. und seinem Nachfolger Ma-

Der Palácio Nacional de Sintra überragt das darunter liegende Städtchen

nuel I. im 14. und 15. Jahrhundert erbaut wurde. Ein Rundgang durch den Palast erlaubt spannende Blicke auf versteckte Innenhöfe sowie herrliche Ausblicke über die umgebende Landschaft.

Das **Schwanenzimmer**, der Hauptempfangsraum zur Regierungszeit João I. und der größte Raum des Palastes, ist ein mit prachtvollen Fliesen ausgekleideter Saal mit Blick auf den zentralen Innenhof. Seine Decke schmücken gemalte Schwäne, die mit goldenen Halsbändern verziert sind. Von hier führen Treppen hinauf in das **Elsternzimmer**, ein privates Gemach, dessen Decke mit einem Schwarm Elstern bemalt ist, von denen jede mit ihrem Schnabel den Text »*Por bem*« festhält. Angeblich soll João, inflagranti mit einer Hofdame ertappt, zu seiner Gattin gesagt haben: »*Foi por bem*« (Ich habe es gut gemeint). Der **Wappenraum**, mit blauen *azulejos* ausgekleidet, zeigt auf seiner Kassettendecke die Wappen von 72 edlen Geschlechtern. In der Ferne sieht man das Meer. Von hier aus konnte der König seine Flotten beobachten, wie sie nach Afrika, Brasilien und Indien in See stachen. Am entgegengesetzten Ende des Palastes finden Sie die **Küchen**. Sie beherbergen die beiden großen Kamine und geben einen Einblick in das mittelalterliche Verpflegungswesen in großem Maßstab.

Detail an der Fassade des Palácio da Pena

Palácio da Pena

Der Palácio da Pena hoch über Sintra-Vila wurde im 19. Jahrhundert auf der Hügelkuppe gebaut. Hier stand einst eine Kapelle mit angeschlossenem spätgotischem Kloster, das nach dem Erdbeben von 1755 nicht mehr genutzt wurde. Im Jahr 1836 vermählte sich Königin Maria II. mit Prinz Ferdinand von Sachsen-Coburg-Gotha. Er beauftragte den deutschen Architekten Wilhelm von Eschwege damit, den außergewöhnlichen Palast zu erbauen, der seit der endgültigen Verbannung der Monarchie 1910 in seinem ursprünglichen Zustand erhalten wurde.

Wie von Prinz Ferdinand beauftragt, entwarf Eschwege einen Prachtbau, der Elemente aus Gotik, Manuelinik, Renaissance, Rokoko, weiterhin Maurisches und Fernöstliches enthält. Der Hauptturm des Schlosses ist zudem eine Nachbildung des Turmes von Belém. Nicht jeder schätzt heute das wirre Stilgemisch. Überall ragen Türmchen, Kuppeln und Mauerzinnen auf, und das Interieur ist nicht weniger bizarr.

Zu den Highlights gehören einige bemerkenswerte Stuckarbeiten, prächtige Badezimmer und Küchen und einige leicht erotische unvollendete Gemälde von Karl I., dem letzten portugiesischen König. Der zweistöckige manuelinische **Kreuzgang** ist noch von einem Kloster aus dem 16. Jh. erhalten. Der **bewaldete Garten** vor dem Palast, eine Oase aus Schatten und Wasser, lohnt einen Besuch.

Unterwegs in Sintra-Vila

In Sintra-Vila gelangen Sie vom Hauptplatz in nur fünf Minuten zu Fuß zur **Quinta da Regaleira**. Das Privathaus mit den verzierten Türmen und dem verschnörkelten Mauerwerk ist ein schönes Beispiel für die wiederentdeckte neomanuelinische Architektur Anfang des 20. Jahrhunderts. Die Rokoko-Holzdecken der Räume und die detaillierten Mosaikböden zeigen Jagdszenen und Tierstillleben. Besonders sehenswert sind jedoch die **Gärten**, ein Labyrinth von Pfaden an einem steilen Hang, der mit Kamelien, Hortensien und Farnkraut bepflanzt ist, unterbrochen von Teichen, Brunnen, Terrassen und Statuen. Highlight ist der **Initiationsbrunnen** mit einer sich drehenden Steintür, den Sie über moosbedeckte Stufen und einen Tunnel erreichen. Im Zentrum zeigt das auch für Kinder geeignete **Museu Anjos Teixeira** Gemälde und Skulpturen des portugiesischen Bildhauers Artur Teixeira und seines Sohns Pedro.

In der Umgebung gibt es noch mehr zu entdecken, u. a. das **Castelo dos Mouros**, die Ruinen eines maurischen Schlosses, von dessen felsigen Klippen sich außergewöhnliche Ausblicke auf die Küste bieten. Pflanzenfreunde sollten sich **Monserrate** ansehen. Der ausgedehnte Park, reich an subtropischen Bäumen, Sträuchern und Pflanzen, wurde zwischen 1793 und 1799 von William Beckford angelegt. Der reiche englische Homosexuelle und Autor des Schauerromans *Vathek* floh aus England um der sozialen Ächtung zu entgehen. Die Pflanzungen wurden im 19. Jahrhundert von Sir Francis Cook erweitert, der auch die Villa erbauen ließ.

Die Galerie des Palácio da Pena bietet herrliche Blicke in die Umgebung

KLEINE PAUSE

Mittagessen können Sie im gemütlichen **Tacho Real Sintra** (Rua da Ferraria 4, Vila Velha, Tel. 219 23 52 77, Do–Di 12–15, 19.30–22.30 Uhr, im Winter auch Mi).

BAEDEKER TIPP

Vom Bahnhof Rossio fahren alle 20 Min. **Züge** nach Sintra (Endstation, 40 Min.). Sintra-Vila erreicht man zu Fuß in 15 Min. hügelan, von dort bis zum Palácio de Pena wartet ein langer, steiler Aufstieg. Bequemer ist der Pendelbus, der halbstündlich die Hauptsehenswürdigkeiten abfährt.

Touristeninformation Ask me Sintra
✉ Praça da República 23 ☎ 219 23 11 57, www.cm-sintra.pt
🕐 tägl. 9.30–18, im August bis 19 Uhr

? Kombitickets für die folgenden Sehenswürdigkeiten lohnen sich; die Website www.parquesdesintra.pt bietet eine Preissimulation

Palácio Nacional de Sintra
✉ Largo Rainha D Amélia, Sintra ☎ 219 10 68 40, pnsintra.imc-ip.pt
🕐 tägl. 9.30–19 Uhr, Nov. – Feb. bis 18 Uhr ✋ 10 €

Palácio da Pena
✉ Sintra ☎ 219 10 53 40, www.parquesdesintra.pt
🕐 April–Okt. tägl. 9.45–19 Uhr, Nov.–März. 10–18 Uhr ✋ 14 €

Quinta da Regaleira
✉ Rua Barbosa du Bocage ☎ 219 10 66 50, www.regaleira.pt
🕐 April–Sept. tägl. 10–20 Uhr, Nov.–Jan. tägl. 10–17.30 Uhr, Feb.–März, Okt. tägl. 10–18.30 Uhr (letzter Einlass 30 Min. vor Schließung), geführte Touren (Buchung im Voraus) ✋ 6 €

Museu Anjos Teixeira
✉ Azinhaga da Sardinha – Rio do Porto
☎ 219 23 88 27, www.museuvirtual.cm-sintra.pt
🕐 Di–Fr 10–18, Sa, So 12–18 Uhr ✋ frei

Castelo dos Mouros
✉ Parque de Sintra ☎ 219 23 73 00, www.parquesdesintra.pt
🕐 Ende März–Okt. tägl. 9.30–20 Uhr, Nov.–Ende März tägl. 10–18 Uhr (letzter Einlass 1 Std. vor Schließung) ✋ 8 €

Monserrate
✉ Est de Monserrate ☎ 219 10 78 06/219 23 73 00, www.parquesdesintra.pt
🕐 April–Okt. tägl. 9.30–19, Nov.–März 10–17 Uhr (letzter Einlass 1 Std. vor Schließung), Palácio nur mit Voranmeldung ✋ 8 €

Gut erhaltene Ruine: Castelo dos Mouros

Queluz

Hauptattraktion von Sintras Nachbarort Queluz ist der Palácio Nacional. In einem herrlichen Park gelegen, zählt der Palast zu den schönsten des Landes und ist ein wahrer Besuchermagnet. »Que luz!« – Welch ein Licht! – soll Königin Maria I. geschwärmt haben, wenn sie durch ihr helles Schlösschen wandelte.

Palácio Nacional de Queluz

Einst als Jagdschloss errichtet, erhielt der Palast seine heutige Form unter der Regentschaft Dom Pedros III., der 1747 den Umbau zur Sommerresidenz initiierte. So entstand Portugals schönstes Rokoko-Schloss, umgeben mit einer für die Zeit typischen, formal strengen Parkanlage. Herrliche Gemächer prägen das Schloss wie **Musikzimmer**, **Thronzimmer** und **Korridor**, mit Azulejos in Blau, Weiß und Gelb. Übertroffen wird dieser Prunk noch von den verspiegelten Säulen und dem schwarz-weißen Marmorboden des **Empfangssaals**. Das **Schlafzimmer** des Königspaares, mit Wandgemälden zu Motiven aus Cervantes' Don Quijote, ist rechteckig, erscheint indes durch die Deckenkuppel und das Muster des Fußbodens rund. Überall im Palast ist man überwältigt von opulentem vergoldeten Stuck, Teppichen aus Arraiolos, Kristall-Lüstern sowie kostbarem Mobiliar und Porzellan der Epoche.

Der Schlosspark

Von vielen Räumen dieses prächtigen, bei aller Größe durchaus intim wirkenden »portugiesischen Versailles« blickt man auf den Park, angelegt mit ornamentalen Buchsbaumparterres und gepflasterten Wegen zwischen Formschnittgärten, Brunnen und Wasserbassins. 98 Bleistatuen hatte in den 1750er-Jahren der englische Bildhauer John Cheere gefertigt, 22 davon sind noch erhalten.

Zu dem formalen Park, der vor der Kulisse des prächtigen Schlosses an Reiz gewinnt, gesellt sich dort auch der spektakuläre lange »Kanal«, dessen Wände komplett mit blau-weißen Azulejos verkleidet sind. Zur Sommerzeit lustwandelten hier die Rokoko-Schönheiten und deren Galane – was heute bei schönem Wetter oft nachgestellt wird von kostümierten Schauspielern, die sich unter die Besucher mischen.

Das Gebäude der Königlichen Garde gegenüber dem Schloss dient heute als Pousada, die einstige Palastküche

BAEDEKER TIPP

- Mehrmals stündlich fahren **Züge** vom Bahnhof Rossio nach Queluz-Belas (Fahrzeit 25 Min.). Der 15-minütige Weg zum Palast ist gut ausgeschildert.
- Zur Besichtigung von Palast und Park benötigt man einen halben Tag.

Brunnen vor der Kulisse des Rokoko-Palastes

(mit original erhaltener steinerner Feuerstelle und Kamin) als Nobel-Restaurant »Cozinha Velha«.

Auf dem Gelände ist die **Portugiesische Königliche Reitschule** beheimatet, die im Sommer Dressur-Vorführungen veranstaltet.

In Queluz

Queluz selber ist heute ein Vorort von Lissabon und nicht unbedingt der schönste. Viele der rund 200 000 in Wohnsilos untergebrachten Bewohner sind aus aufgelösten *»bairros de lata«* in die neu gebauten Hochhäuser gezogen. Die Region von Queluz, Amadora und Brandoa gehört zu den sozialen Brennpunkten der Stadt.

KLEINE PAUSE

Eine gute Alternative zum Restaurant im Schloss ist das gegenüberliegende **Palácio del Rei** (Largo Mouzinho de Albuquerque 1/7, Tel. 214 35 06 74, del-rei.com, Mo–Sa 12–15.30, 19–22.30 Uhr) mit klassischer portugiesischer Küche.

Palácio Nacional de Queluz

Largo do Palácio Nacional, Queluz

214 34 38 60, www.parquesdesintra.pt

Palast und Gärten 9–19 Uhr (letzter Einlass 18 Uhr)

Palast und Gärten 10 €, nur Gärten 5 €;
Happy hour 15.30–18 Uhr: Palast und Gärten 8,50 €

Mafra

Wenn Sie sehen wollen, was mit dem vielen Gold und den Diamanten aus Brasilien finanziert wurde, sollten Sie nach Mafra kommen. Hier bietet der Palácio Nacional einen guten Eindruck vom Ausmaß königlicher Verschwendungssucht und absolutistischer Machtentfaltung. Erbaut in den Hügeln nördlich von Lissabon, ist der Palast heute publikumswirksamer Teil einer netten Kleinstadt.

Der Nationalpalast von Mafra, halb Königspalast, halb Kloster, zwischen 1717 und 1755 unter João V. erbaut, ist dem Escorial in Spanien nachempfunden. Der König hatte ursprünglich gelobt, zur Geburt eines Nachfolgers ein einfaches Kloster zu errichten. Der Bau hatte jedoch kaum begonnen, als João und sein deutscher Hofarchitekt Johann Friedrich Ludwig schon größere Pläne schmiedeten. So verschmolzen in dem endgültigen Bauplan Barock und italienischer Klassizismus, und es entstand ein Kloster für 450 Mönche mit einer riesigen Basilika und zwei Flügeln für den König und seine Gemahlin.

ZAHLEN UND FAKTEN

- Die Fassade ist rund 220 m lang und 68 m hoch.
- Der Palast nimmt eine Fläche von rund 4 ha ein.
- Er hat 1200 Räume, 4700 Türen und Fenster, 156 Treppen und 29 Höfe.
- Das Glockenspiel hat 114 Glocken und ist das größte der Welt (wird seit 2010 restauriert).
- Der Palácio wurde mithilfe von 50 000 Arbeitern erbaut.

Kloster

Führungen beginnen im Kloster, wo Sie die Apotheke, die Krankenstube, die Küche und einige der spartanischen Mönchszellen zu sehen bekommen. Von hier führt eine Tür in den eigentlichen **Palast**.

Nischen mit Statuen säumen den Durchgang vom Kloster zum Palast

Königliche Gemächer und Basilika

Jeder der **königlichen Flügel** ist ein Spiegelbild des anderen, mit identischer Anordnung der Räume für den König und die Königin – zwei Thronsälen, zwei privaten Kapellen, zwei königlichen Schlafzimmern 300 m voneinander entfernt. Zwischen den beiden Flügeln erhebt sich die herrli-

Hl. Franziskus, Detail der Palastfassade

Die beiden Glockentürme der Basilika

che **Basilika.** Im Inneren wurden verschiedene Marmorarten in Rosa, Weiß, Schwarz, Grau, Blau, Gelb zu einem geometrischen Muster kombiniert. Dahinter befindet sich ein prächtig gekachelter Korridor, der der Königsfamilie auf der einen Seite einen Blick hinunter in die Kirche erlaubte, während sich die andere Seite zum Platz vor dem Palast hin öffnet. Eine schier endlose Reihe von Zimmern führt schließlich zur **Sala dos Troféus**, deren Möblierung und Kronleuchter komplett aus Geweihen und Hirschleder gefertigt sind.

Der Höhepunkt ist die **Bibliothek**, ein glanzvolles Rokoko-Prunkstück. Sie bewahrt über 35 000 Bücher auf, darunter kostbare Inkunabeln sowie Erstausgaben des Epos »Os Lusíadas« von Camões, eine dreisprachige Bibel von 1514 und die älteste Homerausgabe in griechischer Sprache.

KLEINE PAUSE

Es gibt **Bars**, **Cafés** und **Restaurants** gegenüber dem Palast. Wenn Sie mehr als einen Snack essen möchten, sollten Sie zu **Sete Sóis** (Largo Conde Ferreira 1, Tel. 261 81 11 61) gehen, einer *tasca* mit Tischen draußen auf dem Platz gegenüber dem Eingang des Palastes.

Touristeninformation
✉ Av. das Forças Armadas 28
☎ 261 81 71 70, www.cm-mafra.pt
🕓 tägl. 10–13, 14–18 Uhr

Palácio Nacional de Mafra
✉ Terreiro Dom João V
☎ 261 81 75 50, www.palaciomafra.pt
🕓 Mi–Mo 9–18 Uhr, Bibliothek 10–12.30–14–17 Uhr
✋ 6 €, nur mit Führung 1.30 Std., 1. So des Monats frei

BAEDEKER TIPP

- Die Busse der **Mafrense-Busgesellschaft** (Tel. 261 81 61 52, 707 20 13 71, www.mafrense.pt) fahren etwa zweimal in der Stunde vom Busbahnhof Campo Grande ab (45 Min. Fahrt). Nehmen Sie die grüne U-Bahn-Linie zum Campo Grande und folgen Sie den Schildern zum Busbahnhof. Die Haltestelle der Mafrense liegt auf der Stadionseite des Busbahnhofs.
- Lesen Sie zur Einstimmung den Roman »Das Memorial« von José Saramago, der den Bau des Palasts beschreibt.
- Im Herbst findet in Mafra das **Internationale Musikfestival** statt, u. a. mit Barock- und zeitgenössischen Konzerten in der Basilika und der Bibliothek. Fragen Sie im Touristenbüro nach mehr Informationen.
- Planen Sie **für diesen Ausflug einen halben Tag ein** und denken Sie daran, dass der Palast dienstags geschlossen ist.

Spaziergänge & Touren

1 CHIADO UND BAIRRO ALTO

Spaziergang

LÄNGE 2,4 km
DAUER 1 Stunde Wegzeit, 2–2,5 Stunden mit Besichtigungen
START/ZIEL Praça dos Restauradores 207 F4

Der altgediente Elevador da Glória

Dieser Rundgang durch das Zentrum Lissabons geht meist bergab und führt durch zwei charakteristische *Bairros*. Er bietet Gelegenheit, Kirchen, Museen, ansprechende Geschäfte und Cafés zu besuchen.

1–2

Beginnen Sie auf der **Praça dos Restauradores** mit dem **Palácio Foz** (➤ 56) zu Ihrer Linken, in dem eine Touristeninformation der Stadt untergebracht ist. Biegen Sie um die Ecke zum **Elevador da Glória**. Diese Bahn wurde 1885 als zweite Standseilbahn der Stadt eröffnet und verbindet die Hügel des Bairro Alto mit der Innenstadt Lissabons. Nehmen Sie Platz und genießen ein echtes Stück Lissabon. Steigen Sie aus, gehen Sie die Treppe hinauf und halten sich rechts. Zu Ihrer Rechten sehen Sie nach wenigen Schritten den Garten des **Miradouro de São Pedro de Alcântara**, von dem Sie die Aussicht auf Lissabons Zentrum genießen können. Anschließend führt Sie Ihr Weg zurück, die Rua São Pedro de Alcântara entlang mit der Mauer der **Igreja de São Roque** (➤ 115) links.

2–3

Vor der Kirche gehen Sie nach links und überqueren den Platz, bis Sie zu einer Treppe kommen, der Sie nach links hinab folgen. Anschließend biegen Sie in die zweite Straße rechts ein, die Rua da Condessa. Es ist eine ruhige Straße mit ein paar kleinen Läden und Bars. Sie führt zum **Largo do Carmo**. An diesem hübschen Platz mit seinen Bänken und Jacarandabäumen steht das **Museu Arqueológico do Carmo** (➤ 67). Das Hauptquartier der GNR (Militärpolizei) befindet sich in einem Flügel des Klosters. Hier ergab sich Marcelo Caetano während der Nelkenrevolution 1974 (➤ 28f).

3–4

Überqueren Sie den Platz und gehen Sie die Calçada do Sacramento hinunter bis zur Rua Garrett – eine der klassischen Einkaufsstraßen Lissabons. Halten Sie sich rechts

KLEINE PAUSE
Im historischen **Café A Brasileira** (➤ 67), einer alten Institution der Stadt, genießt man seine Bica auf den Spuren berühmter Literaten.

und gehen Sie bergauf, um an den traditionellen Geschäften und der Fassade der **Igreja dos Mártires** (1769 bis 1784 erbaut) entlang zu bummeln. Die Fresken an der Decke über dem Kirchenschiff zeigen Alfonso Henriques, den ersten König Portugals, beim Gelöbnis, die erste Kirche bauen zu lassen. An der Igreja dos Mártires vorbei führt die Rua Serpa Pinto zum **Museu do Chiado** (➤66). Sie können das Museum besichtigen oder einfach am unteren Ende der Calçada do Sacramento rechts abbiegen und im **Café A Brasileira** (➤67) für einen Drink oder einen Kaffee einkehren.

Igreja dos Mártires

4–5

Lassen Sie das Café hinter sich, überqueren Sie die Straße und gehen über den Largo do Chiado und die Rua Duques de Bragança entlang. Kurze Zeit später sehen Sie den Largo São Carlos links unterhalb liegen. Folgen Sie den Stufen hinunter zu diesem Platz, kommen Sie zum **Teatro Nacional de São Carlos** (➤72), Lissabons Opernhaus, das im späten 18. Jahrhundert nach dem Vorbild der Mailänder Scala erbaut wurde. Der Innenbereich ist ganz im Rokokostil gehalten.

5–6
Gehen Sie am Theater vorbei die Rua do Capelo entlang und biegen Sie links in die Rua Ivens, eine herrliche Straße, deren Gebäude aus dem frühen 19. Jahrhundert stammen. Sie führt Sie zurück zur Rua Garrett. Halten Sie sich rechts und Sie sehen das moderne Einkaufszentrum **Armazéns do Chiado** (➤ 63) vor sich. Es wurde nach dem katastrophalen Feuer im Chiado-Viertel (1988) gebaut. Der Entwurf des Neubaus stammt von Álvaro Siza Vieira, einem Stararchitekten aus Porto, dem es perfekt gelungen ist, das Gebäude in die historische Umgebung einzufügen.

6–7
Am Ende der Rua Garrett biegen Sie links in die Rua do Carmo, eine weitere edle Einkaufsstraße. Oben sehen Sie die Überführung des **Elevador de Santa Justa** (➤ 62, 64), der 1901 von einem Bewunderer Eiffels entworfen und gebaut wurde, um die Baixa mit dem darüber liegenden Largo do Carmo zu verbinden. Sie können den Aufzug nehmen und vom Largo do Carmo eine wunderschöne Aussicht auf das Stadtzentrum genießen – gehen Sie dann rechts die Stufen hinab zum Eingang. Oder Sie gehen am Ende der Rua do Carmo rechts zum **Rossio** (➤ 54).

Elevador de Santa Justa

Nun können Sie einfach den Platz überqueren, um zum **Restauradores** zurückzukehren, oder den Spaziergang noch ein wenig verlängern, indem Sie rechts – vorbei an der Rua Áurea, der Rua Sapateiros und der Rua Augusta – bis zur **Praça da Figueira** gehen. Hier biegen Sie links ab, überqueren den Platz, gehen wieder links zurück zum Rossio und weiter zum Restauradores.

Teatro Nacional de São Carlos

2 ALFAMA

Spaziergang

LÄNGE 3,7 km
DAUER 1–1,5 Stunden Wegzeit, 2–4 Stunden mit Besichtigungen
START Praça do Comércio 208 A1 **ZIEL** Sé 208 B1

Am besten erkunden Sie die historische Alfama, Lissabons ältesten *Bairro*, zu Fuß. Dieser Spaziergang führt durch die Hügel, die die Alfama umgeben. So können Sie einige historische Kirchen besichtigen, bevor Sie in das Herz der Alfama gelangen.

Praça do Comércio mit historischer Tram

1–2

Beginnen Sie Ihren Spaziergang auf der **Praça do Comércio**, den Fluss im Rücken. Gehen Sie zur rechten hinteren Ecke des Platzes und überqueren dort die Straße. Laufen Sie die Rua da Prata hinauf und biegen in die erste Straße rechts ein, die Rua do Comércio. Überqueren Sie die Rua dos Fanqueiros und nehmen dann die erste Straße links und die zweite rechts (den braunen Schildern folgend) bergauf. Rechter Hand sehen Sie die **Igreja da Madalena**. Folgen Sie dem Straßenverlauf bis in die Rua de Santo António da Sé bis vor die Fassade der Kathedrale **Sé** (➤86).

2–3

Mit der Kathedrale zu Ihrer Rechten folgen Sie den Straßenbahnschienen bergauf. An der Mauer gegenüber der Kathedrale weist ein Banner auf den Eingang des **Museu do Teatro Romano** hin (Tel. 218 82 03 20, www.museuteatroromano.pt, Di–So 10–13, 14–18 Uhr, Eintritt frei). Hier werden die wenigen Reste des einzigen römischen Amphitheaters in Portugal gezeigt.

Café-Terrasse unter den Arkaden der Praça do Comércio

Blick vom Miradouro de Santa Luzia über das Häusergewirr von Lissabon

Zwar wurde es bereits 1798 entdeckt, später aber wieder überbaut. Als 1964 zufällig einige Steinbänke freigelegt wurden, begannen systematische Ausgrabungen. Der größte Teil des Amphitheaters ist noch unter den umliegenden Häusern begraben und nur ein Teil der Mauer sichtbar. Die Funde werden seit 2014 in neuer Form präsentiert. Verlassen Sie das Museum und gehen Sie bergauf. Die hohe Mauer zur Rechten gehört zur juristischen Fakultät. Gehen Sie weiter hinauf über den Largo do Limoeiro und in die Rua do Limoeiro, um anschließend über die Stufen rechts neben dem Wall zum **Miradouro de Santa Luzia** zu gelangen.

KLEINE PAUSE
Entspannen Sie sich in einem der Cafés in der Nähe des Miradouro de Santa Luzia oder am Largo das Portas do Sol, etwa bei **Cerca Moura** (➤ 98) an einem kleinen Platz nahe Santa Luzia.

3–4
Dieser Aussichtspunkt hat seinen Namen von der winzigen Kirche **Santa Luzia**, deren Außenmauern mit Azulejos des 18. Jahrhunderts dekoriert sind. Von oben erkennen Sie links Kuppeln und Türme von São Estavão. Linkerhand der Kirche geht es nun durch die Travessa de Santa Luzia zum Largo do Contador, wo man in der netten kleinen Café-Bar Cerca Moura (➤ 98) eine Kleinigkeit essen und trinken kann. Dann führt der Weg weiter hügelan über die Travessa do Funil, sodann rechts hinter dem Platz zur Rua do Chão da Feira, an deren Ende bereits das Außentor des **Castelo São Jorge** (➤ 83) in den Blick kommt.

4–5
Nach der Besichtigung der Burg kehren Sie über den Largo do Contador zum **Largo das Portas do Sol** zurück. Dort befinden sich das **Museu-Escola de Artes Decorativas** (Museum für angewandte Kunst, ➤ 88), ein weiterer *Miradouro* mit großartiger Sicht auf den Fluss und

die Statue des São Vicente, den Schutzheiligen Lissabons.

5–6
Folgen Sie Straße und Schienen bergauf bis zu einem kleinen Platz und der Rua Santa Marinha. Nach einer Linkskurve wird sie zur Rua São Vicente. Diese führt direkt zur Kirche **São Vicente de Fora** (►91).

6–7
Geradeaus durch den Torbogen kommt man auf den Campo de Santa Clara, wo Dienstag- und Samstagvormittag der Flohmarkt **Feira da Ladra** stattfindet (►95). Rechts den Hügel hinab und wieder links geht es zum **Panteão**

Aussicht vom Festungswall des Castelo São Jorge

Nacional/Igreja de Santa Engrácia (➤95), in dem nationale Größen des Landes geehrt werden.

7–8

Kehren Sie nun zurück zur Kirche São Vicente de Fora und nehmen Sie dort die Tram 28 hinauf zum Largo de Graça. Vom Vorplatz der **Igreja da Graça** (➤96) bietet sich ein herrlicher Blick vor allem auf die Baixa. Und nach einer Stippvisite in der Kirche lädt ein kleines Café zur wohlverdienten Pause ein.

Folgen Sie von São Vicente de Fora den Trambahnschienen bergab in eine Rechtskurve. Nach etwa 300 m, wo es wieder nach rechts geht, müssen Sie nun die Straße überqueren und den Stufen der Escadinhas das Escolas hinabfolgen. Am Ende der Treppe biegen Sie rechts auf den Largo do Salvador, wo Sie sich dann links halten, um weiter bergab zu steigen.

Die steilen, schmalen Straßen münden im Zentrum der **Alfama** (➤78). Immer weiter führt Sie Ihr Weg bergab, sodann rechts vorbei an dem winzigen Platz mit dem Centro Paroquial da Alfama. Rechts um die Ecke erreichen Sie einen Straßenzug mit quirligen kleinen Lebensmittelgeschäften.

Auf und ab geht es in der Alfama

8–9

Sie erreichen nun den **Largo de São Miguel**, einen Platz mit einer Kirche rechts und einer einzeln stehenden, hoch aufragenden Palme in der Mitte. Überqueren Sie den Platz, die Kirche zu Ihrer Rechten, und folgen nun der Rua de São João de Praça, die nach einer schlichten Kirche aus dem 18. Jahrhundert benannt ist. Dann gehen Sie links an der Kirche vorbei, um bergauf an der Südseite der Sé, der Kathedrale von Lissabon, herauszukommen. Gönnen Sie sich zum Schluss noch die Besichtigung der Kathedrale.

Königliche Grablege in São Vicente de Fora

3 NACH CACILHAS ZUM SANTUÁRIO DO CRISTO REI

Spaziergang

LÄNGE 4,5 km, Fußweg 1 km
DAUER 2–3 Stunden
START/ZIEL Cais do Sodré 207 F1

Eine kurze Fahrt mit der Fähre bringt Sie über den Fluss, wo die gewaltige Statue des Cristo Rei ihre Arme ausstreckt. Diese Fahrt gibt Ihnen einen Eindruck vom Südufer und außerdem die Gelegenheit, die ganze Stadt zu überblicken, einschließlich der Mündung des Tejo.

Die Ponte 25 de Abril erinnert an die Golden Gate Bridge in San Francisco

1–2

Wenn Sie am **Cais do Sodré** sind, folgen Sie den Schildern zum **Estação Fluvial** und kaufen eine Karte (*Bilhete*). Folgen Sie den Schildern zur Fähre nach **Cacilhas** und sichern Sie sich einen Fensterplatz. Die Fahrt über den Tejo dauert etwa 10 Minuten, und Sie haben die Möglichkeit, hinter sich die zurückweichenden Highlights der Stadt zu sehen. Flussabwärts sehen Sie die **Ponte 25 de Abril**, im Jahr 1966 gebaut und zunächst Ponte Salazar genannt. Damals war sie Europas längste Hängebrücke. Die ursprünglichen vier Fahrbahnen wurden inzwischen um zwei erweitert. Trotzdem ist sie noch immer das Nadelöhr Lissabons, besonders während des Berufsverkehrs und an Wochenenden im Sommer. Die Cacilhas-Fähre bedient die Metropole Almada.

2–3

Steigen Sie aus, und gehen Sie links zur Bushaltestelle Nr. 20. Der Bus Nr. 101 fährt etwa alle 20 Minuten zum **Santuário do Cristo Rei.** Bezahlen Sie beim Fahrer, wenn Sie einsteigen. Die Fahrt durch **Almada** zur Statue dauert etwa 15 Minuten. Dabei fahren Sie durch den

Die Statue des Erlösers (Cristo Rei)

unteren, modernen Teil der geschäftigen Stadt. Die große Statue sehen Sie erst, wenn Sie auf der Spitze des Hügels ankommen, wo die Häuser zurückweichen und der Statue am Rand des Steilufers Platz machen. Erinnert Sie diese riesige Figur an eine andere? Kein Wunder! Die berühmte Christusstatue in Rio de Janeiro diente als Vorbild. 1934, nur drei Jahre nach der Vollendung der brasilianischen Statue, reiste der Kardinal von Lissabon nach Rio und war von diesem südamerikanischen Christus sofort begeistert. Sechs Jahre später, als sich fast ganz Europa im Krieg befand, gelobte die portugiesische Regierung, eine ähnliche Statue zu bauen, falls ihr Land vom Zweiten Weltkrieg verschont bliebe. Portugal blieb neutral, und 1950 wurde mit dem Bau begonnen. Der Bildhauer dieser fraglos beeindruckenden, aber steif und monolithisch wirkenden Figur war Francisco Franco de Sousa, der Architekt António Lino.

3–4

Von der Haltestelle gehen Sie durch den mittleren Bogen der Verwaltungsgebäude zur Statue. Aus der Nähe bekommen Sie einen Eindruck ihrer Größe – die gesamte Konstruktion misst 110 m, die Christusfigur selbst 28 m ist hoch (Eintritt 4–5 Euro). Innen bringt Sie ein Fahrstuhl hinauf zu einer **Aussichtsplattform.** Der Souvenirladen bietet religiöse Andenken, ein Zeichen dafür, dass die Statue für viele Portugiesen ein nationales Heiligtum und ein Pilgerort ist. Von der Plattform können Sie auf die Ponte 25 de Abril hinunterschauen.

4–5

Richtung Osten sieht man Lissabon auf der anderen Seite des Flusses, wo der Schwung der **Ponte Vasco da Gama** (➤ 164) die Stadtgrenze markiert. Flussabwärts schauen Sie an **Belém** (➤ 121) vorbei bis zu den Hügeln von **Sintra** (➤ 174ff). Hinter Belém können Sie **Estoril** (➤ 171) und **Cascais** (➤ 171) und in weiterer Ferne das offene Meer erspähen. Nehmen Sie den Bus zurück nach Almada.

5–6

Steigen Sie an der dritten oder vierten Haltestelle aus und schlendern durch die Altstadt, die im Juli besonders sehenswert ist, wenn Portugals wichtigstes Theaterfestival hier stattfindet. Vom Miradouro hinter dem Rathaus, der **Câmara Municipal**, können Sie noch einmal eine wunderbare Aussicht genießen. Vor dem Rathaus befindet sich eine alte Kirche mit einem ansprechenden Platz. Entweder können Sie nun bergab zurück zur Fähre laufen oder den Bus nehmen. Auf dem Weg zurück mit der Fähre nach Lissabon breitet sich die »weiße Stadt« in ihrer ganzen Schönheit vor Ihnen aus.

KLEINE PAUSE

Das Café am Cristo Rei lohnt einen Besuch. Oder gehen Sie Richtung Westen bis zum **Atira-te ao Rio** (Cais de Ginjal 6), Tel. 212 75 13 80, www.atirate aorio.pt), einem brasilianischen Restaurant, das ca. 15 Min. Fußweg von der Fähre entfernt liegt. Der Panoramablick ist grandios, deshalb abends unbedingt reservieren.

Praktisches

REISEVORBEREITUNG

WICHTIGE PAPIERE

● Erforderlich
○ Empfohlen
▲ Nicht erforderlich

Bei einigen Ländern muss der Pass über das Einreisedatum hinaus noch eine bestimmte Zeit gültig sein (i. d. R. mindestens sechs Monate). Prüfen Sie Ihren Pass vor der Abreise.

	Deutschland	Österreich	Schweiz
Pass/Personalausweis	●	●	●
Visum (Bestimmungen können sich ändern – vor Abreise prüfen)	▲	▲	▲
Weiter- und Rückflugticket	▲	▲	▲
Impfungen (Tetanus und Polio)	▲	▲	▲
Krankenversicherung (➤ 198, Gesundheit)	●	●	●
Reiseversicherung	○	○	○
Führerschein (national)	●	●	●
Kfz-Haftpflichtversicherung (Internationale Grüne Versicherungskarte)	●	●	●
Fahrzeugschein	●	●	●

REISEZEIT

Hauptsaison: April–Sept; Nebensaison: Jan–März, Okt–Dez

JAN	FEB	MÄRZ	APRIL	MAI	JUNI	JULI	AUG	SEPT	OKT	NOV	DEZ
Nebensaison	Nebensaison	Nebensaison	Hauptsaison	Hauptsaison	Hauptsaison	Hauptsaison	Hauptsaison	Hauptsaison	Nebensaison	Nebensaison	Nebensaison
15°C	16°C	18°C	19°C	22°C	25°C	27°C	28°C	26°C	22°C	18°C	15°C
Wechselhaft	Wechselhaft	Wechselhaft	Wechselhaft	Sonnig	Sonnig	Sonnig	Sonnig	Sonnig	Wechselhaft	Regnerisch	Regnerisch

Sonnig Wechselhaft Regnerisch

Die Tabelle zeigt die **monatlichen Durchschnittstemperaturen**. Frühling (April–Juni) und Herbst (September/Oktober) sind die beste Zeit für einen Aufenthalt in Lissabon. Im Sommer kann es dort sehr voll und unerträglich heiß sein. Dann sollten Sie Ausflüge in die Badeorte Cascais und Estoril im Westen oder nach Caparica an der Küste jenseits des Tejo unternehmen. Der November kann feucht sein, doch im Januar und Februar zeigen sich erste Anzeichen des Frühlings und man kann mittags schon draußen sitzen. Außerdem sind dann die Hotelpreise meist etwas niedriger. Im Dezember erhellt opulente Weihnachtsbeleuchtung das Wintergrau, inklusive eines gewaltigen Christbaums auf der Praça do Comércio. Und an Silvester ist in ganz Lissabon Straßenparty, mit Feuerwerk im Parque das Nações.

INFORMATION VORAB

Websites
- www.cm-lisboa.pt
- www.visitportugal.com
- www.visitlisboa.com
- www.golisbon.com

In Lissabon
Posto de Turismo
Palácio Foz
Praça dos Restauradores
1200 Lissabon
☎ +351 213 46 33 14

ANREISE

Mit dem Flugzeug: Direktflüge sind von den meisten großen europäischen Flughäfen möglich. Mehrere Billig-Airlines haben Lissabon im Programm. **Flugdauer:** Von den deutschen Großstädten aus etwa 3 Stunden.

Mit dem Auto: Es gibt zahlreiche Grenzübergänge entlang der Grenze zu Spanien. Die Hauptstraßen nach Portugal führen von Vigo nach Porto, von Zamora nach Bragança, von Salamanca nach Guarda und von Badajoz nach Elvas. Von diesen Städten aus haben Sie Zugang zum Autobahnnetz Portugals.
Die Strecke Frankfurt/Main nach Lissabon beträgt rund 2300 km. Neben Benzinkosten müssen teilweise recht hohe Autobahngebühren in Frankreich, Spanien und Portugal einkalkuliert werden (Infos zum Mautsystem in Portugal: www.visitportugal.com – Alles über Portugal – Nützliche Informationen). In Lissabon selbst ist Autofahren wenig sinnvoll.

Mit dem Zug: Von Madrid (10 Std.), Paris (22 Std.) und Frankfurt/Main (25 Std.) verkehren Züge nach Lissabon. Die Zugverbindung von Vigo in Spanien via Porto nach Lissabon überquert die Grenze bei Valença do Minho.

ZEIT

Die Zeitverschiebung zwischen Lissabon und Städten in Deutschland, Österreich und der Schweiz beträgt minus eine Stunde. Am letzten Sonntag im März wird die Uhr um eine Stunde auf Sommerzeit vorgestellt, am letzten Sonntag im Oktober wird sie dann wieder zurückgestellt.

WÄHRUNG UND GELDWECHSEL

Währung: Offizielles Zahlungsmittel in Portugal ist der Euro.
Kreditkarten: Die meisten internationalen Kreditkarten (MasterCard, Visa, American Express) und die Bankkarte werden von Hotels, Restaurants und vielen Geschäften akzeptiert. Ganz ohne Bargeld geht es nicht, da einige Bars und Geschäfte keine Kartenzahlung akzeptieren.
Umtausch: Die Gebühren, die die einzelnen Banken für den Umtausch verlangen, sind sehr unterschiedlich und die Wechselstuben sind in der Regel günstiger. Am besten fahren Sie, wenn Sie Ihr Geld mit der Bankkarte am Geldautomaten abheben.
Sperrnummer Kreditkarten: Deutschland: Unter Tel. 0049 11 61 16 kann man Bank- und Kreditkarten, Online-Banking-Zugänge und Handykarten sperren lassen.
Österreich: Sperrnotruf Tel. 0043 1 717 01 4500
Die wichtigsten Notfallnummern in der **Schweiz**: Tel. 0041 44 659 69 00 (Swisscard); 0041 44 828 35 01 (UBS Card Center) 0041 44 200 83 83 (VISECA); 0041 44 828 32 81 (Postfinance)

Deutschland, Schweiz, Österreich:
Turismo de Portugal (Portugiesisches Fremdenverkehrsamt)
Zimmerstr. 56
D-10117 Berlin
☎ +49 30 2 54 10 60
www.visitportugal.com

Praktisches

DAS WICHTIGSTE VOR ORT

FEIERTAGE

1. Jan. Neujahr
Feb./März Fastnachtsdienstag **März/April** Ostern
25. April Tag der Freiheit
1. Mai Tag der Arbeit
10. Juni Portugal-Tag
15. August Maria Himmelfahrt
8. Dez. Fest der unbefleckten Empfängnis
25. Dez. Weihnachten

ELEKTRIZITÄT

In Portugal wird 220-Volt-Wechselstrom verwendet; Steckdosen sind wie in Deutschland und Österreich. Schweizer brauchen für ihre dreipoligen Stecker einen Adapter.

ÖFFNUNGSZEITEN

Geschäfte
Büros
Banken
Postämter
Museen/Sehenswertes
Apotheken

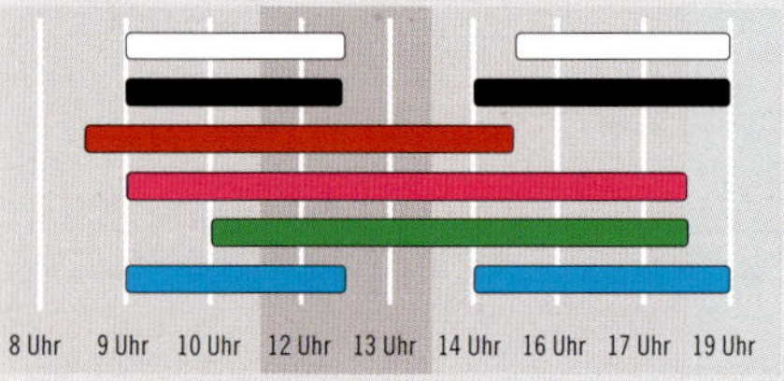

tagsüber mittags abends

Geschäfte: Große Supermärkte meist von 10–19 Uhr, z.T. bis 22 Uhr (sonntags bis 17 Uhr). Große Einkaufszentren meist bis 22 Uhr oder länger.
Postämter: Mo–Fr 9–18, Hauptpost Restauradores auch Sa, So 9–12 Uhr
Museen und Kirchen: Kleinere meist über Mittag geschl.
Apotheken: In der Regel von 9–12.30 und 14–19 Uhr geöffnet. Notapotheken haben länger geöffnet (► 198).

TRINKGELD

Sie müssen nicht überall Trinkgeld geben, und es werden keine hohen Summen erwartet.
In etwa gilt:

Restaurant	(exkl. Service) 10 %
Taxi	10 %
Stadtführer	halber Tag 3 €
	ganzer Tag 5 €
Gepäckträger	1 € pro Gepäckstück
Zimmermädchen	Trinkgeld wird nicht erwartet
Toilette	nach Ermessen

KLEIDUNG

Allzu streng halten es Portugiesen nicht mit der Kleiderordnung, schätzen es jedoch, wenn Sie dem Anlass gemäß auftreten.

Lässige Eleganz gilt in besseren Restaurants, wo abends für Herren ein Sakko obligatorisch ist.

ZEITUNTERSCHIED

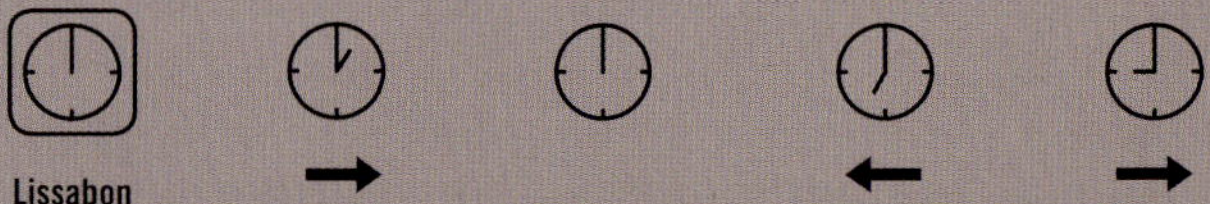

Lissabon
12 Uhr

MEZ (Berlin)
13 Uhr

London (GMT)
12 Uhr

New York (EST)
7 Uhr

Sydney (AEST)
21 Uhr

IN KONTAKT BLEIBEN

Post Briefmarken *(selos)* können Sie in Postämtern, Kiosken und Tabakläden kaufen. Briefe in andere EU-Länder brauchen 3–7 Tage. Eilsendungen können Sie als *correio azul* in blaue Briefkästen einwerfen. Gewöhnliche Briefkästen sind rot.

Telefon Öffentliche Telefone funktionieren mit Münzen, Kredit- und Telefonkarten. Letztere erhalten Sie in Postämtern, Kiosken und Geschäften mit PT-Logo (Portugal Telecom). Internationale Telefongespräche führen Sie am besten aus einer Telefonzelle, die mit *Internacionais* gekennzeichnet ist. Anrufe ins Ausland sind zwischen 21 und 9 Uhr und an Wochenenden billiger.

Innerhalb Portugals gehören die Ortsvorwahlen zur Telefonnummer und müssen bei Ortsgesprächen mitgewählt werden.

Internationale Vorwahlen:
Deutschland: +49
Österreich: +43
Schweiz: +41
Portugal: +351

Mobiltelefon Für Mobiltelefone gilt in Portugal der europäische Standard GSM. Wer viel telefoniert, ist mit einer einheimischen Prepaid-Karte meist besser beraten als mit der Zahlung von Roaming-Gebühren. Von einem nicht-portugiesischen Handy aus ist jeweils die Vorwahl +351 erforderlich.

WLAN und Internet Internet-Anschluss bieten alle größeren und viele kleinere Hotels, oft auf dem Zimmer. Vom Zimmer aus ist die Nutzung häufig gebührenpflichtig (ca. 12 € für 24 h).
WLAN ist in vielen Cafés und Internet Points zugänglich, wobei am zentralsten das Western Union ist (Praça da Figueira, Mo–Fr 8.30–20.30, Sa–So 9 bis 19.30 Uhr).

SICHERHEIT

Gewalt gegen Touristen kommt in Lissabon nicht häufig vor. Gewisse Brennpunkte gilt es zu meiden, dazu gehört u. a. der Monsanto Park, den Sie auch tagsüber nicht alleine besuchen sollten.

Grundsätzlich sollten Sie die auf Reisen allgemein gültigen Vorsichtsmaßnahmen auch in Lissabon walten lassen:

- Schließen Sie Wertsachen im Hotelsafe ein.
- Achten Sie vor allem an von Touristen besuchten Orten, im Getümmel auf Märkten und in öffentlichen Verkehrsmitteln auf Taschendiebe.
- Bleiben Sie nachts auf gut beleuchteten Hauptstraßen.
- Bewahren Sie Reisedokumente, Kreditkarten und Bargeld stets getrennt auf und benutzen Sie Brustbeutel oder Gürtel mit Taschen. Tragen Sie nur wenig Bargeld bei sich. Zahlen Sie lieber mit Kredit- oder Bankkarte.

POLIZEI 112
FEUERWEHR 112
KRANKENWAGEN 112

Praktisches

GESUNDHEIT

Krankenversicherung: EU-Bürger mit einer europäischen Krankenversicherungskarte bezahlen nichts für einen Besuch beim Arzt oder in der Unfallambulanz. Eine private Reiseversicherung wird dennoch empfohlen.

Zahnarzt: Die Qualität von privater zahnmedizinischer Versorgung ist in der Regel hervorragend. Die Behandlung ist kostenpflichtig. Informieren Sie sich, ob Ihre Krankenversicherung die Kosten übernimmt.

Wetter: Die Sonneneinstrahlung ist ganzjährig sehr intensiv. Benutzen Sie Sonnenschutzmittel mit hohem Lichtschutzfaktor, tragen Sie eine Kopfbedeckung und trinken Sie viel Wasser, vor allem, wenn Sie zu Fuß unterwegs sind.

Medikamente: Apotheken *(farmácia)* sind Mo–Fr 9–13 und 14.30–19, Sa 9–12.30 Uhr geöffnet, einige auch durchgehend, Notapotheken sind durch ein Schild im Fenster ausgewiesen. Die Apotheker sind gut ausgebildet. Nehmen Sie dennoch ausreichende Vorräte an wichtigen Medikamenten mit.

Trinkwasser: Leitungswasser ist trinkbar, aber seine Mineralhaltigkeit kann den Geschmack beeinträchtigen. Im Laden gibt es kohlensäurehaltiges *(água com gás)* oder stilles *(água sem gás)* Wasser zu kaufen.

ERMÄSSIGUNGEN

Studenten:
Die meisten Museen gewähren Studenten eine Ermäßigung gegen Vorlage eines gültigen Studentenausweises.
Kinder: bis 12 J. in Museen freien Eintritt
Senioren:
Reisende über 65 Jahren erhalten Ermäßigungen in den staatlichen und einigen anderen Museen sowie in öffentlichen Verkehrsmitteln.

EINRICHTUNGEN FÜR BEHINDERTE

Barrierefreiheit: Die Lage bessert sich beständig, doch ältere Hotels und öffentliche Gebäude sind oft nicht behindertengerecht.

Alle Einkaufszentren, einige Museen, der Flughafen und die Bahnhöfe verfügen über behindertengerechte **Toiletten**.

Das staatliche **Secretariado Nacional de Reabilitação**, Conde de Valbom 63, 1069-1178, Lisboa (Tel. 217 92 95 00, www.inr.pt) erteilt Verkehrsauskünfte (auf Portugiesisch) und publiziert einen Touristenführer mit Verzeichnissen barrierefreier Hotels, Restaurants etc.

KINDER

Besondere Attraktionen für Kinder sind durch oben stehendes Logo gekennzeichnet.

TOILETTEN

In Einkaufszentren, einigen U-Bahn-Stationen und Museen gibt es Toiletten. In Bars und Cafés gibt es Toiletten, die Sie als Gast benutzen können.

BOTSCHAFTEN

Deutschland
☎ 218 81 02 10

Österreich
☎ 213 94 39 00

Schweiz
☎ 213 94 40 90

Im Portugiesischen gibt es zwei charakteristische Laute: Erstens die nasalisierten Vokale, die mit einer Tilde (~, wie die Tilde auf dem spanischen ñ) geschrieben werden. So wird das Wort für »Brot«, pão, ausgesprochen als »pau«, mit einer starken Nasalisierung. Zweitens werden »s« und »z« oft als »sch« ausgesprochen. So wird das Wort für »Geldscheine«, notas, als »notasch« ausgesprochen. Sie werden bemerken, dass das Portugiesische leicht zu lesen ist, die Aussprache macht es den meisten Touristen aber schwer, die Sprache zu verstehen.

IMMER ZU GEBRAUCHEN

Ja/Nein **Sim/Não**
Bitte **Se faz favor**
Danke **Obrigado** (männl. Sprecher)/ **Obrigada** (weibl. Sprecherin)
Nichts zu danken **De nada/Foi um prazer**
Hallo/Tschüss **Olá/Adeus**
Willkommen **Bem vindo/a**
Guten Morgen **Bom dia**
Gute/n Abend/Nacht **Boa noite**
Wie geht es Ihnen? **Como está?**
Gut, vielen Dank **Bem, obrigado/a**
Entschuldigung **Desculpe/Perdão**
Entschuldigen Sie, können Sie mir helfen? **Desculpe, podia ajudar-me?**
Ich heiße ... **Chamo-me ...**
Sprechen Sie Deutsch? **Fala alemão?**
Ich verstehe nicht **Não percebo**
Ich spreche kein Portugiesisch **Não falo português**

AUSSPRACHE DER STÄDTE

Braga **bra-ga**
Bragança **bra-gan-sa**
Coimbra **co-im-bra**
Évora **e-vo-ra**
Faro **fa-ru**
Fátima **fa-ti-ma**
Lagos **la-gusch**
Lisboa **lisch-bo-a** (mit stimmhaftem »sch«)
Marvão **mar-vau**
Porto **por-tu**
Sagres **sa-gresch**
Tavira **ta-vi-ra**
Vila Viçosa **vi-la-vi-so-sa**

EINKAUFEN

Geschäft **Loja**
Wo kann ich ... bekommen? **Onde é que eu posso arranjar ...?**
Könnten Sie mir bitte helfen? **Pode-me ajudar, se faz favor?**
Ich suche ... **Estou a procura de ...**
Ich hätte gerne ... **Queria ...**
Ich schaue mich nur um **Só estou a ver**
Wie viel kostet das? **Quanto custa?**
Es ist zu teuer **Acho demasiado caro**
Ich nehme dieses/diese **Levo este(s)/esta(s)**
Gut/Schlecht **Bom/Mau**
Größer **Maior**
Kleiner Mais **pequeno**
Geöffnet/Geschlossen **Aberto/Fechado**
In Deutschland ist meine Größe ... **Na Alemanha o meu numero é...**
Hätten Sie vielleicht eine Tüte? **Tem um saco, se faz favor?**

GELD: DINHEIRO

Ausländisch **Estrangeiro**
Bank **Banco**
Geldschein **Notas**
Kassenschalter **Caixa**
Kreditkarte **Cartão de crédito**
Münze **Moeda**
Postamt **Posto de correio**
Postsendung **Correio**
Reisescheck **Cheque de viagem**
Scheck **Cheque**
Wechselgeld **Troco**
Wechselkurs **Cámbio**
Wechselstube **Cámbios**
Können Sie mir bitte Kleingeld wechseln? **Podia dar-me dinheiro trocado, se faz favor?**

NACH DEM WEG FRAGEN

Auto **Automóvel**
Bahnhof **Estação**
Bus/Reisebus **Autocarro**
Busbahnhof **Estação de camionetas**
Fahrkarte **Bilhete**
Einfach **Bilhete de ida**
Hin- und Rückfahrt **Ida e volta**
Flughafen **Aeroporto**
Kirche **Igreja**
Krankenhaus **Hospital**
Markt **Mercado**
Museum **Museu**
Platz **Praça**
Schiff **Barco**
Straße **Rua**
Taxistand **Praça de táxis**
Zug **Comboio**

Ich habe mich verlaufen **Estou perdido/a**
Wie viele Kilometer sind es bis nach …?
Quantos quilómetros faltam ainda para chegar a …?
Hier/Dort **Aqui/Ali**
Links/Rechts **À esquerda/À direita**
Geradeaus **Em frente**

NOTFALL! URGÊNCIA!

Hilfe! **Socorro!**
Stopp! **Pare!**
Haltet den Dieb! **Apanhe o ladrão!**
Polizei! **Polícia!**
Feuer! **Fogo!**
Gehen Sie oder ich schreie!
Vai-se embora, senão começo a gritar!
Lassen Sie mich in Ruhe! **Deixe-me em paz!**
Ich habe mein Portemonnaie/meine Brieftasche verloren **Perdi o meu porta-moedas/a minha carteira**
Mein Pass wurde gestohlen
Roubaram-me o passaporte
Können Sie einen Arzt rufen?
Podia chamar um médico depressa?

RESTAURANT: RESTAURANTE

Ich würde gerne einen Tisch reservieren
Posso reservar uma mesa?
Einen Tisch für zwei Personen bitte
Uma mesa para duas pessoas, se faz favor
Könnten wir bitte die Speisekarte bekommen?
Poderia dar nos a ementa, se faz favor
Was ist das? **O que é isto?**
Eine Flasche … **Uma garrafa de …**
Abendessen **Jantar**
Alkohol **Alcool**
Bier **Cerveja**
Brot **Pão**
Café **Café**
Frühstück **Pequeno almoço**
Kaffee **Café**
Kellner **Empregado/a**
Milch **Leite**
Mineralwasser **Água mineral**
Mittagessen **Almoço**
Pfeffer **Pimenta**
Rechnung **Conta**
Salz **Sal**
Speisekarte **Menú/ementa**
Tee **Chá**
Tisch **Mesa**

UNTERKUNFT

Gibt es …? **Há …?**
Ich hätte gerne ein Zimmer mit Meerblick
Queria um quarto com vista para o mar
Wo ist der Notausgang/die Feuerleiter?
Onde fica a saída de emergência/escada de salvação?
Ist das Frühstück inklusive?
Está incluido o pequeno almoço?
Gibt es einen Zimmerservice?
O hotel tem serviço de quarto?
Ich habe reserviert
Reservei um lugar
Klimaanlage **Ar condicionado**
Balkon **Varanda**
Bad **Casa de banho**
Heißes Wasser **Água quente**
Hotel **Hotel**
Schlüssel **Chave**
Aufzug **Elevador**
Nacht **Noite**
Zimmer **Quarto**
Zimmerservice **Serviço de quarto**
Dusche **Duche**
Telefon **Telefone**
Handtuch **Toalha**
Wasser **Água**

WOCHENTAGE

Heute	**Hoje**
Morgen	**Amanhã**
Gestern	**Ontem**
Heute Nacht	**Esta noite**
Gestern Nacht	**Ontem à noite**
Morgens	**De manhã**
Nachmittags	**De tarde**
Diese Woche	**Esta semana**
Montag	**Segunda-feira**
Dienstag	**Terça-feira**
Mittwoch	**Quarta-feira**
Donnerstag	**Quinta-feira**
Freitag	**Sexta-feira**
Samstag	**Sábado**
Sonntag	**Domingo**

ZAHLEN

0	**zero**	15	**quinze**
1	**um**	16	**dezasseis**
2	**dois**	17	**dezassete**
3	**três**	18	**dezoito**
4	**quatro**	19	**dezanove**
5	**cinco**	20	**vinte**
6	**seis**	21	**vinte e um**
7	**sete**	30	**trinta**
8	**oito**	40	**quarenta**
9	**nove**	50	**cinquenta**
10	**dez**	60	**sessenta**
11	**onze**	70	**setenta**
12	**doze**	80	**oitenta**
13	**treze**	90	**noventa**
14	**catorze**	100	**cem**

Cityatlas

Kapiteleinteilung: siehe vordere Umschlaginnenseite

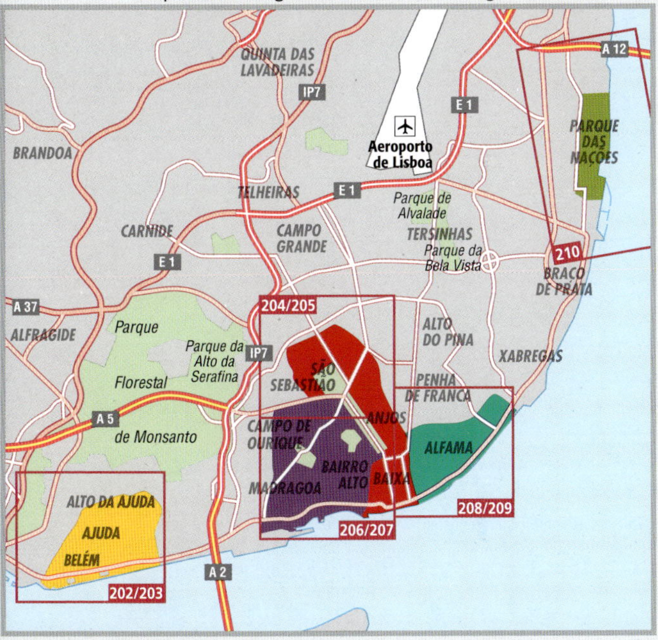

Legende

- Bebaute Fläche
- Grünfläche
- Fußgängerzone
- Metrostation
- Aufzug, Kabelbahn
- Straßenbahn-Linie
- Fähre, Schifffahrtslinie
- TOP 10
- Nicht verpassen!
- Nach Lust und Laune!
- Information
- Theater, Oper
- Museum
- Kirche, Kapelle
- Denkmal, Monument
- Polizei
- Post
- Krankenhaus
- Sehenswürdigkeit
- Aussichtspunkt
- Parkplatz

1 : 13 000

0 250 500 m

0 250 500 yd

A
B
C
5
4
3
2
1
Campo de Desporto
Rua Antão Gonçalves
Av. Helen Keller
Cemitério da Ajuda
Avenida das Descobertas
Avenida da Ilha da Madeira
Rua Rodrigo Rebelo
Rua António de Saldanha
Rua João Dias
Rua Pedro de Sintra
R. Diogo de Silves
R. Gonçalo Nunes
Rua Diogo de Teive
R. Gonçalo de Sintra
Rua Gonçalo Velho
R. Cap. Mor. P. Teixeira
R. D. Afonso
Rua Jorge Dias
R. Jorge Álvares
Rua Tristão Vaz
R. Martins de Carvalho
Rua Pedro Fernandes
Rua Paulo da Gama Queirós
R. Álvaro Esteves
R. João Fernandes Labrador
Rua Pero de Alenquer
R. Luís Cabral
R. Castanho de Almeida
Museu de Etnologia
Ministério da Defesa Nacional
Rua Gonçalves Zarco
Rua Rui Pereira
Rua Dom Constantino de Bragança
Rua António de Saldanha
Rua Fernão Gomes
Rua Eanes da Covilhã
Estádio do Restelo
Rua das Terras
AJUDA
Rua das Pedreiras
RESTELO
Campo de Desporto
Rua Gil
Ermida São Jerónimo
Rua doa Jerónimos
Rua 15
Rua 13
Rua 12
Rua 10
Rua 9
Rua 8
Rua 7
R. J. C. Simoes Aves
Rua 5
Rua 3
Rua 2
Rua 1
Rua 21
Rua de Alcolena
Jardim Ducla Sorres
Avenida do Restelo
Avenida do Restelo
Casa Pia de Lisboa
Rua Duarte Pacheco Pereira
Praça de Damão
Rua Francisco de Almeida
Praça de Dio
Rua Dom Lourenço Almeida
Praça de Malaca
Rua Francisco de Almeida
Inst. de Educação
Mosteiro dos Jerónimos
Santa Maria
Planetário Calouste Gulbenkian
46
Museu Nacional de Arqueologia
Largo d. Jerónimos
Trav. do
Rua Francisco Xavier
43
Museu da Marinha
Praça do Império
Jardim da Praça do Império
Fonte Luminosa
R. Pedro Escobar
R. M. G. de Herédia
R. J. A. de Aveiro
R. Dinis Dias
R. D. de Azambuja
Rua Dom Cristovão da Gama
Avenida da Torre de Belém
Rua São
Rua Vila Correira
Rua João Bastos
Museu Coleção Berardo
42
Centro Cultural de Belém
45
Rua Bartolomeu Dias
BELÉM
Irmãs Dominicanas Irlandesas (do Bom Sucesso)
Avenida da Índia
Avenida de Brasília
Museu de Arte Popular
Doca de Belém
Padrão dos Descobrimentos
41
Doca de Bom Sucesso
Combatentes do Ultramar
Forte do Bom Sucesso
8
Torre de Belém

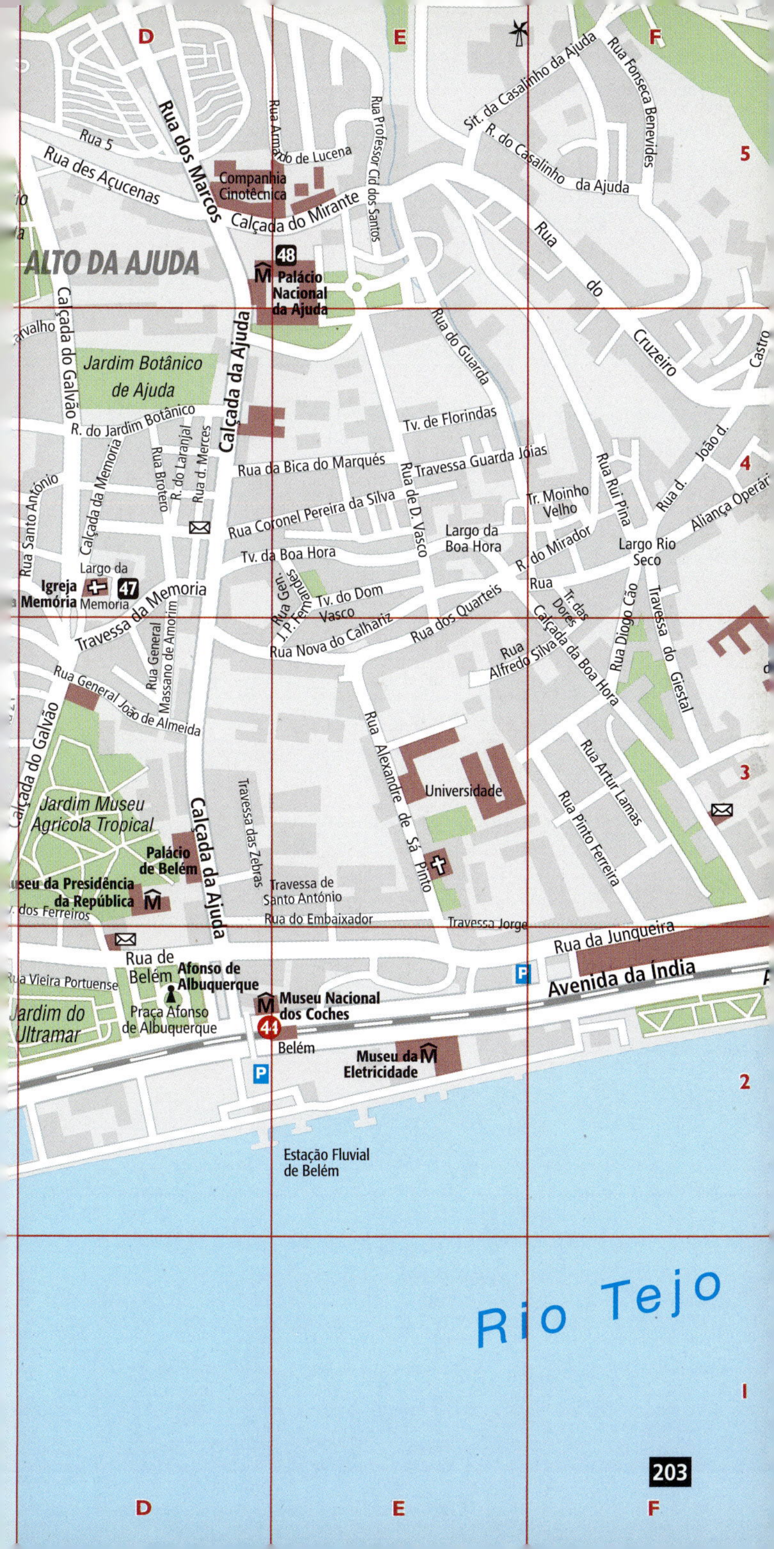

D
E
F
5
4
3
2
1
ALTO DA AJUDA
Rua 5
Rua des Açucenas
Rua dos Marcos
Rua Armando de Lucena
Companhia Cinotécnica
Calçada do Mirante
Rua Professor Cid dos Santos
Sit. da Casalinho da Ajuda
R. do Casalinho da Ajuda
Rua Fonseca Benevides
Rua do Cruzeiro
48
Palácio Nacional da Ajuda
Calçada do Galvão
Jardim Botânico de Ajuda
Calçada da Ajuda
Rua do Guarda
R. do Jardim Botânico
Tv. de Florindas
Travessa Guarda Jóias
Rua da Bica do Marqués
Rua de D. Vasco
Rua Coronel Pereira da Silva
Rua Broteiro
R. do Laranjal
Rua d. Merces
Calçada da Memoria
Rua Santo António
Tr. Moinho Velho
Largo da Boa Hora
Rua Rui Pina
Rua d. João d.
Aliança Operár
Largo Rio Seco
R. do Mirador
Tv. da Boa Hora
Largo da Memoria
Igreja Memória
47
Travessa da Memoria
Rua Gen. J. P. Fernandes
Tv. do Dom Vasco
Rua Nova do Calhariz
Rua dos Quarteis
Rua Alfredo Silva
Tr. das Dores
Calçada da Boa Hora
Rua Diogo Cão
Travessa do Giestal
Rua General Massano de Amorim
Rua General João de Almeida
Rua Alexandre de Sá Pinto
Universidade
Rua Artur Lamas
Rua Pinto Ferreira
Jardim Museu Agrícola Tropical
Palácio de Belém
Calçada da Ajuda
Travessa das Zebras
Museu da Presidência da República
Travessa de Santo António
R. dos Ferreiros
Rua do Embaixador
Travessa Jorge
Rua da Junqueira
Rua de Belém
Afonso de Albuquerque
Rua Vieira Portuense
Avenida da Índia
Jardim do Ultramar
Praça Afonso de Albuquerque
Museu Nacional dos Coches
44
Belém
Museu da Eletricidade
Estação Fluvial de Belém
Rio Tejo

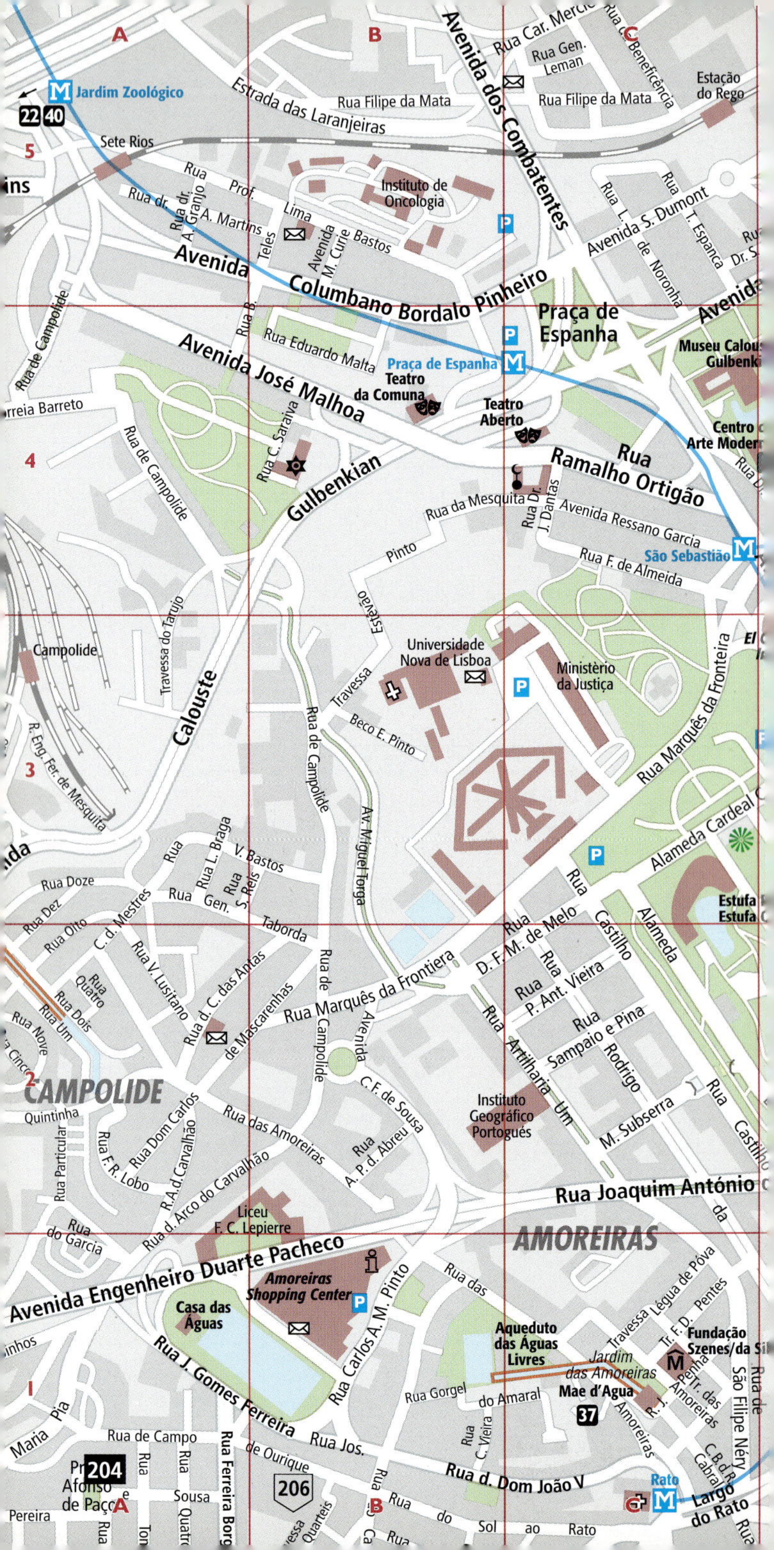
A
B
C
Jardim Zoológico
22 40
Estrada das Laranjeiras
Rua Filipe da Mata
Avenida dos Combatentes
Rua Car. Merc
Rua Gen. Leman
Rua de Beneficência
Estação do Rego
5
Sete Rios
Rua Prof. Lima
Rua dr. A. Martins
Rua dr. A. Granjo
Teles
Instituto de Oncologia
Avenida M. Curie
Bastos
Avenida S. Dumont
Rua L. de Noronha
Rua T. Espanca
Rua Dr. S
Avenida Columbano Bordalo Pinheiro
Praça de Espanha
Avenida
Museu Calous Gulbenki
Rua de Campolide
Rua B.
Rua Eduardo Malta
Praça de Espanha
Teatro da Comuna
Teatro Aberto
Avenida José Malhoa
rreia Barreto
Centro Arte Moderr
Rua Ramalho Ortigão
4
Rua de Campolide
Rua C. Saraiva
Gulbenkian
Rua da Mesquita
Rua Dr. J. Dantas
Avenida Ressano Garcia
São Sebastião
Rua F. de Almeida
Pinto
Estevão
Campolide
Travessa do Tarujo
Calouste
Universidade Nova de Lisboa
Ministério da Justiça
Travessa
Beco E. Pinto
Rua de Campolide
Rua Marquês da Fronteira
R. Eng. Fer. de Mesquita
3
Av. Miguel Torga
Alameda Cardeal C
Rua L. Braga
V. Bastos
Rua S. Reis
Rua Gen. Taborda
Rua Doze
Rua Dez
Rua Oito
C. d. Mestres
Rua V. Lusitano
Rua Quatro
Rua Dois
Rua Um
Rua Nove
Rua d. C. das Antas
de Mascarenhas
Rua Marquês da Fronteira
Rua de Campolide
Avenida
Rua D. F. M. de Melo
Rua P. Ant. Vieira
Rua Castilho
Alameda
Estufa
Estufa
Rua Artilharia Um
Rua Sampaio e Pina
Rua Rodrigo
2
CAMPOLIDE
Quintinha
Rua Dom Carlos
R. A. d. Carvalhão
Rua das Amoreiras
C. F. de Sousa
Rua A. P. d. Abreu
Instituto Geográfico Português
M. Subserra
Rua Castilho
Rua Particular
Rua F. R. Lobo
Rua d. Arco do Carvalhão
Rua Joaquim António
da
Rua do Garcia
Liceu F. C. Lepierre
AMOREIRAS
Avenida Engenheiro Duarte Pacheco
Amoreiras Shopping Center
Rua Carlos A. M. Pinto
Rua das
Travessa Légua de Póva
Pentes
Tr. F. D.
Fundação Szenes/da Si
Casa das Águas
Aqueduto das Águas Livres
Jardim das Amoreiras
Mae d'Água
37
Rua de São Filipe Néry
1
Rua J. Gomes Ferreira
Rua Gorgel do Amaral
Rua C. Vieira
Amoreiras
R. J.
Tr. das Amoreiras
C. B. d. R. Cabral
Maria Pia
Rua de Campo de Ourique
Rua Jos.
Rua Ferreira Borg
Pr. Afonso e de Paço
204
206
Rua d. Dom João V
Rato
Largo do Rato
Pereira
Sousa
Rua do Sol ao Rato

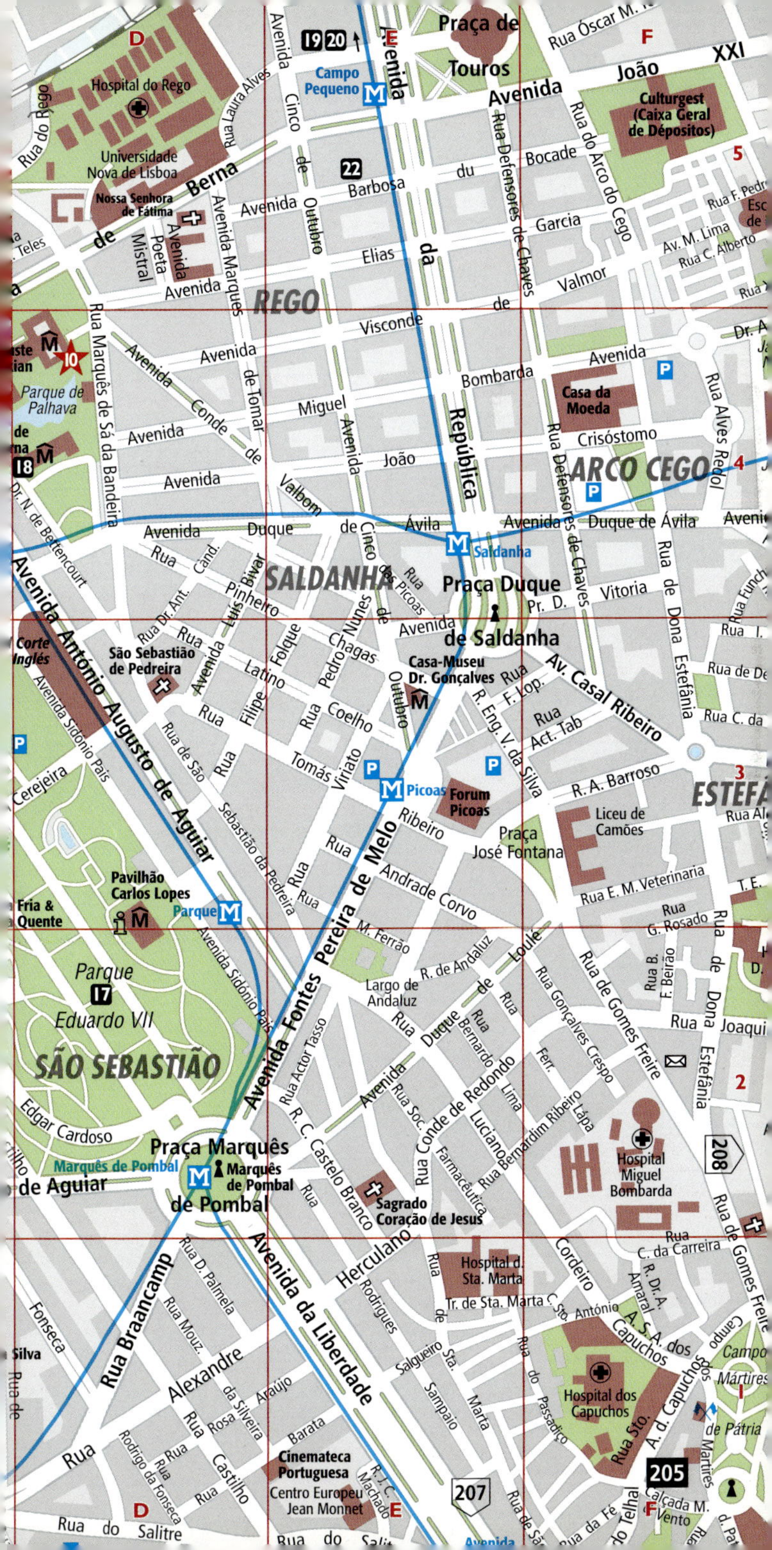

D
E
F
19 20
Praça de Touros
Rua Óscar M.
Campo Pequeno
Avenida da República
Avenida João XXI
Culturgest (Caixa Geral de Depósitos)
Hospital do Rego
Rua do Rego
Rua Laura Alves
Universidade Nova de Lisboa
Nossa Senhora de Fátima
Avenida de Berna
Avenida Cinco de Outubro
22
Avenida Barbosa du Bocade
Rua Defensores de Chaves
Rua do Arco do Cego
Avenida Elias Garcia
Avenida de Valmor
Avenida Poeta Mistral
Avenida Marquês de Tomar
Av. M. Lima
Rua C. Alberto
Rua F. Pedro
5
REGO
Avenida Visconde de Valmor
Rua Marquês de Sá da Bandeira
10
Parque de Palhava
18
Avenida Conde de Valbom
Avenida Miguel Bombarda
Casa da Moeda
Avenida João Crisóstomo
Avenida Duque de Ávila
Avenida António Serpa
ARCO CEGO
Rua Alves Redol
4
Avenida Duque de Ávila
Saldanha
Dr. N. de Bettencourt
Rua Cand. Pinheiro
Luís Bivar
SALDANHA
Rua das Picoas
Praça Duque de Saldanha
Pr. D. Vitoria
Rua de Dona Estefânia
Corte Inglés
Avenida António Augusto de Aguiar
Avenida Sidónio Pais
São Sebastião de Pedreira
Rua Dr. Ant. Latino Coelho
Rua Filipe Folque
Rua Pedro Nunes
Chagas
Casa-Museu Dr. Gonçalves
Av. Casal Ribeiro
Rua F. Lop.
R. Eng. V. da Silva
Rua Act. Tab
Rua de Sebastião da Pedreira
Rua Tomás Ribeiro
Viriato
Picoas
Forum Picoas
Praça José Fontana
R. A. Barroso
Liceu de Camões
3
ESTEFÂNIA
Cerejeira
Pavilhão Carlos Lopes
Fria & Quente
Parque
Avenida Fontes Pereira de Melo
Rua Andrade Corvo
Rua E. M. Veterinaria
Rua G. Rosado
Rua M. Ferrão
Largo de Andaluz
R. de Andaluz
Rua Duque de Loulé
Rua Gonçalves Crespo
Rua de Gomes Freire
Rua B. F. Beirão
Rua Joaquim
Parque Eduardo VII
17
SÃO SEBASTIÃO
Rua Actor Tasso
Rua Bernardo Lima
Rua Ferr. Lapa
Rua Bernardim Ribeiro
2
Edgar Cardoso
Praça Marquês de Pombal
Marquês de Pombal
de Aguiar
Rua Soc. Farmacêutica
Rua Conde de Redondo
Luciano Cordeiro
Hospital Miguel Bombarda
208
R. C. Castelo Branco
Sagrado Coração de Jesus
Rua C. da Carreira
Rua Braancamp
Rua D. Palmela
Avenida da Liberdade
Rua Herculano
Hospital d. Sta. Marta
Tr. de Sta. Marta
Rua de Sta. Marta
C. Sto. António
R. Dr. A. Amaral
A. S. A. dos Capuchos
Campo Mártires de Pátria
Fonseca
Silva
Rua Mouz.
Rua Alexandre Herculano
da Silveira
Rua Rosa Araújo
Rodrigues Sampaio
Salgueiro
Rua do Passadiço
Hospital dos Capuchos
Rua Sto.
A. d. Capuchos
Rodrigo da Fonseca
Rua Castilho
Barata
Cinemateca Portuguesa
Centro Europeu Jean Monnet
R. J. C. Machado
207
205
Calçada M. Vento
Rua do Salitre
Rua de São

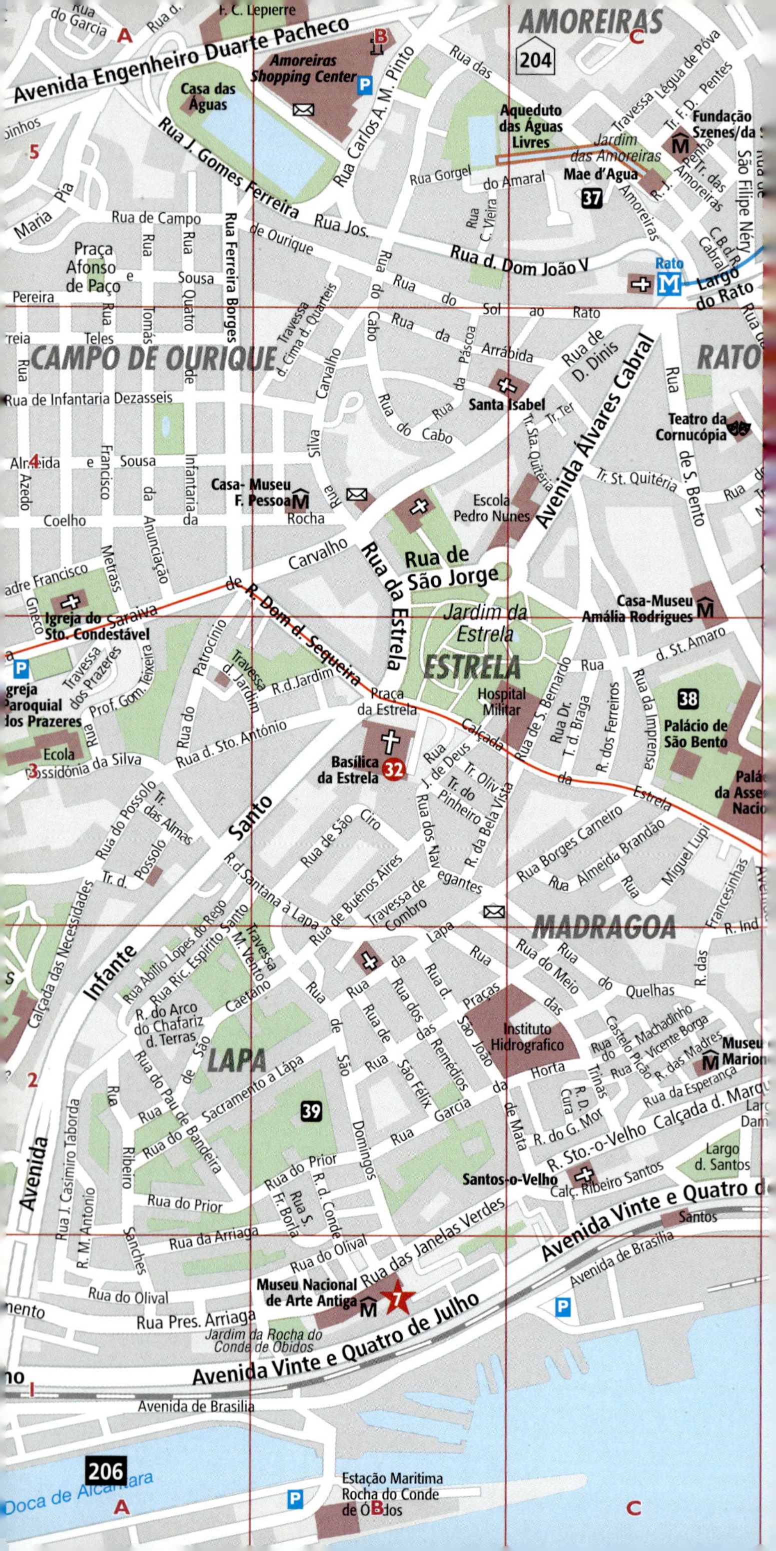

AMOREIRAS
204
Avenida Engenheiro Duarte Pacheco
Amoreiras Shopping Center
Casa das Águas
Rua J. Gomes Ferreira
Rua Carlos A. M. Pinto
Aqueduto das Águas Livres
Jardim das Amoreiras
Mae d'Agua
37
Fundação Szenes/da S
Rua d. Dom João V
Rato
Largo do Rato
Rua de Campo de Ourique
Praça Afonso de Paço
Rua Ferreira Borges
CAMPO DE OURIQUE
Rua de Infantaria Dezasseis
Rua do Sol ao Rato
Rua da Arrábida
Santa Isabel
Avenida Álvares Cabral
RATO
Teatro da Cornucópia
Casa- Museu F. Pessoa
Escola Pedro Nunes
Rua de São Jorge
Rua da Estrela
Jardim da Estrela
Casa-Museu Amália Rodrigues
Igreja do Sto. Condestável
Igreja Paroquial dos Prazeres
R. Dom d. Sequeira
ESTRELA
Hospital Militar
38
Palácio de São Bento
Praça da Estrela
Basílica da Estrela
32
Calçada da Estrela
Rua Borges Carneiro
MADRAGOA
Calçada das Necessidades
Infante Santo
LAPA
39
Instituto Hidrografico
Rua de São Domingos
Santos-o-Velho
Largo d. Santos
Avenida Vinte e Quatro de Julho
Museu Nacional de Arte Antiga
7
Rua das Janelas Verdes
Jardim da Rocha do Conde de Óbidos
Avenida de Brasilia
206
Doca de Alcantara
Estação Maritima Rocha do Conde de Óbidos

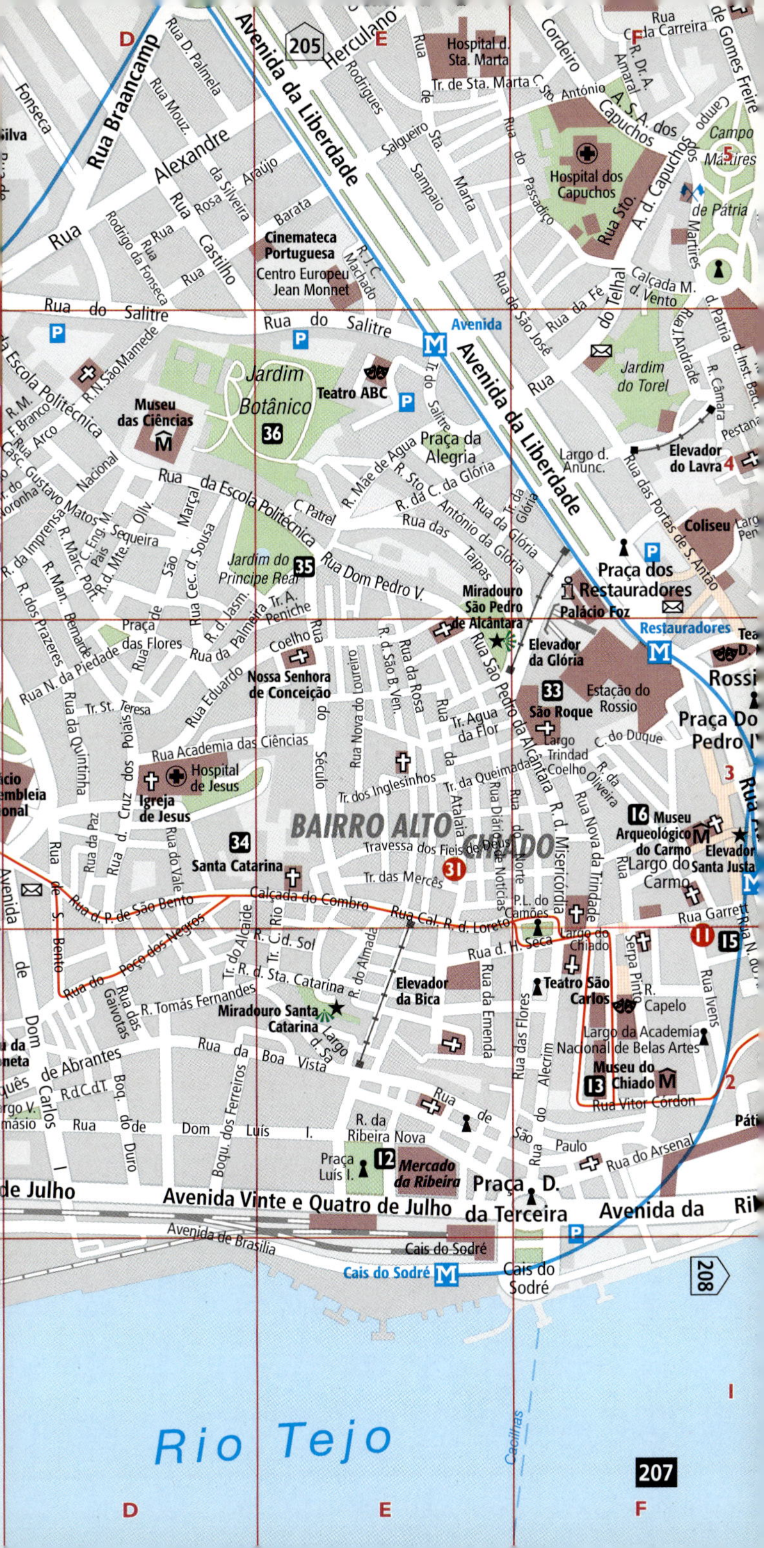
D
E
F
205
208
Rua Braancamp
Fonseca
Silva
Rua D. Palmela
Rua Mouz.
Alexandre
Rua
Herculano
Avenida da Liberdade
Rodrigues
Rua de Sta. Marta
Hospital d. Sta. Marta
Tr. de Sta. Marta
Cordeiro
R. Dr. A. Amaral
Rua da Carreira
de Gomes Freire
Campo Mártires
de Pátria
Campo dos Mártires
Sto. António
A. S. A. dos Capuchos
Hospital dos Capuchos
Rua Sto. A. d. Capuchos
Salgueiro
Sta. Sampaio
Marta
Rua do Passadiço
da Silveira
Araújo
Rua Rosa
Castilho
Barata
Rodrigo da Fonseca
Cinemateca Portuguesa
Centro Europeu Jean Monnet
R. J. C. Machado
Rua de São José
Rua da Fé
do Telhal
Calçada M. d. Vento
Rua J. Andrade
d. Pátria
d. Inst. Bact.
Rua do Salitre
Avenida
Jardim do Torel
R. Câmara
Pestana
Rua
R. N. São Mamede
da Escola Politécnica
R. M. F. Branco
Arco
Rua Casc.
Gustavo Matos
Nacional
Noronha
Museu das Ciências
Jardim Botânico
36
Teatro ABC
Tr. do Salitre
Praça da Alegria
Largo d. Anunc.
Elevador do Lavra
4
Rua das Portas de S. Antão
Coliseu
Largo Pen.
Rua da Escola Politécnica
C. Patrel
R. Mãe de Água
R. Sto. António da Glória
R. da C. da Glória
Rua das Taipas
Rua da Glória
Tr. da Glória
Avenida da Liberdade
R. da Imprensa
C. Eng. M. Pais
R. Marc. Port.
R. d. Mte. Oliv.
Sequeira
São Marçal
Rua Cec. d. Sousa
Jardim do Principe Real
35
Rua Dom Pedro V.
Miradouro São Pedro de Alcântara
Praça dos Restauradores
Palácio Foz
Restauradores
R. Man. Bernardes
R. dos Prazeres
Praça das Flores
R. d. Jasm.
Tr. A. Peniche
Rua da Palmeira
Coelho
Rua de
Rua N. da Piedade
Rua Eduardo
Nossa Senhora de Conceição
Rua do Século
Rua Nova do Loureiro
R. d. São B. Ven.
Rua da Rosa
Rua São Pedro da Alcântara
Elevador da Glória
Estação do Rossio
Rossio
Praça Dom Pedro IV
33
São Roque
Largo Trindad Coelho
C. do Duque
R. da Oliveira
Teatro D.
Tr. St. Teresa
Rua da Quintinha
Poiais
Rua Academia das Ciências
Hospital de Jesus
Igreja de Jesus
Rua da Atalaia
Tr. Agua da Flor
Tr. da Queimada
Tr. dos Inglesinhos
Rua Diário de Notícias
Rua do Norte
R. d. Misericórdia
Rua Nova da Trindade
3
Palácio Assembleia Nacional
Rua da Paz
Rua d. Cruz dos Poiais
Rua do Vale
34
Santa Catarina
BAIRRO ALTO
CHIADO
Travessa dos Fieis de Deus
31
Tr. das Mercês
16
Museu Arqueológico do Carmo
Elevador Santa Justa
Largo do Carmo
Rua Garrett
Avenida de D. Carlos I
Rua de S. Bento
Rua d. P. de São Bento
Calçada do Combro
Rua Cal. R. d. Loreto
P. L. do Camões
Largo do Chiado
11
15
Rua N. do A.
Rua do Poço dos Negros
R. C. d. Sol
Tr. do Rio
Tr. do Alcaide
R. d. Sta. Catarina
R. do Almada
Rua d. H. Seca
Serpa Pinto
Rua Ivens
Rua do Gaivotas
Rua das Gaivotas
R. Tomás Fernandes
Miradouro Santa Catarina
Largo d. Sá
Elevador da Bica
Rua da Emenda
Teatro São Carlos
R. Capelo
Largo da Academia Nacional de Belas Artes
Museu do Chiado
13
Rua Vitor Cordon
2
Rua da Boa Vista
Rua das Flores
Alecrim
de Abrantes
R. d. C. d. T.
Boq. do Duro
Boqu. dos Ferreiros
Largo V.
Rua de Dom Luís I.
Rua de São Paulo
R. da Ribeira Nova
Praça Luís I.
12
Mercado da Ribeira
Praça D. da Terceira
Rua do Arsenal
Avenida Vinte e Quatro de Julho
Avenida da Ribeira
Avenida de Brasília
Cais do Sodré
Cais do Sodré
Cacilhas
Rio Tejo
I
D
E
F

A
B
C
Rua Joaquim Bonifácio
Gomes Freire
Rua Estefânia
Anjos
Rua F. Ribeiro
Rua Reg. dos Anjos
Rua do Zaire
R. C. de Manchester
Escola Doña Luísa de Gusmão
R. C. Monsaraz
R. M. A. Marti
Praça A. Sardinha
Hospital Miguel Bombarda
Academia Militar
Rua Escola do Exército
Rua das Barracas
Rua de Sta. Barbara
Largo Sta. Barbara
Reis
R. de Angola
R. da Guiné
Rua Moçambique
Praça N. Naçoes
R. I. Príncipe
Rua de Cabo Verde
Rua de Macau
Rua de Timor
Rua do Forno do Tijolo
Rua H. Salgado
Rua T. Vermelho
Rua A. J. Vieira
Rua Penha de França
206
Rua C. da Carreira
Rua de Gomes Freire
R. A. Coutinho
Rua dos Anjos
Almirante
Palmira
Igreja dos Anjos
Largo d. Pombeiro
R. Dr. A. Amaral
A. S. A. dos Capuchos
Campo Mártires da Pátria
Largo Paço da Rainha
Rua da Bempostinha
Rua Baptista
Rua Ant. de Quental
Intendente
Rua M. Andrade
Rua Andrade
Rua M. da Fonte
Rua A. Vidal
Rua F. Terenas
Rua A. M. Baptista
Avenida
Hospital dos Capuchos
ANJOS
Rua Sto. A. d. Capuchos
Largo do Mastro
R. Capitão
Hospital do Desterro
Avenida
Travessa Maldonado
Largo I. Pina Manique
Rua da Bombarda
Damasceno
Rua da Graça
R. Rosalina
R. do Sol à Santana
Rua N. do Desterro
Largo d. E. Municipal
Calçada M. d. Vento
Rua do Telhal
Rua J. Andrade
Jardim do Torel
R. Câmara Pestana
Rua d. Inst. Bact.
Rua de São Lázaro
Rua da Palma
Rua do Benformoso
Monteiro
Rua da S. do Monte
Senhora do Monte
R. J. de Óbidos
R. das Beatas
Hospital de São José
Elevador do Lavra
C. do Monte
Tr. do Monte
R. Sol à Graça
29
Largo d. Anunc.
207
Rua das Portas de S. Antão
Martim Moniz
Rua das Olarias
Rua dos Lagares
GRAÇA
Igreja da Graça
Travessa da Pereira
Rua da Verónica
Centro Comercial Mouraria
Largo Martim Moniz
Coliseu
Largo da Pena
C. de Santana
3
Praça dos Restauradores
Palácio Foz
Restauradores
Teatro Nacional D. Maria II
Garcia
C. do
Rua M. Moniz
Rua da Mouraria
R. dos Cavaleiros
Rua do Capelão
Rua do M. do Ponte de Lima
Igreja do Socorro
Calçada de Santo André
C. da Graça
Tv. das Mónicas
Largo da Graça
Rua V. do Operário
Rossio
Estação do Rossio
Praça da Figueira
MOURARIA
Costa do Castelo
Castelo de São Jorge
Largo Rodrigues Freitas
R. de São Vicente
Largo de Santa Marinha
Praça Dom Pedro IV
C. do Duque
Rua da Betesga
Rua das Farinhas
Costa do Castelo
9
Largo S. C. do Castelo
Rua de São Tomé
R. de Salvador
R. das Escolas
Rua Áurea
Rua Augusta
Rua dos Correeiros
Rua da Prata
Rua dos Fanqueiros
São Cristóvão
22
Museu de Artes Decorativas
Largo do Contador Mor
Miradouro Santa Luzia
16
Museu Arqueológico do Carmo
Elevador Santa Justa
5
Largo do Carmo
Rua Nova da Trindade
BAIXA
Baixa-Chiado
Rua d. Vitória
Rua dos Douradores
Rua M. S. António
Rua de São Mamede
R. da Saudade
Rua do Limoeiro
R. d. S. Miguel
R. d. São Pedro
Rua Garrett
11
15
Largo do Chiado
Serpa Pinto
Rua Ivens
Rua N. do Almada
Rua dos Sapateiros
(Rua do Ouro)
4
Rua da Madalena
24
Rua A. Rosa
21
Sé Patriarcal
Largo de São Martinho
R. de São João da Praça
Rua do Terreiro do Trigo
São Carlos
R. Capelo
Rua de São Julião
Rua A. de Albuquerque
Rua dos Bacalhoeiros
Casa dos Bicos
Largo da Academia Nacional de Belas Artes
Rua do Comércio
Arco Monumental
Rua da Alfândega
Henrique
Dom
Infante
Jardim
Museu do Chiado
13
Rua Vítor Cordon
Praça do Município
Praça do Comércio
14
Ministério das Finanças
Pátio da Galé
(Terreiro do Paço)
Terreiro do Paço
Avenida
Doca de Marinha
Rua do Arsenal
Avenida da Ribeira das Naus
Estação Fluvial Terreiro do Paço
208

D
E
F
5
4
3
2
1
Rua Cor. E. Galhardo
Rua F. P. Curado
Roçadas
Escola Nuno Gonçalves
R. Particual
Rua Castelo Branco Saraiva
Rua F. M. do Cenáculo
Rua V.A.R. Cadanho
Rua F. M. de Cenáculo
Rua do Alto da Eira
de Alburquerque
BAIRRO LOPES
Rua Lopes
Rua D. Viterbo
Rua Lopes
Rua B. Freire
Afonso III
Rua D. D. Jardo
Rua D. F. Roupinho
Rua P. P. Correia
Estrada de Chelas
Calçada do Alto do Varejão
Calçada das Lajes
Rua N. de Barros
3
Cam. da Qta. dos Peixinhos
Avenida Mouzinho de Albuquerque
Rua A. Fagundes
Rua Gen. J. Padrel
Rua do B. de M. Pedral
Escola
Largo de S. o. Novo
Convento de Santos-o-Novo
Calçada da Cruz da Pedra
Rto. de Transmissões
Rua dos Sapadores
Calçada M. de
Rua B. da
Rua A. Domingues
Calçada dos Barbadinhos
Castro Costa
Travessa da S. da Glória
Rua do Vale de S. António
Rua da Senhora
Rua do Cardal
Rua de Bela Vista à Graça
Travessa Olival
Travessa Sto. António
30
Museu de Água
Rua do Alviela
Rua Washington
Sta. Apolónia
Henrique
Rua Leite de Vasconcelos
da Glória
Rua Ent. do Mirante
R. da C. de Sta. Apolónia de
R. D. Couto
Rua
CAMINHOS DE FERRO
Rua da Verónica
Liceu Gil Vicente
Campo de Santa Clara
Campo de Santa Clara
28
Rua do Mirante
Avenida Infante Dom
Santa Engrácia
27
São Vicente de Fora
23
L. do Outeirinho da Amendoeira
Rua do Paraíso
Rua C. de Ferro Sapato
Santa Apolónia
L. dos C. de Ferro
Santa Apolónia
ALFAMA
26
Museu Militar
R. d. Vigário
Rua dos Remédios
Beco da Lapa
Rua J. do Tabaco
2
Largo d. C. Dentro
25
Museu do Fado
Doca d. Terreiro d. Trigo
do Tobaco
Rio Tejo
D
E
F

A
B
C
5
4
3
2
1
A 12
Ponte Vasco da Gama
Rossio do Levante
Avenida Infante D. Henrique
R. Fábrica de Munições
Avenida D. João II
Alameda dos Oceanos
Passeio das Garças
Rua Ilha dos Amores
Passeio Heróis do Mar
MOSCAVIDE
R. Bento de Jesus Caraça
R. Salvador Allende
R. Laureano de Oliveira
R. Anto Maria Pais
Moscavide
Moscavide
Passeio do Tejo
Praça José Queirós
Rua João Pinto Ribeiro
Est. de Moscavide
Rua Cais dos Naus
Av. da Boa Esperança
Chapéus Norte
51 Torre Vasco da Gama
R. Pe. Joaq. Alves Correia
Av. D. João II
Rua do Pólo Norte
Jardins Garcia de Orta
F.I.L. Feira Intern. de Lisboa
Rua da Pimenta
Avenida Infante d. Henrique
R. Pe. Abel Varzim
R. Cons. Lopo Vaz
Rua Recíproca
Oriente
Centro Comercial Vasco da Gama
52
Chapéus Sul
Teleférico
Av. de Berlim
Gare do Oriente
MEO Arena
Pavilhão de Portugal
Porta Fluvial
6
PARQUE DAS NAÇÕES
Av. D. João II
Doca dos Olivais
Av. de Pádua
Rua do Pólo Sul
49 Oceanário de Lisboa
Rio Tejo
Ciência Viva
Rua da Centieira
Pavilhão de Conhecimento
50
Jardins de Água
Parque do Cabeço das Rolas
Teatro Camões
Av. F. Pessoa
Rua dos Argonautas
Alameda dos Oceanos
Rua Nova dos Mercadores
Rua das Musas
Passeio de Neptuno
Av. Marechal Gomes da Costa
Rotunda da Expo '98
Porto de Recreio
CABO RUIVO
Rua Cintura do Porto

Register

Abbildungsnachweis

AA S. 13, 82, 125 unten

AA/T. Harris S. 55, 75 unten, 84, 188, 197 unten

AA/A. Kouprianoff S. 57, 59, 62, 77 oben, 81, 92, 94, 95, 103, 107, 108, 109, 110, 113, 114, 115, 117, 128, 129, 141, 143, 144, 145, 172, 173, 175, 176, 180, 181, 182, 184, 186 oben, 190 unten

AA/A. Mockford und N. Bonetti S. 22/23, 46, 56, 76, 91, 111, 155 unten, 156, 171, 173, 174, 177, 187 oben, 187 unten

AA/M. Wells S. 10/11, 14 links, 14 rechts, 15 links, 15 rechts, 20, 25, 27, 30, 31, 32, 48, 49, 52, 53, 67 oben, 67 unten, 68, 75 oben, 77 unten, 78, 79, 80, 83, 85, 86, 87, 96/97, 102, 104, 105, 106, 112, 122, 123, 124, 126, 127, 132, 135 oben, 135 unten, 137, 138, 146, 147, 148, 152, 154, 155 oben, 157, 158, 159, 160/161, 165, 185, 186 unten, 189, 190 oben, 191, 192, 197 Mitte, 197 oben

AA/P. Wilson S. 21, 133

akg images S. 16

Alamy/Paul Bernhardt S. 89

Alamy/Kevin George S. 90

Bilderberg/Milan Horacek S. 64 oben

DuMont Bildarchiv/Thomas P. Widmann S. 50/51, 64 unten, 179

fotolia/mlehmann78 S. 131

Getty Images/Herve GLOAGUEN/Gamma-Rapho S. 29

Getty Images/Jorg Greuel S. 8

laif/Luis Filipe Catarino/4SEE7 S. 4, 55

laif/Karl-Heinz Raach S. 130, 134

LOOK-foto/age fotostock S. 125 oben

LOOK-foto/Rainer Martini S. 7

LOOK-foto/Ingolf Pompe S. 18

LOOK-foto/SagaPhoto S. 93

mauritius images/age S. 162

mauritius images/Alamy S. 60, 139, 163, 164

Zegers S. 65

Titelbild: LOOK-foto/age fotostock

Impressum

©MAIRDUMONT GmbH & Co. KG
VERLAG KARL BAEDEKER

2. Aufl. 2016

Text: Sally Roy, Kathleen Becker
Übersetzung: Maria Meinel, Katja Zöllner
Aktualisierung: Petra Sparrer
Redaktion: Dina Stahn
Programmleitung: Birgit Borowski
Chefredaktion: Rainer Eisenschmid

Kartografie: ©MAIRDUMONT GmbH & Co. KG, Ostfildern
3D-Illustrationen: jangled nerves, Stuttgart

Anzeigenvermarktung:
MAIRDUMONT MEDIA
Tel. 0711 4502 333
media@mairdumont.com
media.mairdumont.com

Printed in China

Trotz aller Sorgfalt von Autoren und Redaktion sind Fehler und Änderungen nach Drucklegung leider nicht auszuschließen. Dafür kann der Verlag keine Haftung übernehmen. Berichtigungen, Kritik und Verbesserungsvorschläge sind uns jederzeit willkommen, bitte informieren Sie uns unter:

Verlag Karl Baedeker/Redaktion
Postfach 3162
D-73751 Ostfildern
Tel. 0711 4502 262
smart@baedeker.com
www.baedeker.com

FSC
www.fsc.org
MIX
Papier aus verantwortungsvollen Quellen
FSC® C020056

10 GRÜNDE WIEDERZUKOMMEN

1. Ständig machen **neue Restaurants, Stylehotels** und **trendige Läden** auf.
2. Bei so vielen **Museen** braucht es einfach einen zweiten Besuch.
3. Dem **Fado** lassen sich immer wieder neue Nuancen abgewinnen.
4. Noch warten **300 portugiesische Rebsorten** auf den Geschmackstest.
5. Die **älteste Stadt Westeuropas** – vor London und Rom – entdeckt sich immer neu.
6. Ein **Portugiesisch-Kurs** vor Ort beeindruckt die *lisboetas* und hilft ihre Stadt zu verstehen.
7. Nirgends lässt sich der portugiesische Hang zur **Vollverkachelung** stilvoller erleben als hier.
8. Es sind noch lange nicht alle **365 Bacalhau-Rezepte** durchprobiert worden!
9. Endlich einmal das große **Fest zu Ehren des heiligen António** im Juni erleben.
10. Das nostalgische Schwelgen in der ***Saudade*** übermannt einen schon am Flughafen.